21世纪高等学校应用型特色规划教材·酒店管理专业

酒店经理人财务管理
(第二版)

张立俭　李　峰　王光健　主　编

焦念涛　鹿　彦　孙海燕　副主编

清华大学出版社

北　京

内 容 简 介

鉴于酒店职业经理人在实践中需要的知识结构和重点工作技能，本书在内容上分为：酒店餐饮业财务基础知识，现金、应收账款、库存等运营资金的管理与控制，酒店扩张、改建时资金的筹集，酒店扩张和改建时新项目的可行性分析，酒店运营报表的分析五大部分，共13章。

本书在结构上除编排了足够的理论知识外，还突出了实践性和可操作性，如在各章开篇添加的实际案例、各节结束后的评估练习以及丰富的案例和学习资料。

本书既可作为注重实践的本科类院校教材，也可作为高职高专的教学用书。同时，本书还可作为酒店管理从业者的业务水平提高用书。

本书封面贴有清华大学出版社防伪标签，无标签者不得销售。
版权所有，侵权必究。举报：010-62782989，beiqinquan@tup.tsinghua.edu.cn。

图书在版编目(CIP)数据

酒店经理人财务管理/张立俭，李峰，王光健主编. —2版. —北京：清华大学出版社，2018(2021.2重印)
(21世纪高等学校应用型特色规划教材·酒店管理专业)
ISBN 978-7-302-49795-0

Ⅰ.①酒… Ⅱ.①张… ②李… ③王… Ⅲ.①饭店—财务管理—高等学校—教材 Ⅳ.①F719.2

中国版本图书馆CIP数据核字(2018)第037066号

责任编辑：刘秀青　陈立静
装帧设计：杨玉兰
责任校对：张彦彬
责任印制：宋　林

出版发行：清华大学出版社
网　　址：http://www.tup.com.cn, http://www.wqbook.com
地　　址：北京清华大学学研大厦A座　　邮　编：100084
社 总 机：010-62770175　　邮　购：010-62786544
投稿与读者服务：010-62776969, c-service@tup.tsinghua.edu.cn
质量反馈：010-62772015, zhiliang@tup.tsinghua.edu.cn
课件下载：http://www.tup.com.cn, 010-62791865

印 装 者：北京国马印刷厂
经　　销：全国新华书店
开　　本：185mm×260mm　　印　张：16.5　　字　数：401千字
版　　次：2013年5月第1版　2018年8月第2版　　印　次：2021年2月第4次印刷
定　　价：46.00元

产品编号：072146-01

前　言

19世纪和20世纪上半叶，浦江饭店(原名礼查饭店)(Astor House)在上海开业，真正意义上的酒店在中国落户；1982年，我国首批合资企业、第一家合资酒店——北京建国饭店开业，成为首家引进境外酒店管理方法的酒店(香港半岛酒店管理集团)；1996年锦江之星乐园店的开业，标志着中国经济型酒店的诞生；2003年，国际酒店集团十强已经全部进入中国市场，中国酒店业走上全球化竞争之路。中国的酒店业经过三十多年的历史性跨越，其管理理念、管理模式都得到了创新性的发展，中国也涌现出了众多的酒店管理人才，但与迅猛发展的酒店业对人才的需求来比依旧显得单薄。因此，作为中国唯一一家以酒店管理命名的学院，我们有责任、有义务倾注我们的理性和热情去关注我国酒店业的发展。

中国酒店业要想在这种激烈的竞争中发展，财务管理能力的培育和提高尤为重要。因为，这个时代不再仅仅是以产品打天下的时代，也不是以质量打天下的时代，而是以迅速扩张、以优化管理、以资本运作抢占市场份额的时代。所有的基层、中层、高层管理者都应具有盈利的意识、资本的意识；而传统的财务管理课程需要长时间地、系统地学习，对于处于一线的经营管理者来说是不适合的。首先，他们往往来自英语专业、企业管理专业等非财务专业的专科、本科毕业生；其次，酒店业作为特殊的服务行业，既有生产的性质，也有服务的性质，因此其财务管理有其自身的特点，为此，美国纽约市饭店业协会在1926年就设计和推行了饭店业的财务管理制度，当然这是在美国通用会计准则(GAAP)的基础上编写的。

本书正是在这种大背景下应运而生的。酒店职业经理人需要编制预算、控制本部门的收入、控制本部门的费用支出、合理安排酒店员工以降低成本；需要向上级汇报经营，分析原因；需要通过现场及表格的阅读找到经营管理中存在的问题，所有这些问题都需要借助财务管理的知识和能力来解决。

基于以上的考虑，本书既注意介绍财务管理的基本原理，又注重它的实践性和可操作性，添加了与各章内容吻合的评估练习，以引导读者作进一步的思考，巩固读者对于各章内容的理解。本书内容的逻辑顺序是酒店的新建——经营——投资成本的回收，但是新建项目的评估并不是每位酒店经理人需要经常面对的问题，而日常运营资本的控制才是其天天面对的，因此本书将这一逻辑顺序进行了倒置。传统的财务管理中的资金时间价值、长期融资、利润分配等重要内容，对于经营管理者来说极少涉猎，所以在编写本书时都做了弱化处理，以突出本书的针对性。

本书的编写工作由张立俭、焦念涛和王光健等人共同完成，其中篇章结构的设计和写作思路由张立俭完成。

特别感谢鹿彦、孙海燕和李峰老师的辛勤劳动，各章的引导案例、各章内容的修订都是由三位老师花费了很大心血完成的。

由于作者能力有限，书中难免存在不妥、不当的地方，敬请读者批评指正。

编　者

目 录

第1篇 导 论

第1章 概述——财务管理与酒店管理决策 ... 3

引导案例 ... 4
1.1 酒店管理者经营分析 ... 4
 1.1.1 酒店业概述 ... 4
 1.1.2 酒店企业的组织形式 ... 5
 1.1.3 酒店业管理者经营分析简述 ... 8
 评估练习 ... 9
1.2 财务管理概述 ... 10
 1.2.1 财务管理的定义 ... 10
 1.2.2 财务管理相关者 ... 10
 1.2.3 财务管理的目标 ... 11
 评估练习 ... 12
1.3 财务管理与酒店管理决策 ... 12
 1.3.1 计划活动 ... 13
 1.3.2 融资活动 ... 14
 1.3.3 投资活动 ... 15
 1.3.4 运营活动 ... 15
 评估练习 ... 16
1.4 酒店财务管理的特点 ... 16
 评估练习 ... 17

第2章 资产负债表与损益表 ... 19

引导案例 ... 20
2.1 酒店的运营过程 ... 21
2.2 账务处理程序 ... 22
 2.2.1 账户 ... 23
 2.2.2 复式记账法 ... 26
 2.2.3 总账 ... 26
 2.2.4 日记账 ... 27
 2.2.5 过账 ... 28
 2.2.6 试算平衡表 ... 30
 2.2.7 会计报表 ... 30
 评估练习 ... 31
2.3 资产负债表 ... 32
 2.3.1 资产负债表的局限性 ... 32
 2.3.2 资产负债表的作用 ... 32
 2.3.3 资产负债表的编制 ... 33
 评估练习 ... 36
2.4 损益表 ... 37
 2.4.1 损益表的作用 ... 37
 2.4.2 损益表的格式 ... 37
 2.4.3 损益表的编制方法 ... 39
 2.4.4 损益表与资产负债表的关系 ... 40
 2.4.5 损益表的内容 ... 40
 评估练习 ... 43
2.5 酒店运营报表 ... 44
 评估练习 ... 47

第3章 内部控制 ... 49

引导案例 ... 50
3.1 酒店内部控制概述 ... 51
 3.1.1 内部控制的概念 ... 51
 3.1.2 内部控制的基本内容 ... 52
 3.1.3 内部控制的局限性 ... 57
 评估练习 ... 57
3.2 酒店客房收入的内部控制 ... 58
 3.2.1 客房收入内部控制的目的 ... 58
 3.2.2 客房收入内部控制的关键环节 ... 59
 3.2.3 客房收入内部控制的基本程序 ... 59
 评估练习 ... 70
3.3 餐饮收入的内部控制 ... 70

	3.3.1 餐饮收入内部控制的基本程序 70	3.4 成本控制 81
3.3.2 餐饮收入内部控制制度 76	3.4.1 成本对于管理者的意义 81
评估练习 80	3.4.2 成本的主要分类方法 81
	评估练习 86

第 2 篇　营运资本管理

第 4 章　现金管理 91

引导案例 92

4.1 现金管理的目的 94
- 4.1.1 持有现金的动机 94
- 4.1.2 现金加速收回 96
- 4.1.3 延迟支付现金 97
- 评估练习 98

4.2 现金管理的方法 98
- 4.2.1 现金管理的内容 98
- 4.2.2 现金预算的编制方法 98
- 评估练习 105

4.3 闲置资金的投资 105
- 4.3.1 季节性和周期性财务活动 106
- 4.3.2 计划性支出 106
- 评估练习 107

4.4 酒店前厅收银 107
- 4.4.1 收银基础工作 107
- 4.4.2 收银工作规范 109
- 4.4.3 现金受理 110
- 4.4.4 支票受理 111
- 4.4.5 信用卡受理 112
- 4.4.6 外币代兑及旅行支票受理 113
- 4.4.7 收银工作程序 114
- 评估练习 115

4.5 道德与法律 116
- 评估练习 116

第 5 章　应收账款管理 117

引导案例 118

5.1 应收账款对酒店的影响 119
- 5.1.1 应收账款产生的原因 119
- 5.1.2 产生应收账款的利弊 119
- 5.1.3 酒店持有应收账款的成本 120
- 评估练习 120

5.2 酒店信用政策及应收账款日常管理 120
- 5.2.1 信用标准 121
- 5.2.2 信用条件 122
- 5.2.3 酒店应收账款日常管理 125
- 评估练习 126

5.3 餐饮业的应收账款管理策略 126
- 5.3.1 餐饮业应收账款管理的现状及原因分析 126
- 5.3.2 确定信用战略，制订信用政策 128
- 5.3.3 加强日常监控管理，严控应收账款余额比重 128
- 5.3.4 做好信用跟踪管理，提升经营管理能力 129
- 5.3.5 加强企业应收账款管理的对策 130
- 课外资料 131
- 评估练习 131

第 6 章　有价证券管理 133

引导案例 134

6.1 有价证券概述 134
- 6.1.1 有价证券的概念 134
- 6.1.2 有价证券的种类和特点 135
- 6.1.3 有价证券与现金的关系 135
- 6.1.4 有价证券的特征 136
- 评估练习 137

6.2 有价证券管理存在的问题和解决
方法 137
评估练习 140
6.3 酒店有价证券管理制度 141
评估练习 141

第 7 章 采购与库存管理 143
引导案例 144
7.1 采购管理 145
7.1.1 酒店采购控制程序 145
7.1.2 采购控制的其他方式 146
评估练习 147
7.2 库存管理 147
7.2.1 存货的类型 147
7.2.2 储存存货的原因 148
7.2.3 存货的成本 148
7.2.4 存货的规划 149
7.2.5 存货的日常控制 153
评估练习 156

第 8 章 融资环境与融资渠道 157
引导案例 158
8.1 金融体系——结构和作用 158
评估练习 159
8.2 直接融资 159
评估练习 160
8.3 间接融资或中介融资 160
评估练习 161
8.4 证券市场 162
评估练习 164
8.5 债务资本 164
8.5.1 通过银行借入资金 165
8.5.2 通过租赁合同借入资金 166
评估练习 168
8.6 权益资本 168
评估练习 168

第 9 章 资本结构及资本成本 169
引导案例 170

9.1 资本结构 170
9.1.1 企业价值的最大化和股东
利益的最大化 171
9.1.2 财务杠杆和企业价值 172
评估练习 174
9.2 资本成本 174
9.2.1 资本成本的概念 174
9.2.2 资本成本的性质 174
9.2.3 资本成本的种类 175
9.2.4 资本成本的作用 175
评估练习 176
9.3 资本成本的计算 176
9.3.1 个别资本成本的计算 177
9.3.2 综合资本成本的计算 179
9.3.3 边际资本成本 180
评估练习 180

第 10 章 项目评估 183
引导案例 184
10.1 资本投资过程 185
评估练习 186
10.2 净现值的计算 186
10.2.1 土地的购买 186
10.2.2 可替代投资 187
10.2.3 资本的机会成本 187
10.2.4 净现值法 188
评估练习 192
10.3 资本投资决策中净现值法的应用 192
评估练习 193
10.4 净现值投资决策法的优势 193
10.4.1 价值创造的衡量标准 193
10.4.2 调整项目现金流的
时间性 194
评估练习 195
10.5 资本预算的特例 196
10.5.1 比较不同规模的项目 196
10.5.2 不同寿命期的项目 197
评估练习 199

10.6 净现值准则的局限 199
评估练习 199
10.7 其他投资决策准则 200
10.7.1 回收期 200
10.7.2 回收期准则 202
10.7.3 内部回报率(IRR) 204
10.7.4 内部回报率准则 204
10.7.5 内部报酬率准则对管理者
决策的作用 205
评估练习 206

第11章 预算编制与控制 207
引导案例 208
11.1 酒店预算的组织与程序 211
11.1.1 酒店预算组织 211
11.1.2 预算编制程序 212
评估练习 212
11.2 酒店预算编制与控制 212
11.2.1 酒店预算的编制 212
11.2.2 酒店预算的控制 218
11.3 预算与预算管理 220
11.3.1 树立预算管理的新理念 220
11.3.2 预算管理实施 223
评估练习 225

第12章 酒店报表分析 227
引导案例 228
12.1 流动性分析 233
12.1.1 简述管理效率对营运资本
需求的影响 233
12.1.2 管理效率对营运资本需求
的影响 234

12.1.3 流动性传统的测算方法 235
评估练习 237
12.2 获利能力分析 237
评估练习 240
12.3 酒店运营状况分析 240
12.3.1 某酒店基本运营情况 241
12.3.2 客房收入情况分析 242
12.3.3 餐饮收支情况分析 243
12.3.4 费用与上月比较分析 243
12.3.5 费用与去年同期比较
分析 245
评估练习 246

第13章 本-量-利分析 247
引导案例 248
13.1 边际贡献 249
评估练习 250
13.2 本-量-利分析 250
13.2.1 一种产品或服务的盈亏
平衡点的计算 250
13.2.2 两种产品或服务时盈亏
平衡点的计算 251
13.2.3 两种类型的客房和有餐饮
服务时盈亏平衡点的计算...252
13.2.4 目标利润时销售额的
计算 253
评估练习 254
13.3 本-量-利分析的假设 254
评估练习 255

参考文献 256

第 1 篇 导 论

第卜歳

第 1 章

概述——财务管理与酒店管理决策

【本章概述】

本章主要介绍酒店的财务管理和酒店管理决策。

1.1 主要讲解酒店的四种常见的组织形式及其优缺点。

1.2 主要讲解酒店财务管理的目标。

1.3 主要讲解酒店财务管理的四种活动及其与管理决策的关系。

1.4 主要讲解酒店业区别于其他行业的财务管理的特点。

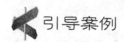引导案例

7天连锁酒店的迅速崛起

数据显示,2011年国内经济型酒店净利润总体下滑,如家酒店集团(HMIN, NASDAQ)、7天连锁酒店集团(SVN, NYSE)、汉庭连锁酒店(HTHT, NASDAQ)2011年净利润比2010年共计减少9770万元。其中只有7天连锁酒店净利润小幅上涨。在这样的背景下,2011年3月底在美国上市的3家中国经济型酒店股价一度连续数日下跌,令人担忧。

2012年5月10日,7天连锁酒店集团发布了2012年第一季度财务报告。报告显示,第一季度,公司净营收为人民币5.45亿元,同比增长29.6%;调整后归属于股东的净利润为人民币2780万元,同比增长84.3%。

得益于日渐提升的品牌影响力、不断扩大的分店规模和会员体系,7天连锁酒店集团保持九个季度持续盈利。公司预计,2012年第二季度净营收预计可达人民币6.3亿~6.4亿元。

报告显示,第一季度公司在营直营店和管理店带来的房费总交易金额超过11亿元人民币,同比增长接近70%,这表明公司在经济型酒店的影响力和市场份额都在持续快速增长。

未来,在广义的经济型酒店这一细分市场,7天连锁酒店集团将坚持采取单一品牌扩张策略。公司CEO郑南雁表示,公司在过去几年积累了足够的品牌建设和优化运营管理经验,这对于发展新的酒店品牌和客户有很重要的借鉴意义,所以有信心在新的细分市场也能取得好的发展成果。

据了解,2012年3月公司准备推出第二品牌——定位于打造高端客房产品的"Mini五星"项目。公司认为,目前高端酒店市场集中度较低,存在很好的发展机会。此后,郑南雁宣布"放权",2012年7月起不再担任CEO,而专注于推行公司新的战略计划。

(资料来源:李亚婵.7天一季度净利大涨341.9%,郑南雁转投高端市场.http://www.nbd.com.cn)

思考题

1. 在如家、汉庭酒店净利润持续下滑的同时,为什么7天连锁酒店的净利润在2012年第一季度会有如此好的表现?

2. 郑南雁不再担任CEO,而去推行公司的新战略计划,为什么战略计划比经营酒店还要重要?

1.1 酒店管理者经营分析

1.1.1 酒店业概述

酒店业是人类历史上较古老的行业之一,可以追溯到几千年前的官方驿站、客栈以及现在的招待所、宾馆、饭店、酒店,这些名称的变化说明了在不同时期酒店业在整个文化和经济中地位的变化。最近几十年,旅游业作为最大的服务业已成为当今经济的增长点之一,是国家产业调整的重点。因此酒店业作为旅游业的一部分可以说既有悠久的历史也具

有光明的未来。酒店业的概念很广泛,以至于很难用一个定义将其概括,然而本书所论述的酒店业指的只是住宿业,而不包括社会纯餐饮业、俱乐部/会所(不带客房)、娱乐业等,仅指的是以提供住宿为主,以提供餐饮、健身、娱乐为辅的酒店业。

酒店业在中国的迅速发展无一例外地推动着当地经济的发展,因为酒店业的发展随之而来的就是大型工程的建造,这又会带动其他行业(如钢铁业、装修设计、家具、木材和食品等)的迅速崛起和发展,并且带来大量的就业机会。比如,拥有 555 间客房的上海金茂大厦,于 1999 年在上海浦东新区世纪大道上建造完成时,仅建筑费用就支出了 50 亿元人民币(以当时的币值计算);而在美国拉斯维加斯的 MGM 大酒店(拥有 5000 多间客房),建成时建筑成本为 10 亿美元。在加拿大,9 名就业人员里就有 1 人是从事服务业的[①]。

1.1.2 酒店企业的组织形式

酒店企业是指以服务为中心,以出租有形设施和出售无形服务为主要商品的企业。现代酒店的企业组织形式决定着酒店的财务目标及相关的财务管理政策。在市场经济中,最常见的酒店组织形式有独资酒店、合伙酒店、有限责任制酒店和股份制酒店四种类型。

1. 独资酒店

独资酒店是个人业主制企业,又称个人企业,是指由一个自然人出资兴办,财产为投资人个人所有和控制的酒店企业。这种企业在法律上为自然人企业,不具有法人资格,不是法人企业。酒店的业主以其个人财产承担企业经济活动和债务的全部责任(无限责任)。

独资酒店的资金主要来自投资者个人的储蓄、个人从银行申请的贷款及酒店经营中所得利润。独资酒店的收益被看成是投资者个人的收入并按照个人收入缴纳所得税。

独资酒店的优点如下。

(1) 投资者可以完全拥有剩余索取权,从而解决了经营动力问题。由于企业由个人出资、个人经营,因此,利润也归个人所有,不需要和别人分享。这种"发财"机制能最大限度地激发个人的创造性和积极性。

(2) 机动灵活,适应性强。投资者因对酒店拥有绝对的控制权,无须在决策过程中顾及其他人的牵制,能及时根据市场变化调整经营策略。

(3) 企业信息易于保密。在市场竞争中,保护商业秘密是企业的一项重要管理工作,这是企业获得竞争优势的基础。独资形式的酒店企业需要公开的资料很少,内部信息的保密性好。

独资酒店的缺点如下。

(1) 企业主对企业的债务负无限责任。所谓无限责任,是指当企业的资产不足以清偿企业的债务时,法律强制企业主以个人财产来清偿企业债务。从这个意义上说,企业主所有的财产都是有风险的,一旦企业经营失败,就可能倾家荡产,这就是"跳楼"机制。因此,一旦酒店破产,酒店投资者将被迫用个人财产连同酒店财产一起偿付债务。

---

① Gary K. Vallen, Jerome J. Vallen, Gary F. Robinson. Check in Check Out. (2nd Canadian ed). Toronto, Ontavio:Pearson Education Canada, 2007.

(2) 发展规模有较大的局限性。一方面，由于企业主个人资金有限，而独资酒店不能像其他类型的酒店那样有较多的资金来源及筹措资金的手段，所以在扩大酒店的规模方面会遇到较大的困难；另一方面，由于个人管理能力的限制，小企业管理简单，一个人可以胜任，但规模大的企业是很难由一个人来驾驭的。

(3) 企业寿命有限。在独资酒店，酒店的资产被看作投资者个人的财产，如果投资者死亡、破产、犯罪或不愿意持续经营，则该酒店从理论上讲也就关闭了。

2. 合伙酒店

独资企业在世界上很多地区不需要在政府注册。但是为了方便执法活动，政府也会要求某些种类的独资企业注册，如餐馆，注册是为了方便卫生检查。

合伙企业可分为普通合伙和有限合伙企业，本节讲的合伙酒店指的是普通合伙企业。

合伙酒店是指由两名以上的合伙人共同出资、共同经营并对酒店的债务承担无限连带责任的企业。合伙酒店的特点是：以合伙人订立的合伙协议为法律基础，共同出资、合伙经营、共享收益、共担风险。合伙人根据合伙协议的规定分担酒店的净收益或净损失，并对所得收益缴纳个人所得税。

合伙企业在法律上也是自然人企业，不具有法人资格，不是法人企业。这类企业数量上较少，在广告事务所、律师事务所、商标事务所、零售商店等行业较为常见。

合伙酒店的优点如下。

(1) 扩大了资金来源，提高了信用能力。每个合伙人都能为酒店提供资金，同时，由于有更多的人承担债务责任，比独资酒店更能赢得债权人的信任，筹资就较为容易，而且也能从供应商那里得到更多的赊款。

(2) 提高了决策能力和经营水平。合伙酒店在制订决策和经营过程中，可以充分发挥每个合伙人的才智和经验，集思广益，从而提高决策的准确性和经营水平。

(3) 增加了酒店扩大和发展的可能性。

合伙酒店的缺点如下。

(1) 无限责任。与独资酒店一样，合伙酒店的合伙人要承担无限责任，而且合伙人之间要承担连带责任。因此，如果企业出现问题，合伙人的所有财产都具有风险。

(2) 管理权分散，重大决策需要得到所有合伙人的同意，因而容易造成决策上的延误。

(3) 每当合伙人发生变动(撤伙或者新入伙)时，都必须重新确定新的合伙关系，程序比较复杂。

(4) 合伙酒店和独资酒店一样，不能发行股票及其他有价证券，酒店规模依然受到局限。

3. 有限责任制酒店

有限责任制酒店，又称有限公司(CO，LTD)，是指根据《中华人民共和国公司登记管理条例》规定登记注册，由2个以上、50个以下的股东共同出资，每个股东以其所认缴的出资额对公司承担有限责任，公司以其全部资产对其债务承担责任的经济组织。有限责任公司包括国有独资公司以及其他有限责任公司。有限责任制酒店同独资酒店、合伙酒店有本质的不同，它具有独立的法人资格，享有法人财产权。有限责任制酒店的注册资金达到

10万～50万元即可，如果存在多个股东，则最低注册资金为人民币3万元。在《公司法》上明确承认一人公司的合法存在，这有利于鼓励公民和企业的自主创业，吸引民间资本，扩大酒店投资渠道，而且就一人公司《公司法》还专门设置了风险防范制度，以防止滥用一人公司制度、损害债权人利益的情形发生。

有限责任制酒店的优点如下。

(1) 每个股东对酒店的债务均负有限责任，即全体股东仅以自己的出资额为限对公司的债务承担有限责任。虽然当酒店经营不成功时，股东的投资也会受到影响，但是投资者的其他财产不会受到关联影响，这样可以使风险有所降低。

(2) 酒店的股本可以转让，也可以新增股东，使酒店筹资更加容易。

有限责任制酒店的缺点如下。

(1) 设立手续复杂，组建成本高。

(2) 政府管制严格。

(3) 不能严格保密。

(4) 双重缴纳所得税。有限责任制酒店经营所获得的利润，必须先按照税法规定缴纳企业所得税，然后再向股东分配红利。股东们在取得红利以后，必须再次缴纳个人所得税。

4. 股份制酒店

股份制酒店是指3人或3人以上(至少3人)的利益主体，以集股经营的方式自愿结合的一种企业组织形式。它是适应社会化大生产和市场经济发展需要、实现所有权与经营权相对分离、有利于强化企业经营管理职能的一种企业组织形式。其特点是有限责任、等额股份、所有者与经营者分离、股份自由转让。

股份制酒店与有限责任制酒店的共同之处在于：都有独立的法人，拥有法定的权利和义务，每个股东对酒店债务负有限责任。

股份制酒店与有限责任制酒店的区别在于：有限责任制酒店全部资本不划分为等额股份，而股份制酒店的全部股份划分为等额股份。在四种类型的酒店中，建立股份制酒店的组织过程最为复杂，酒店的股票若要取得上市交易的资格，程序就更为复杂。

股份制酒店的优点如下。

(1) 酒店的经营可以发展到非常大的规模。酒店可以通过发行股票和债券的形式筹集资金，且股份可以自由转让，特别是上市企业的股票可以直接向社会公众发售，非常有利于企业筹资。

(2) 酒店具有独立寿命，不受各投资人寿命长短的影响。

(3) 管理效率高。

股份制酒店的缺点如下。

(1) 政府管制严格。

(2) 设立手续复杂，组建成本高。

(3) 不能严格保密。

(4) 双重缴纳所得税。

在中国国家旅游局及中国饭店业协会的相关统计中，一般将组织形式划分为国有饭店、集体饭店、港澳台投资饭店和外商投资饭店四种类型。它们的不同在于投资主体的区别而不是所有制的区别，因此，国有饭店可能是独资、合伙、股份制、有限责任公司，集体、港澳台投资、外商投资也是如此。

5. 酒店组织形式的比较

酒店的四种组织形式也就是企业的组织形式，在一定程度上反映了企业的发展历史，从无序的、无限责任、小规模的个体经营者到有序的、有限责任、规模庞大的跨国集团，分别对应着独资企业和股份制公司。这四种形态有着各自的特点，在市场的大海中发挥着各自的优势持续航行。本书将这四种组织形式各自的优缺点总结到表格中，以便于读者进行比较，如表 1-1 所示。

表 1-1　酒店组织形式比较

组织形式	投 资 者	主要优点	主要缺点
独资	一个自然人	完全剩余索取权的拥有； 机动灵活，适应性强； 企业信息易于保密	企业主对酒店的债务负无限责任； 发展规模有较大的局限性； 企业经营连续性差
合伙	两个以上自然人	扩大了资金来源，提高了信用能力； 提高了决策能力和经营水平； 增加了酒店扩大和发展的可能性	无限责任； 管理权分散； 每当合伙人发生变动(撤伙或者新入伙)时，都必须重新确定新的合伙关系，程序比较复杂
有限责任制	2个以上50个以下股东	酒店的经营可以发展到非常大的规模； 酒店具有独立寿命，不受各投资人寿命长短的影响； 管理效率高	设立手续复杂，组建成本高； 政府管制严格； 不能严格保密； 双重缴纳所得税(企业所得税和个人所得税)
股份制	3个及3个以上的利益主体	酒店的经营可以发展到非常大的规模； 酒店具有独立寿命，不受各投资人寿命长短的影响； 管理效率高	政府管制严格； 设立手续复杂，组建成本高； 不能严格保密； 双重缴纳所得税

1.1.3　酒店业管理者经营分析简述

经营分析是管理者评估其企业经济状况和风险程度的过程。对于酒店而言，它包括酒店经营环境分析、经营战略分析、经营成果分析、财务状况分析和经营风险评估等。经营分析对于酒店日常经营的决策是很有用的，如对主要竞争对手竞争力的评估，对餐厅、客房的装修与改造，新市场的进入进行分析等。而财务管理是经营分析最重要的工具之一，因为财务报表可以在很大程度上减少酒店决策中估计/预算的不确定性，从而降低风险。表 1-2 所示为酒店各部门经理在经营管理中涉及的财务活动。

表 1-2　酒店各部门经理经营管理中涉及的财务活动

部门经理	序　号	经营管理中的财务活动
客房部经理	a	客房采购计划的制订
	b	客户预算的编制
	c	客房营业费用的管理和核算
餐饮部经理	a	科学合理的菜单设计
	b	餐饮营业收入的管理和核算
	c	餐饮原材料的管理和核算
	d	餐饮成本及费用的管理和核算
	e	餐饮保本点的测算
前厅部经理	a	收银工作，现金处理
投资部经理	a	确定最佳的投资规模
	b	酒店投资项目的财务评价
	c	编制酒店财务预算
总经理	a	把握财务目标与酒店发展目标一致
	b	掌握酒店的资金预算
	c	掌握酒店的盈利能力

从表 1-2 可以看到，不同的部门经理所应具有的财务知识和能力是不相同的，本书各章节凡涉及这些财务知识和能力时，将以相应部门经理的实际案例作为引导或分析对象详加阐述。

评估练习

正确理解酒店企业的组织形式，将下列问题中正确的答案选出来。

1. 下面关于股份制酒店的说法中错误的是(　　)。
    A. 股份制酒店的经营规模受到限制
    B. 政府管制严格
    C. 设立手续复杂，组建成本高
    D. 双重缴纳所得税
2. 下面关于有限责任制酒店的说法中错误的是(　　)。
    A. 多股东情况下，注册资金最低为 10 万元人民币
    B. 政府管制严格
    C. 设立手续复杂，组建成本高
    D. 双重缴纳所得税

1.2 财务管理概述

财务管理(Financial Management)在现代酒店管理中正变得越来越重要,但并非从最初就是这样,财务作为一个商品经济范畴,它是随着商品生产和商品交换的发展而不断发展起来的。财务管理从 15 世纪、16 世纪的以筹资为重心的阶段,到 20 世纪 1993 年、1994 年财务管理的重心转向内部控制,再到第二次世界大战以后的资产项目的管理、决策程序的科学化、投资分析的指标化等,完成了从简单到复杂、由不完善到完善的发展过程。因此,财务管理是一个动态和发展的概念。①

1.2.1 财务管理的定义

从财务管理发展简史可以看出,财务管理为企业解决两件事情:第一,为企业融资;第二,购买和使用企业所有资源以获得最大的收益。

财务管理主要为企业解决以下问题。

(1) 企业经营得如何。企业的管理者、债权人、股东、供应商等都想知道企业的经营状况如何。他们想知道企业的获利能力如何,资产回报情况如何,企业的成本控制如何,企业是否会增加股东的权益等。在以后的章节中我们会通过财务报表或者运营报表找到这些问题的答案。

(2) 企业手中有多少现金。知道企业拥有多少现金对于了解企业是否能够及时付清账单是很重要的。企业日常运营中要及时付清供应商的账单,要按时支付员工工资,要及时支付债务利息。管理者必须知道企业拥有的现金有多少,这样才能决定企业能买多少原材料,招聘多少员工等。

(3) 企业的资金应该花费在什么地方。企业资金应该花费在以下方面:第一,运营活动,如薪酬、广告、运输、原料供应、保险等;第二,存货及应收账款;第三,设备及设施。

(4) 企业的资金从什么渠道筹得。

(5) 企业的财产如何受到保护。

综上所述,财务管理是在一定的整体目标下,关于资产的购置、资本的融通及现金流量、利润分配的管理。

1.2.2 财务管理相关者

酒店的基本组织结构如图 1-1 所示。在酒店业,业主方指的是股东(所有者),前台是相对于后台而言的,指的是房务(包括客房、前厅、康乐等部门)、餐饮(包括中餐、西餐、自助餐)等。业主方任命的总经理(广义上讲是 Chief Executive Officer,CEO;对于酒店而言一般称为 General Manager,GM)直接对酒店的管理负责。财务总监(Chief Financial Manager,

---

① 赵德武. 财务管理:历史追寻和未来展望[J]. 会计之友,2001(10).

CFO)直接对总经理负责,掌管酒店的所有财务事宜。各运营经理(包括营销、房务、餐饮、工程、人力资源总监,从图 1-1 中看运营经理应直接对总监负责)直接对各部门总监负责,掌管整个酒店的运营及日常管理。

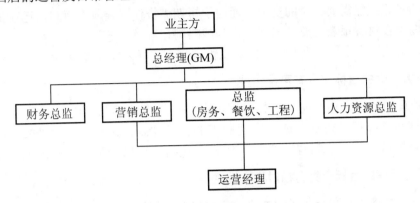

图 1-1　财务管理相关者

显而易见,财务总监及其下属(出纳、记账会计、成本会计等)是财务管理相关者,但是除此之外,运营经理的日常管理与运营工作也与财务管理工作密不可分,因为他们的决策及行为会影响到整个酒店的业绩。

1.2.3　财务管理的目标

财务管理就是一个"处理资金"的过程。无论是大的、小的、公共的、私人的、生产性质的、服务性质的,营利的、非营利的公司或组织都需要资金来运营。所有这些公司或组织有着共同的目标——效率,它们需要现金支付各种账单,并要使公司能够繁荣、稳定。这些都是财务管理的目标。酒店行业也不例外。

1. 保障企业资产使用的效率

企业资产使用的效率是指企业使用资产能够为企业带来收入的数量及时间的有效性。在财务上就是指资产的回报情况、权益的回报情况以及销售收入中有多少是企业的真正回报。企业也好,酒店也好,它们的目标都是保证自身的资源得到有效的、可被接受的回报。更高的利润会令投资者满意,更多的现金流入会使企业有更多的资金投入运营之中,以使企业得到更快的发展及扩张。

2. 保障企业资产的流动性

资产的流动性是指企业及时满足其各种短期资金需要和收回资金的能力。如果企业增加其销售收入,就会增加其流动资本(working capital),包括存货、应收账款以及其他现金等价物。如果企业想迅速发展及扩张,但其销售收入却在不断减少,那么它就只能凭借少量的现金去维持流动资本,它只能依靠短期借贷获得发展。而现在的酒店业竞争如此激烈,各个品牌的酒店业都想通过圈地来占领市场,而不至于被淘汰,所以都在追求迅速发展。例如,2011 年 5 月,"如家"以 4.7 亿美元收购莫泰 168 国际控股公司的全部股份,从而使自己的门店突破千家。但是"如家""7 天""汉庭"2011 年的财务报表显示，在这三家连锁巨头开店的比拼中，增收却不见增利。三家企业的净利润增速明显落后于营收增速，其中，"如家"净利润小幅下滑 2.2%，而"汉庭"的利润下滑达 46.8%。[①]这些都显示，经济型酒店的扩张必然需要大量的资金，而由于短期借贷使资金成本变高，迅速扩张使管理不善等问题都在财务报表上反映出来。作为战略制订者及财务管理者，都应该在扩张战略实施之前及实施过程中保障企业资产的流动性，只有这样才能保障战略的持续性。

3. 财务管理的目标应具有可操作性

财务管理的目标是实行财务目标管理的前提，它要能够起到组织动员的作用，要能够据以制订经济指标并进行分解，实现职工的自我控制，进行科学的绩效考评。这样，财务管理目标就必须具有可操作性，具体说来包括：可以计量，可以追溯，可以控制。

4. 财务管理的目标应具有相对稳定性

随着宏观经济体制和企业经营方式的变化以及人们认识的发展和深化，财务管理目标也必将发生变化。但是，宏观经济体制和企业经营方式的变化是渐进的，只有发展到一定阶段以后才会产生质变；人们的认识在达到一个新的高度以后，也需要有一个达成共识、为人们普遍接受的过程。因此，财务管理目标作为人们对客观规律性的一种概括，总的来说是相对稳定的。

评估练习

正确了解财务管理，将下列问题中正确的答案选出来。

1. 酒店财务管理的相关者不包括下面的(　　)。
   A. 政府机关部门　　　　　　B. 业主方
   C. 酒店总经理　　　　　　　D. 酒店部门经理
2. 以下问题中不是酒店财务管理能够解决的是(　　)。
   A. 酒店资金从哪里来　　　　B. 酒店的资金应该投资于哪个领域
   C. 酒店的财产如何得到保护　D. 酒店的员工如何招聘

1.3　财务管理与酒店管理决策

酒店从事一系列的活动以向目标顾客提供优质商品和服务，从而获得令人满意的投资回报。因此，可以将这一系列的活动根据财务报表和表外的披露信息分为四种：计划、融资、投资和运营活动。例如，李奥始终有个经营自己的咖啡厅的愿望，他通过融资筹集到现金来实现自己的梦想。融资获得的资金一部分可能来自李奥的储蓄，而另外一部分可能

---

① 岳晋峰. 经济型酒店进入"战国时代" [EB/OL]. 新华网山西频道，http://www.sx.xinhuanet.com/shsh/2012-05/02/content_25158728.htm.

来自银行贷款等其他的外部渠道。当资金到位之后，李奥就可以租门面房，购买设备，招聘员工，进行广告宣传等投资活动。一旦这些都准备就绪了，李奥的咖啡厅就可以开始运营。财务信息体系可以将李奥的商业活动的每一步——计划、融资、投资、运营，进行记录并跟踪。以下是对这四种活动的详细解释。

1.3.1 计划活动

在管理学中，计划具有两重含义，其一是计划工作，是指根据对组织外部环境与内部条件的分析，提出在未来一定时期内要实现的组织目标以及实现目标的方法途径。其二是计划形式，是指用文字和指标等形式所表述的组织以及组织内不同部门和不同成员，在未来一定时期内关于行动方向、内容和方式安排的管理事件。

酒店作为服务企业的存在就是为了完成业主方(股东)的特定目标。酒店的经营目标会在商业策划书——一份描述酒店经营目标、战略规划的文件——里体现。而这些策划书里包含的指标很大一部分都是以财务指标的形式出现的。例如，在企业战略规划书的"财务状况分析"中就包含了资产负债表横向比较分析、利润表横向比较分析、现金流入结构分析、现金流出结构分析、现金流入流出比分析等，参见案例1-1。

案例1-1　××公司的财务状况分析

1. 资产负债表横向比较分析

与2008年同期相比：

(1) 企业资产规模有小幅上升，增长8.71%，其中货币资金增长283.02%，说明企业的资金投入加大，处于发展时期。但其中其他应收款、投资性房地产和固定资产有所下降，且其他应收款降幅较大，应引起注意。此外，还应注意资产增长是否合理，是否符合企业发展的需要。

(2) 企业负债规模比较稳定，上升7.83%，虽然负债资本在增加，但还在企业可承担的范围之内。其中流动负债下降21.55%，非流动负债上升62.06%。非流动资产远远小于非流动负债，企业的长期偿债能力将受到一定影响，这应引起企业的重视。

(3) 流动负债中短期贷款降幅很大，表明企业的利息负担减少，对企业的支付能力、周转状况有一定的积极影响。应付职工薪酬增长了129.17%，虽然增加了企业的负债风险，但有利于增强企业的向心力与凝聚力，调动职工劳动积极性，提高效益。

(4) 企业所有者权益上升9.65%，主要是由于盈余公积和未分配利润的增多，这将使股东认为分红处于上升趋势，从而促进企业发展，但如果企业资金紧张，可能采取不分现金股利的政策。

2. 利润表横向比较分析

(1) 营业外利润增长高达32 825.15%，企业在危机中缓解不少。

(2) 投资收益增长51.47%，占到2009年上半年投资数额的70%，其中主要依靠对联营企业和合营企业的投资收益。

(3) 企业营业利润，利润总额和净利润均有较大幅度提高，从总体来看企业盈利能力有较大提高，主要原因是收入的增长快于成本的增长。

3. 现金流量结构分析

1) 现金流入结构分析

在企业2009年上半年的现金流入中，经营活动流入占55.9%，经营活动提供了主要的现金来源；投资活动流入占8.95%，与2008年同期相比下降8.18%；筹资活动流入占35.15%，也占有相当重要的地位。

在经营活动的现金流入中，主要来自收到的其他与经营活动有关的现金，占99.9%；在投资活动的现金流入中，主要来自取得投资收益收到的现金，占94.96%；在筹资活动的现金流入中，全部都是取得借款收到的现金。可见，企业要增加资金流入，主要还是依靠经营活动和除销售以外的其他活动。投资活动的现金流入减少，表明投资收益降低。此外，筹资活动高度依赖借款流入，稳定性有待提高。

2) 现金流出结构分析

在企业2009年上半年的现金流出中，经营活动流出占47.52%，大部分资金流出为支付其他与经营活动有关的现金；筹资活动流出占52.48%，大部分用于偿还债务；投资活动流出基本为零，唯一流出是少量购建固定资产、无形资产和其他长期资产所支付的现金，表明企业投资活动减缓或缺少投资机会。资金流出结构不甚合理，生产经营状况与2008年同期相比不容乐观。

3) 现金流入流出比分析

经营活动现金流入流出比为1.42，表明企业1元流出可换来1.42元流入，与2008年同期的0.71相比有所回暖；投资活动现金流入流出比高达12 092，表明企业在此期间严重缺少投资机会，不利于企业的健康成长；筹资活动现金流入流出比为0.81，还款大于借款，而2008年同期筹资活动现金流入流出比为1.51，借款大于还款，筹资活动现金流量正负相间，结构比较合理。

1.3.2 融资活动

融资活动指的是酒店为了获得资金以支付日常开支所使用的方法。当今中国酒店业的国际化、市场化程度逐步加深，国际酒店集团都加紧在中国投资和布点，市场争夺战愈演愈烈。酒店需要通过融资来实现其商业策划，以使自身在激烈的竞争中获得生存及发展。比如，酒店需要通过融资获得资金以购买原材料(酒水、菜品等)，支付员工薪酬、福利，开拓市场，支付中介费用。酒店的外部融资渠道分为两种：第一，所有者的再次投入；第二，从银行等金融机构或非金融机构申请的贷款。我国酒店业的投资主体大致可以划分为国家性投资、地方性投资、行业性投资、企业性投资、个人性投资和国际性投资等形式。我国酒店业的筹资渠道一般有国家财政资金、银行信贷资金、非银行金融机构资金、民间资金、其他企业资金、企业自留资金和外商资金等几种。

课外资料 1-1

如家连锁酒店是一家优秀的以经营经济型酒店业务为主的公司。在调研过程中，据相关人士介绍，2002 年 6 月，公司以启动资金 1000 万元，承租 5 个旅店 15 年的使用权作为样板店开始运营。2003—2005 年，如家引进战略投资者，3 年间，公司 6 次出售股份，引入了包括 IDG、新加坡梧桐创投等风险投资及个人投资，在资金的强有力支持下，如家的连锁发展顺风顺水。酒店数量由 2003 年的 10 家上升至 2005 年的 68 家。2006 年 10 月 26 日，如家在美国纳斯达克成功上市，融资 1.09 亿美元，所融资金主要用来扩张，巩固其在中国市场的地位。①

1.3.3 投资活动

在科学技术、社会经济迅速发展的今天，酒店无论是维持现状还是意图扩大再生产，都必须进行一定的投资活动。要维持现状的稳定，就必须及时对所使用的设备设施进行更新，对产品和生产过程进行改革，不断提高员工的技能水平等；要扩大再生产，就必须新建酒店、购买设施设备、招聘员工等。酒店只有通过一系列的投资活动才能增强实力，在激烈的竞争中不被淘汰。酒店将筹集的资金投向生产经营的关键环节或薄弱环节，可以使酒店各种生产经营能力配套、平衡，从而形成更大的综合生产能力，如济南华能大厦 2009 年开始的整体改造，就是将自身陈旧的设备设施更新，将酒店不合理的功能布局重新调整，以使酒店的接待能力得到提升。酒店将资金投向多个行业，实行多元化经营，能增加酒店销售和盈余的稳定性。

酒店无论是对内投资、对外投资，还是长期投资、短期投资，这些决策的制订离不开酒店的财务管理活动。投资活动需要进行投资分析，投资分析包括项目背景、项目周边环境、市场状况、SWOT 分析、财务分析。而财务分析中包括资金的规划和财务效益的评价。②

课外资料 1-2

2006 年 7 月 28 日，鲁商集团成立北京银座酒店管理有限公司(现更名为济南银座酒店管理有限公司)，就是在已有的高星级酒店的基础上，开拓经济型酒店市场以及整合集团内所有的酒店而进行的投资活动。

1.3.4 运营活动

运营活动是酒店经营分析的一个很重要的方面，也是本书的重点。运营活动意味着商

---

① 陈珂. CK 酒店融资渠道研究[M]. 西安：西北大学，2009.
② 王维才，戴淑芬，肖玉新. 投资项目可行性分析与项目管理[M]. 北京：冶金工业出版社，2000.

业策划在融资及投资后开始进入执行阶段，当然三种活动还会在日后经营过程中交互产生。酒店的运营活动包含至少五种可能的因素：采购、生产、市场、行政和创新。良好的、恰当的运营活动的开展取决于酒店的商业策划及投入产出市场(即供应商市场和消费者市场)。而管理者的任务就是努力提高这五种因素的竞争力，以实现酒店的价值最大化目标。

酒店经营者有效地管理其经营活动能够提升这五种因素的竞争力，并且为酒店带来较高的收益。而这五种因素都可以在酒店报表里得到体现。比如，在酒店的损益表中，可以得到客房的入住率(OCC)、平均房价(ADR)、可售房收入(RevPAR)指标，如图1-2所示。用这些指标进行行业平均水平的对比，就能知道该酒店的市场竞争力状况，从而为酒店下一步的经营管理活动提供参考。

		July 2008							
	Occupancy (%)			ADR ($)			RevPAR ($)		
	My Prop	Comp Set	Index	My Prop	Comp Set	Index	My Prop	Comp Set	Index
Current Month	89.8	90.5	99.3	234.89	229.88	102.2	210.89	207.93	101.4
Year To Date	80.9	86.5	93.4	248.55	241.02	103.1	201.01	208.60	96.4
Running 3 Month	82.0	91.5	89.6	266.87	255.11	104.6	218.75	233.50	93.7
Running 12 Month	84.9	87.7	96.8	259.98	254.12	102.3	220.81	222.92	99.1

图1-2 某个体酒店2008年7月市场竞争力情况与行业平均水平对比

(资料来源：STR global, http://www.strglobal.com/)

评估练习

正确理解酒店财务管理的内容，将下列问题中正确的答案选出来。
1. 国内酒店的主要融资渠道包括(　　)。
   A. 国家性投资、地方性投资　　B. 行业性投资
   C. 企业性投资　　　　　　　　D. 个人性投资和国际性投资
2. 以下指标无法反映酒店经营情况的是(　　)。
   A. 客房的入住率(OCC)　　　　B. 平均房价(ADR)
   C. 可售房收入(RevPAR)　　　　D. 酒店房间数量(No. of Room)

1.4 酒店财务管理的特点

由于酒店业的经营具有区别于其他行业的特点，因而在财务管理上有其自身的独特之处，主要表现在以下几个方面。

1. 采用多种形式经营，收益分配形式灵活

由于酒店餐饮行业在客观上需要提供多种服务，因此酒店餐饮行业的经营形式非常灵活。比如，一般的酒店都有酒店餐饮，酒店餐饮既可以由饭店管理方直接经营，也可以采

用招商的方式，以出租或承包的方式由其他企业经营。收益的分配形式也非常灵活，既可以采用固定租金形式，也可以采用比例分成式或两者结合。酒店餐饮企业会计在会计核算中必须清楚经济业务的性质，予以正确记录。

2. 酒店餐饮企业具有生产、销售和服务三种职能

酒店餐饮企业除了服务以外，还有商品的加工和销售。因此，会计核算时，需根据经营业务的特点，采用不同的核算方法。如餐饮业务，根据消费者的需要，加工烹制菜肴和食品，这就具有工业企业的性质；然后将菜肴和食品供应给消费者，又具有商品流通企业的性质；同时，为消费者提供消费设施、场所和服务，这又具有服务的性质。但这种生产、销售和服务是在很短的时间内完成，并且菜肴和食品的花色品种多、数量零星。因此不可能像工业企业那样区分产品，分别计算其总成本和单位成本，而只计算菜肴和食品的总成本。售货业务则采用商品流通企业的核算方法；而纯服务性质的经营业务，如客房、娱乐、美容美发等业务，只发生服务费用，不发生服务成本，因此采用服务企业的核算方法。

3. 星级酒店企业既经营自制商品，又经营外购商品

为了分别考核自制商品与外购商品的经营成果，加强对自制商品的管理和核算，需要对自制商品和外购商品分别进行核算。

4. 酒店餐饮企业收入的结算以货币资金为主要结算方式

在会计职能上，既有核算上的职能，又要加强货币资金各种结算方式的管理职能。现金结算是酒店餐饮企业最古老的一种结算方式，随着现代科技的不断更新与进步，银行卡、信用卡、餐卡等先进结算方式纷纷登场，给酒店业会计的现金结算带来了前所未有的生机和活力。现金结算多种多样的方式也有潜在的风险，酒店企业的财务会计部门应采取相应的核算管理方法和制度。随着中国改革开放政策的实施，有相当多的饮食服务业有外汇货币收入。在进行会计核算时，应按照国家外汇管理条例和外汇兑换的管理办法办理外汇存入、转出和结算业务，核算汇兑损益。

5. 现金流量的季节性

消费者对旅游产品的需求具有很强的季节性。季节性特征主要是由气候引起的，同时也受学校假期、节日和传统旅游方式的影响。旅游产品需求的季节性导致了酒店现金流入和流出的季节性。因此，在整个年度的某些时段，酒店将会有大量的可用于投资的剩余现金；而在其他时段，酒店则为了支付应付款项不得不向银行借款。酒店现金流量的季节性特点可以为现金流量分析和现金管理带来一定的启示。因此，酒店的财务管理必须结合酒店现金流量的季节性特点，进行详细的现金流量分析，并考虑如何缓解现金流量问题。

评估练习

正确理解酒店财务管理的特点，将下列问题的正确答案选出来。
1. 以下关于酒店财务管理特点描述错误的是(　　)。

A. 酒店的收益方式灵活多样
B. 酒店所提供的有形产品都是自制的
C. 酒店企业的结算以货币资金为主
D. 大部分酒店的现金流入流出具有季节性
2. 以下方式不能用于酒店内消费支付的是(　　)。
A. 餐卡　　　　B. 信用卡　　　　C. 外币　　　　D. 银行卡

第 2 章

资产负债表与损益表

【本章概述】

本章主要介绍酒店的资产负债表和损益表。

2.1 了解酒店的运营过程。

2.2 了解账务处理程序。

2.3 了解资产负债表的结构及编制。

2.4 了解损益表的结构及内容。

2.5 了解酒店运营报表的种类及内容构成。

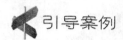 引导案例

中国2012年3月酒店业经营数据分析

3月酒店市场呈现如下特征：酒店客房平均出租率为65.61%，其中散客平均出租率为43.47%。平均出租率同比2011年3月的67.01%略下降了1.40个百分点，环比2012年2月的55.99%上升了9.62个百分点。

平均房价为444元，其中散客平均房价为507.03元。平均房价同比2011年3月的461元及环比2012年2月的462元均有小幅下降。

3月酒店单房平均收益为293元，同比2011年3月的313元有小幅降低，环比2012年2月的263元有所上升。

3月客房收入比为42.7%，客房收入比同比2011年3月的47.15%有所下降，环比2012年2月的40.25%略有小幅上升；餐饮收入比为42.9%，基本与2011年3月的42.35%持平，环比2012年2月的47.73%有所下降。酒店餐饮收入比呈现继续下滑的趋势。

3月酒店平均食品成本率为44.62%，平均酒水成本率为37.16%，平均人工成本率为25.8%，平均能耗成本率为9.38%，环比上个月饭店平均食品成本率及平均酒水成本率均呈现基本持平状态，平均人工成本率及平均能耗成本率均有不同程度的下降。

平均员工流失率为5.73%，同比2012年3月的5.99%略有下降，环比上个月的5.04%略有上升；员工平均月薪为2180.39元，比上个月有所下降。

3月自行管理的酒店平均出租率为64.67%环比上升，平均房价为391元环比下降，单房收益260元环比有较明显上升，员工流失率为6.3%环比上升，员工平均月薪2109.92元环比下降；国内公司管理的酒店平均出租率为65.38%，平均房价为484元，单房收益为309元，国内公司管理的酒店三项主要经营指标除平均房价环比有所下降外，平均出租率及单房收益环比均有上升，员工流失率为4.68%同比下降，员工月薪为2174.58元环比略有下降；国际公司管理的酒店三项主要经营指标除平均出租率环比略有上升外，平均房价及单房收益环比均略有下降，员工流失率环比上升，员工平均月薪环比略有下降。

3月五星级酒店平均出租率为58.76%，平均房价为608元，单房收益365元，五星级酒店三项主要经营指标环比均略有上升，员工流失率为4.91%环比上升、员工平均月薪2307.33元环比上升；四星级酒店平均出租率为69.7%，平均房价为415元，单房收益为296元，四星级酒店三项主要经营指标平均房价环比基本持平，平均出租率及单房收益环比均有明显上升，员工流失率为6.62%同比、环比均上升，员工月薪为2235.88元环比下降；三星级酒店三项主要经营指标同比均下降，环比均上升，员工流失率环比上升，员工平均月薪环比略下降。

总体来看，3月全国酒店市场总体经营情况略好于2月，客房出租率及单房收益有明显提高，但平均房价有所下降，客房收入比继续回升，餐饮收入比仍处于下降的态势；员工平均月薪下降，员工流失率持续上升。

3月的人工成本率、能耗成本率环比、同比均降低，食品成本率及酒水成本率同比2011年3月、环比上个月均表现基本持平的态势。

(资料来源：http://jiudian.canyin168.com/jdsj/20120428/41523.html)

> **思考题**
> 1. 通过对 2012 年 3 月酒店经营数据的分析，总结出整个行业的经营变化趋势。
> 2. 通过对 2012 年 3 月酒店经营数据的分析，你能否看出酒店业的经营已经开始向内耗的控制发展？

管理者、业主方、债权人都想了解酒店的运营状况。酒店的资产负债状况、运营成果都反映在资产负债表(Balance Statement)、损益表(Income Statement)和现金流量表(Statement of Cash Flow)里。酒店每年都要公布的年度报告(Annual Report)(上市公司要向所有投资者和潜在投资者公布，非上市公司则要向股东公布)里包含了这些财务报表。本章只讨论资产负债表和损益表。在了解这些报表之前，有必要先了解一下酒店的运营过程。

2.1 酒店的运营过程

无论是酒店业还是餐饮业都属于服务性行业，它们不但提供无形的服务，还提供有形的产品。例如，中国大饭店(China World Hotel)的阿丽娅餐厅，不仅为顾客提供点餐、上菜、倒酒等服务，还会为顾客提供酒水、菜品等有形产品；中国大饭店的客房部不仅为顾客提供洗浴用品等有形服务，还提供清扫、送餐等无形服务。这些都体现了酒店业在运营过程中的特殊性。酒店收入的主要来源是客房的租金与餐饮的菜品、酒水销售收入，而酒店的费用包括两种：所售商品的成本(The Cost of Goods Sold)和运营费用(Operating Expenses)。所售商品的成本指的是酒店所销售的有形商品的直接成本(包括进价、运输费用、保险费用等)，这部分成本和收入是直接相关的。但是对于酒店业来说，大部分酒店的客房部是不计算所售商品的成本的；而餐饮部却不能忽略这部分成本。图 2-1 说明了酒店利润的形成过程。

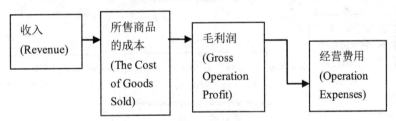

图 2-1 酒店利润的形成过程

酒店的运营过程是一个很复杂的过程，从投资选址开始，到楼体的建设、装修，再到人员的招聘、培训，最后到酒店的日常经营。本节将范围缩小到酒店的日常经营，对于酒店的日常经营，本书从顾客的预订开始。因为酒店的经营是围绕着顾客展开的，只有按入住顾客入住前、入住中、入住后这个脉络，才能将酒店经营过程大致勾勒出来。图 2-2 将顾客从通过电话、网站、旅行社或其他渠道预订酒店的产品(客房或者餐饮)，然后通过前台办理入住(Check In)，进而享受酒店的房间、美食、酒水、健身以及其他(SPA、送餐等)产品和服务。当顾客离开时，办理结账手续(Check Out)离开酒店，当然一家服务周到的酒店会根据客户档案在日后对顾客进行跟踪，包括有多长时间没有入住、E-mail 形式的生日问候等，直到顾客的下一个循环的开始。这其中每一个过程都是复杂的。比如说预订，顾客会通过电话、传真、网站、酒店销售人员等各种方式进行预订,并且在预订过程中有的会提前支付给酒店或中间商房租(Room Rate),有的会到店后再支付房租押金,因此酒店要建立庞杂的操作流程和运行机制使对顾客服务的质量得到保障。这些内容在其他课程或书中会有详细的解释。

图 2-2 所展示的酒店运营流程都会与财务部发生直接和间接的关系。比如,预订环节——顾客的预订方式包括担保类预订和无担保类预订,在担保类预订过程中,顾客所提供的信用卡信息要到财务部去核实信用卡的有效性。再比如,有的公司会在酒店预先存有一定的资金以供公司员工出差到酒店入住时支付公司员工的支出,该公司的员工在预订时除了要提供公司的相关证明之外,预订部的人员还要到财务部核实此公司的金额是否充足以及证明的真实性。其他的流程如顾客入住手续的办理、餐厅、酒吧、康乐中心的消费都要与财务的收银员进行结账(有的酒店收银员是归餐厅管理,但其资金的管理还是归口到财务部)。因此,财务报表通过账务处理程序将运营的信息一步一步传递到财务部,财务部将其整理成报表的形式,部门经理以及酒店总经理根据财务报表分析酒店的运营状况。整个流程如图 2-3 所示。

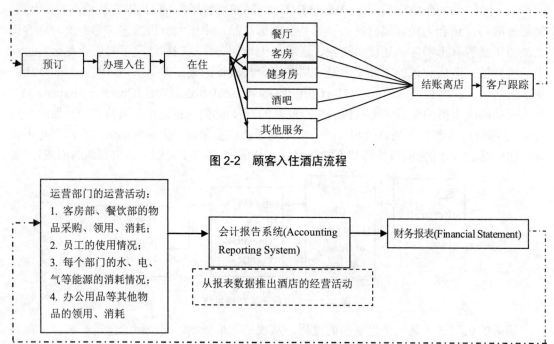

图 2-2 顾客入住酒店流程

图 2-3 报表形成及报表分析过程

2.2 账务处理程序

很多人发现酒店的财务和会计很难理解和掌握,因为它们有自己的"语言"——会计语言。因此在进一步学习财务报表之前有必要了解一下主要的会计概念和会计活动过程。

账务处理程序,也称会计核算组织程序或会计核算形式,是指会计凭证、会计账簿、会计报表相结合的一种处理方式。当酒店企业的经营活动发生时，产生原始凭证，进而需要通过编制记账凭证、登记明细分类账和总分类账、编制会计报表的工作程序，这就是酒店的账务处理程序。但是酒店企业每天都会有经营日报，以显示当天的收入、成本支出及经营利润情况，因此酒店企业的账务处理程序中加入了经营日报的编制工作，如图 2-4 所示。

图 2-4 中的①表示酒店在日常经营过程中，就会产生原始凭证，酒店会计人员会根据原始凭证进行记账；②表示登记全部经济业务，进行总分类核算，总括核算资料的分类账簿；③表示定期地加计分类账各账户的借贷方发生及余额的合计数，用以检查借贷方是否平衡及账户记录有无错误；④表示经营部门根据每日工作的情况对经营状况进行汇总；⑤表示酒店可以根据经营日报表的相关数据汇总成损益表，但有些数据是无法从经营日报表里获得的；⑥表示账务处理的一般程序是根据试算平衡表制作损益表和资产负债表；⑦表示资产负债表的所有者权益部分内容还需要从损益表中的数据得来，这也说明了资产负债表和损益表之间的关系。

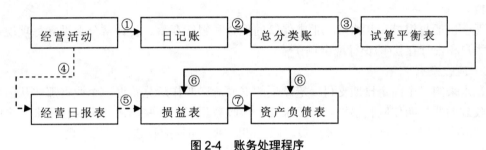

图 2-4　账务处理程序

2.2.1　账户

账户(Accounts)是会计分类和汇总经济业务活动的基本要素。账户就像一个储存信息的基本储存单位，所以，分类经济业务活动要分别建立账户。例如，每家企业不仅有现金账户，而且也有记录销售和费用的各类账户。

现从 T 字账户开始说明上列账户。T 字账户由三部分组成：账户名称、左方和右方。T 字账，顾名思义，就是账户的结构看起来像英文字母 T，如下所示。

借方	账户名称	贷方
左方		右方

账户增加记录在账户的一边，减少则记录在另一边。哪一边(左边或右边)记录增加，哪一边记录减少取决于账户的性质。例如，假设酒店收到 10 000 元人民币和付出 5000 元人民币，这两项经济业务可以记账如下。

借方	现金	贷方
收到　　10 000		支付　　5000

在这里需要注意的是现金的增加记在左边，而现金的减少记在右边。所有资产账户通常都是这样。

从现金账户减去支付就得到了账户余额。在上例中，现金账户的余额是 5000 元。

借方	现金		贷方
收到　　10 000		支付　　5000	
余额　　5000			

酒店企业有许多账户,一般包括资产、负债和所有者权益。所有者权益又分为资本、收入和费用账户。

1. 资产账户

资产类账户反映的经济业务内容是具有对所有者有用的特征,即具有为预期的未来经济利益作贡献的特征。资产类账户按照反映流动性快慢的不同可以再分为流动资产类账户和非流动资产类账户。流动资产类账户主要有现金、银行存款、短期投资、应收账款、原材料、库存商品、待摊费用等;非流动资产类账户主要有长期投资、固定资产、累计折旧、无形资产、长期待摊费用等。以下将简单介绍酒店常用的资产账户。

1) 现金

现金包括收银员和其他员工手中保管的现金和银行存款。会计常分别设立每项现金的现金账户和银行存款(即银行现金)账户。

2) 应收票据

在未来的一个固定日期支付一笔款项的书面承诺叫作承兑票据。企业将那些从债务人那里收到的票据叫作应收票据。一般来说,应收票据仅指那些与酒店企业有往来账户的债务人的应收票据。来自企业管理人员、职工和附属公司的应收票据应另立账户。

3) 应收账款

货物或服务已出售给顾客,顾客承诺将在以后的日子支付货款或服务费用。这样的销售通常也称为挂账销售,承诺支付的款项就叫作应收账款。应收账款也按债务人分别设账。客人的应收账款记在一个账户,而管理人员、职工和下属公司的欠款则记在另一个账户。

4) 有价证券

作为短期投资购入,可以随时变现的证券(股票和债券)称为有价证券。

5) 商品库存

用于销售的货品要分别建立数个账户,这些账户包括但不仅限于饮品库存、食品库存等商品库存。

6) 办公用品

邮票、文具、纸、笔等类似项目叫作办公用品。购入时作为资产,用于经营后就成了费用。

7) 预付费用

预付费用是那些在购入时作为资产、使用后作为费用的项目。预付费用包括预付租金、预付保险和预付税款。这类预付费用单独立账。

8) 投资

向附属公司购买的证券和其他作为非临时投资的证券都包括在投资账户。

9) 资产和设备

这类资产包括土地、建筑物、家具、地毯、花草、瓷器、玻璃器皿和制服等。每项资产和设备单独立账。

2. 负债账户

负债类账户按照反映流动性强弱的不同，可以再分为流动性负债类账户和长期负债类账户，是用来反映企业负债增减变动及其结存情况的账户。该类账户一是体现了对其经济主体按时履行偿付债务的责任或义务；二是表明清偿负债会导致企业未来经济利益的流出；三是表明这种债务履行的客观存在或正在发生。以下将简单介绍酒店常用的负债账户。

1) 应付票据

应付票据账户包括开给债权人的承兑票据。其中，开给银行的承兑票据又不同于开给其他债权人的承兑票据。

2) 应付账款

应付账款是企业欠债权人的账款，企业承诺在将来的某一日期支付。

3) 顾客支付和代扣职工的税款

所有向顾客收取的和代扣职工的税款通常都是单独立账，如应付销售税等。

4) 应缴所得税

企业上年度欠地方、中央政府税务局的所得税的税款分别设立账户。企业本年度应缴所得税的估计负债也记入这些账户内。

5) 应计费用

当期费用但在本会计期末仍未支付的(如工资、薪金、利息和能源费)也像负债一样记入账户。每项需单独立账。

6) 预收收入

预收收入是收到的预付现金收入，客人预付的用来购买下一会计期的货物或服务的收入。宴会预订和客房预订收入都作为预收收入记账。

7) 应付抵押款

应付抵押款是企业以一项酒店资产或多项资产作为向债权人的抵押的一项长期负债。

3. 所有者权益账户

许多经济业务活动都可以影响企业所有者权益，这些经济业务活动包括业主的投资和业主对资产的提取、企业的营业收入和费用产生。会计可以从所有者权益的增加或减少随时获取各种信息。每项增减需单独立账。

1) 资本账户

当一位投资人投资一家独资企业，这项投资应以投资者的名字记入资本账户。所有的其他资本账户将定期"结账"到这个账户。若企业是公司制组织形式，这个资本账户将被两个账户取代：第一股本，不同的股票分别设账；第二留存收益，在留存收益这个账户，净利润或亏损减去公布的股利后的经营业绩都记入这个账户。

2) 收入和费用账户

收入增加所有者权益，而费用减少所有者权益。企业经营的宗旨是获取利润。在企业的运营过程中，所有关于收入和费用的各种详细信息必须及时提供给投资方。这些信息都在每项收入和费用的账户中反映，收入和费用账户通常包括：主营业务收入、非主营业务收入、主营业务成本、非主营业务成本、管理费用、财务费用、税前利润、所得税等。

2.2.2 复式记账法

由于经济业务事项的双重性(即每一笔经济事项的发生，一定会引起资金的两个或两个以上项目的增减变动)，且资产与权益之间存在着自然的平衡关系，人们利用这一事实指导会计实践，这便成为复式记账的理论基础。

复式记账法是对每项经济业务按相等金额在两个或两个以上有关账户中同时进行登记的方法，其理论依据是会计基本等式。复式记账按记账符号、记账规则、试算平衡方法的不同，可分为借贷记账法、增减记账法和收付记账法。借贷记账法是当今运用最广泛的复式记账法，也是目前我国法定的记账方法。至于哪一方记增加金额，哪一方记减少金额，则取决于账户所要反映的经济内容和业务性质。

在介绍账户的结构时，我们接触到了 T 形账的左右两边，而政府或协会强制规定了任何账户的左边都叫作借方(缩写为 Dr)，右边都叫作贷方(缩写为 Cr)。借记就是在账户的左边记入金额，贷记就是在账户的右边记入金额，账户借方和贷方的差额叫作余额。

下面以正保大酒店的客房收入核算为例。

正保大酒店采用先收款后住宿的核算方式，收到总台交来库存现金等有关结算单据，并交来"营业收入日报表"，根据"营业收入日报表"中"营业收入"栏的数额，得到房租 22 000 元，饮料款 300 元，食品款 200 元，可以作如下 T 形账。

借方	预收账款		贷方
预收房金	22 500		

借方	主营业务收入		贷方
	房租	22 000	
	饮料	300	
	食品	200	
	余额	22 500	

"预收账款"是负债类账户，用以核算按规定向客户预收的款项。预收时，记入贷方；收入实现时，记入借方。余额在贷方，表示企业已经预收，而尚未为客户提供服务的款项。

2.2.3 总账

总账是指总分类账簿(General Ledger)，也称总分类账，是根据总分类科目开设的账户，用来登记全部经济业务，进行总分类核算，提供总括核算资料的分类账簿。总分类账所提供的核算资料是编制会计报表的主要依据，任何单位都必须设置总分类账。图 2-5 所示是固定资产总分类账的图例。

图 2-5　固定资产总分类账

2.2.4　日记账

日记账也称序时账，是按经济业务发生时间的先后顺序，逐日逐笔登记的账簿。

1．日记账登记方法

日记账应当根据办理完毕的收、付款凭证，随时按顺序逐笔登记，每天最少登记一次。

1) 现金日记账的登记方法

现金日记账通常由出纳人员根据审核后的现金收、付款凭证，逐日逐笔顺序登记。同时，由其他会计人员根据收、付款凭证汇总登记总分类账。对于从银行提取现金的业务，由于只填制银行存款付款凭证，不填制现金收款凭证，因而现金的收入数应根据银行存款付款凭证登记。每日收付款项逐笔登记完毕后，应分别计算现金收入和支出的合计数及账面的结余额，并将现金日记账的账面余额与库存现金实存数核对，借以检查每日现金收、支和结存情况。

2) 银行存款日记账的登记方法

银行存款日记账应按各种存款分别设置。银行存款日记账通常也是由出纳员根据审核后的有关银行存款收、付款凭证，逐日逐笔顺序登记的。对于现金存入银行的业务，存款的收入数应根据现金付款凭证登记。每日终了，应分别计算银行存款收入、付出的合计数和本日余额，以便于检查监督各项收支款项，并便于定期同银行对账单逐笔核对。

酒店企业一般会建立多种日记账。然而，最简单、最灵活的便是普通日记账。普通日记账有以下内容。

(1) 经济业务活动发生日期(记入日期栏)。

(2) 使用账户的名称(记入账户/说明栏)。

(3) 经济业务活动说明(记入账户/说明栏)。

(4) 该经济业务活动的借方和贷方金额过账转入分类账的编号(记入过账参考栏)。

(5) 账户的借方和贷方记录金额(记入借方或贷方栏)。

2. 日记账的账务处理

根据多栏式现金日记账和银行存款日记账登记总账的情况,账务处理可有两种做法。

(1) 由出纳人员根据审核后的收、付款凭证逐日逐笔登记现金和银行存款的收入日记账和支出日记账,每日应将支出日记账中当日支出合计数,转记入收入日记账中支出合计栏中,以结算当日账面结余额。会计人员应对多栏式现金日记账和银行存款日记账的记录加强检查监督,并于月末根据多栏式现金日记账和银行存款日记账各专栏的合计数,分别登记总账有关账户。

(2) 另外设置现金和银行存款出纳登记簿,由出纳人员根据审核后的收、付款凭证逐日逐笔登记,以便逐笔掌握库存现金收付数额和同银行核对收付款项。然后将收、付款凭证交由会计人员据以逐日汇总登记多栏式现金日记账和银行存款日记账,并于月末根据多栏式日记账登记总账。出纳登记簿与多栏式现金日记账和银行存款日记账要相互核对。

表2-1 列示了××酒店的20××年1月的第一笔和第二笔经济业务活动。过账参考栏的账户编号需在日记账的金额转账到总账时登记。一般来说,在日记账和分类账中,货币符号、句号和小数点不做登记,金额须精确到分。

表2-1 ××酒店1月的两笔经济业务记录方式

普通日记账					
日	期	账户/说明	过账参考	借 方	贷 方
20××年					
1月	1	现金		1 000 000.00	
		××投入资本			1 000 000.00
1月	1	现金		50 000.00	
		应付工商银行票据款			50 000.00

2.2.5 过账

将普通日记账中的金额转到总账中的过程叫作过账。过账须定期进行,有时每天进行过账,但通常是会计期末进行。当会计将金额过账到总账时,再将账户编号记入普通日记账的过账参考栏以表明这笔金额已过账到该编号的账户中。在过账过程中,会计在总账的账户中应记录该金额来自普通日记账的第几页。日记账的借方过账到总账的借方,贷方过账到总账贷方。

图2-6所示为20××年1月1日××酒店的两笔经济业务活动过账到总账的图示。它们之间的关系用箭头表示如下。

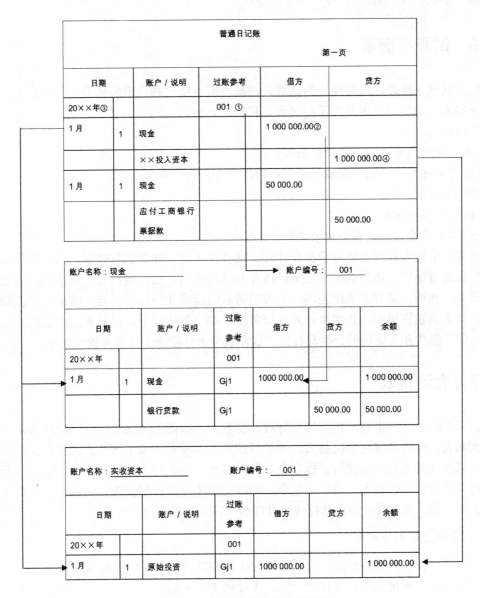

图 2-6 日记账与总账的关系说明

(1) 普通日记账的过账参考栏记入账户编号 001 以表示过账已经完成。
(2) 记录在普通日记账的 1 000 000.00 元现金收入过账到现金收入总账。
(3) 普通日记账的记账日期(20××年 1 月 1 日)同时反映在现金账户和实收资本账户。

将普通日记账中的账户编号和页数记入总账账户的过账过程也叫作对照索引。对照索引方便会计检索经济业务的来源。例如当会计人员查看实收资本的总分类账时,想知道 20××年 1 月实收资本 1 000 000.00 元是收到的现金以及是哪位投资人投资的,可以通过账户编号 301 对所有 1 月发生的与实收资本相关的经济业务进行检索,从而检索到普通的日记账中关于实收资金的来源;或者可以通过 Gj1 进行检索,因为 Gj1 表示的是对普通日记账第一页记录的经济业务进行的过账。

2.2.6 试算平衡表

账户试算平衡表，通常简称为试算表，是将所有账户和它们的借方或贷方余额排列出来的一种表。编制试算表是为了测试借方和贷方金额是否相等。会计人员一般采用下列程序编制试算表。

(1) 确定分类账中每个账户的余额。

(2) 排列账户，将借方余额反映在左边，贷方余额反映在右边。

(3) 合计借方余额。

(4) 合计贷方余额。

(5) 将借方余额合计和贷方余额合计作比较。

当借方余额合计等于贷方余额合计时，试算表平衡。如果试算表左、右方不相等，一定是什么地方出错，错误或出在记录经济业务活动的日记账，或出在汇总余额，或出在编制试算表。然而，试算表平衡也不一定表示所有的经济业务都已适当、准确记账。举例来说，会计人员也许错将广告费用计入工资费用，在这种情况下，试算表的左右两边还是相等的，但广告费和工资费的金额却有误。试算表平衡只能表示贷方和借方相等。

2.2.7 会计报表

酒店的外部会计报表，按照国家财政、税务、工商部门的规定，月度应编报资产负债表、利润表，年度增编现金流量表。为了帮助企业管理者详细了解酒店的经营状况和财务成果，以便及时作出经营决策，提高企业管理水平，获取更大的经济效益，应编制反映酒店各经营部门收入、成本、费用、税金、利润实现情况的内部报表。内部报表是从外部会计报表派生的，各项有关指标数据应与外部会计报表数据完全一致。

1. 会计报表的作用

在日常会计核算中，企业经营活动所发生的经济业务，平时只能从会计凭证和会计账簿上得到反映，所提供的资料比较分散，不能集中、概括、系统、全面地提供经营管理所需要的会计信息。因此，必须在日常核算的基础上，定期对账簿等核算资料进行归集、加工、汇总，编制各种会计报表。会计报表的作用体现在以下几个方面。

(1) 有助于企业所有者和债权人作合理投资决策。所有者和债权人对企业投资时要进行相应的决策。由于所有者、债权人往往不能直接参与企业的经营活动，而要借助会计报表。通过对会计报表的分析，了解企业财务状况和资金流转情况，弄清企业的获利能力和偿债能力，从而对企业财务状况作出比较准确的判断，寻求投资或信贷决策的依据。

(2) 反映企业管理者的经营管理水平。现代企业一般都是所有权和经营权分离。企业的经济资源是所有者与债权人投入的，他们委托总经理等领导层代为经营管理。会计报表所提供的信息有助于所有者与债权人评价企业管理人员过去的经营业绩和管理水平，为适当调整投资方向，或者重新安排管理者的人选提供参考。

(3) 有助于评价和预测未来的投资回报和现金流量。会计报表的主要内容是提供有关企业盈利及其构成的信息,它可以帮助报表使用者评价未来的投资回报和现金流量。企业的现金净流入量虽不与盈利成比例增减,但有非常密切的关系。所有者通过会计报表所反映的现金流量,可以评价和预测未来企业的财务状况。

(4) 有助于国家经济管理部门进行宏观调控和管理。会计报表将企业生产经营情况和财务信息提供给政府经济管理部门,该部门可以及时掌握各企业的经济情况;了解和监督企业完成社会责任方面的情况;还可通过对企业的会计报表所提供的资料进行分析,掌握国民经济总体的运行情况,为政府调控国民经济提供依据。

2. 会计报表的编制要求

为了充分发挥会计报表的作用,保证会计报表所提供的信息能够满足使用者的需要,编制会计报表必须做到:数据真实、计算准确、内容完整、说明简洁、报送及时、手续齐备。

1) 数据真实、计算准确

会计报表中的各项数据必须真实可靠,能如实地反映企业经济活动状况,以利于总结经验,发现问题,找出差距,改进工作。

2) 内容完整

每一种会计报表都是从企业不同的侧面反映会计事项。凡是规定要求提供的会计报表,都必须全部编制和报送,不得漏编漏报。对于应当填列的指标,都必须全部填列,更不可随意取舍。

3) 说明简洁

会计报表中一些需要说明的项目,应在报表附注中用简洁的文字加以说明,作为报表内容的补充。

4) 报送及时

会计报表必须在规定的期限内编制完成和报出,以便报表使用者及时了解情况和发现问题。因此,企业平时就应做好记账、算账和对账工作,做到日清月结。不能为了赶编会计报表而提前结账,或"粗制滥造"降低报表质量。

5) 手续齐备

企业对外报送的会计报表,应依次装订,加具封面,加盖公章。封面上应写明企业名称、报表所属年度、月份、报送日期等,并由企业领导、会计主管、编表人签章。

评估练习

正确理解酒店企业的账务处理程序,将下列问题的正确答案选出来。

1. 下列账户不属于资产账户的是(   )。

    A. 现金　　　　B. 银行存款　　　C. 存货　　　　D. 应付账款

2. 以下对于过账的说法中错误的是(   )。

    A. 将普通日记账中的金额转到总账的过程叫作过账

    B. 日记账的借方过账到总账的借方,贷方过账到总账的贷方

    C. 在过账过程中,在总账的账户中也记录该金额来自普通日记账的第几页

    D. 日记账的借方过账到总账的贷方,贷方过账到总账的借方

2.3 资产负债表

酒店资产负债表反映的是一个时点企业财务状况的报表。早在20世纪初,资产负债表就被认为是向投资人报告的一份重要财务报表,因为当时许多企业不向投资人呈报利润表。当时,管理当局认为利润表中的内容应当保密,如果将其报给外部使用者会使这些保密资料落入竞争者手中。1929年的西方股票市场崩溃,之后出台的政策规定,证券交易委员会要求公司必须公布利润表(即损益表)。

2.3.1 资产负债表的局限性

资产负债表的基本目标就是确定公司所有者即股东(Shareholder)某一特定时点在公司所能够拥有的净资产数量或价值。资产负债表包含三个主要账户,即资产、负债和所有者权益,它的编制基础是会计恒等式:资产=负债+所有者权益。资产是酒店企业过去的交易或事项形成的、由企业拥有或控制的、预期会给企业带来经济利益的资源。为了获得经营所需的这些资源,酒店需要进行融资。负债和所有者权益代表着企业融资的两种重要渠道,也就是酒店经营资源的来源。其中负债指的是酒店企业过去交易或事项形成的,预期会导致企业经济利益流出的现时义务。负债代表着债权人对于酒店资产的一种索取权。而所有者权益指的是投资者投入的资金以及酒店经营过程中所积累的资金。它代表着投资者对酒店企业剩余资产(债权人索取完之后的资产)的索取权。

资产和负债可以分成流动的和非流动两种。具体来说,流动资产(Current Asset)指的是能够迅速转换成现金的资产,或者能够在一年或超过一年的一个经营周期被运用的资产,包括现金及现金等价物、应收账款、应收票据、存货、短期投资等。流动负债是指一年内或者超过一年的一个营业周期内需要偿还的债务合计,包括短期借款、应付票据、应付账款、应付工资、应付福利费、应交税费等。而流动资产扣除流动负债后的金额为运营资本(Working Capital)。

因此,会计恒等式可以变形为总投资=总融资;或者总投资=负债融资+所有者投资。

读者必须谨记的是资产负债表是反映酒店企业某一时点资产负债情况的报表,而酒店的经营活动是跨时期的,因此经营情况不会在此表中得到反映。但是经营活动可以影响会计恒等式的两边。也就是说,如果酒店是盈利的,资产和所有者权益都会增加;相反,如果酒店亏损,两者都会减少。

2.3.2 资产负债表的作用

资产负债表是反映企业在某一特定日期财务状况的会计报表,是一张静态报表。它是根据"资产=负债+所有者权益"这一平衡公式,按照一定的格式,把企业在一定日期的资产、负债、所有者权益等项目予以适当地编排,集中反映企业在该特定日期所拥有或控制的经济资源和所承担的经济义务以及所有者享有的净资产权益。资产负债表的作用有以下几种。

(1) 反映企业经济资源的分布情况。资产负债表的资产方，按各项资产的性质和用途，分为流动资产、长期投资、固定资产、无形资产几类。在各类之下又分别列出有关明细项目。

(2) 反映债务情况。资产负债表在流动负债类中，根据负债的明细项目反映出除所有者权益以外的资金来源。

(3) 反映企业的所有者权益情况。资产负债表所有者权益类分别反映所有者投入的资本及资本公积、盈余公积和未分配利润的组成情况。

(4) 反映企业的偿债能力和净资产情况。从资产负债表流动资产大类与流动负债大类两者的比例，并结合流动资产中变现性较高的项目观察分析，可以清楚地了解到企业的偿债能力。从资产、负债、所有者权益三大类的有关结构，又能准确了解企业净资产的真实情况。

2.3.3 资产负债表的编制

1. 资产负债表的内容

资产负债表包括三种账户，即资产、负债和所有者权益。三者的关系可以用以下等式表示：资产=负债+所有者权益，或资产-负债=所有者权益。换句话说，对于每一块钱的资产，酒店的债权人有第一索取权，剩下的才归所有者所有。

资产负债表的项目基本概括了全部的会计账户。流动资产包括：货币资金、可供出售金融资产、应收票据、应收账款、预付账款、其他应收款、存货、待摊费用等。固定资产类包括：固定资产原价和累计折旧、在建工程等。无形资产和其他资产类包括：无形资产、长期待摊费用等。流动负债类包括：短期借款、应付票据、应付账款、预收账款、应付职工薪酬、应付利润、应交税费、其他应付款等。长期负债包括：长期借款、应付债券、长期应付款等。所有者权益类包括：实收资本(股本)、资本公积、盈余公积、未分配利润等。此外，有的酒店因采用固定资产加速折旧等原因而形成递延税款，按其借方或贷方余额分别在资产负债表的递延税款项目中反映。

2. 资产负债表的格式

资产负债表包括账户式和报告式两种格式。

账户式资产负债表的格式是各个项目分左、右两方排列。左方列示资产，右方列示负债和所有者权益，左方资产总额等于右方负债加所有者权益总额。中国统一采用账户式资产负债表。

报告式资产负债表格式是各个项目从资产、负债到所有者权益按上下顺序排列，故又称垂直式资产负债表。有些国家采用报告式资产负债表，如表2-2所示。

表 2-2　华天酒店连续三年的资产负债表　　　　　　　　　　　　单位：元

报表日期 项目	2011.12.31	2010.12.31	2009.12.31
流动资产			
货币资金	359 854 000.00	365 294 000.00	225 014 000.00
应收账款	64 888 400.00	39 314 900.00	65 531 700.00
预付款项	248 307 000.00	339 044 000.00	360 339 000.00
其他应收款	72 341 900.00	111 299 000.00	124 646 000.00
存货	643 323 000.00	287 737 000.00	219 253 000.00
其他流动资产	3 300 620.00	3 285 400.00	0.00
流动资产合计	1 392 020 000.00	1,146 070 000.00	994 784 000.00
非流动资产			
长期股权投资	63 134 000.00	96 056 400.00	60 318 100.00
固定资产原值	3 439 910 000.00	3 039 070 000.00	2 998 360 000.00
累计折旧	938 439 000.00	826 861 000.00	697 257 000.00
固定资产净值	2 501 470 000.00	2 212 200 000.00	2 301 110 000.00
固定资产减值准备	0.00	0.00	0.00
固定资产净额	2 501 470 000.00	2 212 200 000.00	2 301 110 000.00
在建工程	967 385 000.00	594 052 000 00	112 692 000.00
无形资产	199 827 000.00	213 542 000.00	177 519 000.00
长期待摊费用	370 294 000.00	276 093 000.00	242 490 000.00
递延所得税资产	22 731 700.00	21 828 000.00	23 370 700.00
非流动资产合计	4 124 850 000.00	3 413 780 000.00	2 917 500 000.00
资产总计	5 516 860 000.00	4 559 850 000.00	3 912 280 000.00
流动负债			
短期借款	455 000 000.00	309 000 000.00	610 000 000.00
应付账款	327 509 000.00	82 162 500.00	93 787 500.00
预收款项	98 428 400.00	178 093 000.00	162 039 000.00
应付职工薪酬	22 193 200.00	17 255 500.00	15 835 300.00
应交税费	77 084 200.00	70 509 600.00	65 333 100.00
应付利息	9 597 810.00	1 990 000.00	0.00
其他应付款	290 405 000.00	186 619 000.00	169 631 000.00
一年内到期的非流动负债	330 410 000.00	250 739 000.00	199 697 000.00
其他流动负债	500 000 000.00	301 131 000.00	0.00
流动负债合计	2 110 630 000.00	1 397 500 000.00	1 343 830 000.00

续表

报表日期 项目	2011.12.31	2010.12.31	2009.12.31
非流动负债			
长期借款	1 397 490 000.00	1 305 000 000.00	806 200 000.00
长期应付款	229 413 000.00	233 940 000.00	232 660 000.00
递延所得税负债	38 164 700.00	42 370 500.00	23 829 900.00
其他非流动负债	8 374 600.00	27 271 800.00	46 169 000.00
非流动负债合计	1 673 440 000.00	1 608 580 000.00	1 108 860 000.00
负债合计	3 784 070 000.00	3 006 080 000.00	2 452 690 000.00
所有者权益			
实收资本(或股本)	718 926 000.00	553 020 000.00	553 020 000.00
资本公积	196 572 000.00	362 478 000.00	389 538 000.00
盈余公积	34 129 900.00	31 157 400.00	29 353 900.00
未分配利润	561 510 000.00	446 621 000.00	322 309 000.00
归属于母公司股东权益合计	1 511 140 000.00	1 393 280 000.00	1 294 220 000.00
少数股东权益	221 653 000.00	160 493 000.00	165 369 000.00
所有者权益(或股东权益)合计	1 732 790 000.00	1 553 770 000.00	1 459 590 000.00

(数据来自：新浪财经网，http://money.finance.sina.com.cn)

3. 资产负债表的编制方法

资产负债表左、右两方分别有"年初数"和"期末数"两栏。"年初数"栏只需根据上年度资产负债表的"期末数"填列。在此要指出的是：本年度每月资产负债表的"年初数"栏都是照填上年度的"期末数"，"年初数"不要误当"期初数"。

资产负债表实际上只要编制"期末数"(如月末、年末)即可。资产负债表大部分项目是照填有关账户的期末余额，但有些项目要填几个账户的合并数，有些项目要填有关账户增减后的调整数。需要合并或调整的账户和项目如下。

(1)"货币资金"项目是填列库存现金、银行存款、其他货币资金三个账户的合计数。

(2)"存货"项目是填列原材料、包装物、低值易耗品、物料用品、自制半成品、库存商品、委托代销商品等账户的合计数。如果材料成本差异、商品进销差价等账户期末有贷方余额，应从"存货"合计数中减去。新增酒店等服务行业使用的"业务直接成本"和"业务间接费用"两个账户期末如有借方余额则计入"存货"项目填列。

(3) 往来账项应作如下调整。

① 应收账款各明细账户，期末凡发生贷方余额的各户合计数并入资产负债表的"预收账款"项目。

② 应付账款各明细账户，期末凡发生借方余额的各户合计数并入资产负债表的"预付账款"项目。

③ 预付账款各明细账户，期末凡发生贷方余额的各户合计数并入资产负债表的"应付账款"项目。

④ 预收账款各明细账户，期末凡发生借方余额的各户合计数并入资产负债表的"应收账款"项目。

⑤ 其他应收款各明细账户，期末凡发生贷方余额的各户合计数并入资产负债表的"其他应付款"项目。

⑥ 其他应付款各明细账户，期末凡发生借方余额的各户合计数并入资产负债表的"其他应收款"项目。

(4) 资产负债表中，流动资产类下的"一年内到期的长期债权投资"项目，应从长期债权投资等账户查明一年内到期数额填列；流动负债类下的"一年内到期的长期负债"项目，应从长期借款、长期应付款等账户查明一年内到期数额填列。同时，长期投资和长期负债各有关项目应减去一年内到期的数额。

(5) 已提取的坏账准备贷方余额应列为应收账款项目的减项，累计折旧贷方余额应列为固定资产原价项目的减项。

(6) 资产负债表中的所有者权益类的"未分配利润"项目，月度报表按"本年利润"账户累计数填列，年度报表按"未分配利润"账户余额填列。

(7) 资产负债表中"待处理流动资产净损失"和"待处理固定资产净损失"两个项目，根据"待处理财产损益"科目下属两个明细科目"流动"和"固定"所反映的数额填列，如未收益以"-"反映。

评估练习

正确理解酒店企业资产负债表的作用、编制及局限性，将下列问题的正确答案选出来。

1. 下列关于资产负债表的说法中错误的是(　　)。
    A. 资产负债表反映了"资产=负债+所有者权益"这一平衡公式
    B. 资产负债表是反映企业在某一时期财务状况的会计报表
    C. 资产负债表反映企业经济资源的分布情况
    D. 资产负债表反映企业的偿债能力和净资产情况

2. 以下关于资产负债表的阐述错误的是(　　)。
    A. 酒店企业的经营活动会影响到其资产负债表
    B. 酒店企业的经营活动是跨时期的，因此不会在资产负债表中进行反映
    C. 酒店企业的资产负债表能够反映其当期的成本支出情况
    D. 酒店企业的资产负债表反映了企业的两种重要融资渠道

2.4 损益表

酒店的相关利益者(管理方、业主方等)都想知道酒店是否盈利以及盈利多少,而这些信息都可以从酒店的损益表中获知。损益表的目标是计量一定期间内(一年、一个季度、一个月,甚至一天)即会计期间(Accounting Period)酒店经营活动产生的净利润(或损失)。净利润(或损失)是该期间内所有者在酒店投资的价值变化指标,即利润是所有者投资价值的增加,而亏损是所有者投资价值的减少。

2.4.1 损益表的作用

损益表又称利润表,是反映企业在一定期间经营成果和财务成果的会计报表,是一张动态表。利润表把一定时期的营业收入与同一会计期间相关的营业成本、营业费用、管理费用、税金等支出进行配比,计算出企业的净利润或净亏损。其主要作用有以下几种。

(1) 有助于分析企业的经营成果和获利能力。利润表通过列示一定时期的营业收入抵扣营业成本、费用等之后的余额(即利润或亏损),直接揭示企业一定期间经营成果的形成。利润表反映的经营成果数据按企业不同时期相关指标进行比较,就可以评价和预测企业未来的获利能力,并据此作出经营决策。

(2) 有助于考核企业管理者的经营业绩。利润表可提供盈利方面的资料,属综合性信息。它是企业在经营、理财、投资等各项活动中成效的直接体现,基本上能够反映企业管理者的业绩。

(3) 有助于预测企业未来利润水平和现金流量。企业的获利能力与现金流量密切相关。企业的现金流入净额主要依靠盈利形成,利润表提供的信息对预测企业未来盈利水平和现金流量作用很大。

(4) 有助于企业管理者作出未来决策。企业管理者通过利润表的分析评价,可以发现问题,找出差距,采取措施,改善经营管理方法。

2.4.2 损益表的格式

损益表一般包括单步式和多步式两种格式。

单步式损益表是将本期的全部收入汇总合计,同时将全部经营费用支出也汇总合计,然后以收入合计减去经营费用合计,得出本期净利润。国外有些企业采用单步式损益表。

多步式损益表是通过多步计算,分步反映净收益,确定当期的净利润。中国现行会计制度要求采用多步式损益表。表 2-3 所示为华天酒店三年的利润表。

表 2-3　华天酒店三年的利润表　　　　　　　　　　　　　　　　　　　　单位：元

项目＼报表日期	2011.12.31	2010.12.31	2009.12.31
一、营业总收入	1 565 020 000.00	1 373 660 000.00	1 270 560 000.00
营业收入	1 565 020 000.00	1 373 660 000.00	1 270 560 000.00
利息收入	0.00	0.00	0.00
已赚保费	0.00	0.00	0.00
手续费及佣金收入	0.00	0.00	0.00
房地产销售收入	0.00	0.00	0.00
其他业务收入	0.00	0.00	0.00
二、营业总成本	1 444 710 000.00	1 257 880 000.00	1 183 560 000.00
营业成本	709 595 000.00	633 709 000.00	612 986 000.00
利息支出	0.00	0.00	0.00
手续费及佣金支出	0.00	0.00	0.00
房地产销售成本	0.00	0.00	0.00
研发费用	0.00	0.00	0.00
退保金	0.00	0.00	0.00
赔付支出净额	0.00	0.00	0.00
提取保险合同准备金净额	0.00	0.00	0.00
保单红利支出	0.00	0.00	0.00
分保费用	0.00	0.00	0.00
其他业务成本	0.00	0.00	0.00
营业税金及附加	89 313 600.00	76 317 200.00	73 011 800.00
销售费用	31 952 300.00	24 489 500.00	23 720 500.00
管理费用	479 884 000.00	419 236 000.00	370 871 000.00
财务费用	111 292 000.00	100 852 000.00	94 389 000.00
资产减值损失	22 677 300.00	3 276 760.00	8 585 510.00
公允价值变动收益	0.00	0.00	0.00
投资收益	56 059 700.00	738 343.00	(893 089.00)
其中：对联营企业和合营企业的投资收益	2 077 530.00	738 343.00	(893 089.00)
汇兑收益	0.00	0.00	0.00
期货损益	0.00	0.00	0.00
托管收益	0.00	0.00	0.00
补贴收入	0.00	0.00	0.00
其他业务利润	0.00	0.00	0.00

续表

报表日期 项目	2011.12.31	2010.12.31	2009.12.31
三、营业利润	176 370 000.00	116 522 000.00	86 101 700.00
营业外收入	3 684 530.00	60 563 000.00	94 715 900.00
营业外支出	8 440 530.00	5 310 000.00	1 817 600.00
非流动资产处置损失	0.00	0.00	0.00
利润总额	171 614 000.00	171 775 000.00	179 000 000.00
所得税费用	38 119 000.00	28 277 000.00	24 567 000.00
未确认投资损失	0.00	0.00	0.00
四、净利润	133 495 000.00	143 498 000.00	154 433 000.00
归属于母公司所有者的净利润	117 862 000.00	136 018 000.00	142 907 000.00
少数股东损益	15 632 900.00	7 479 830.00	11 525 500.00
五、每股收益			
基本每股收益	0.16	0.25	0.26
稀释每股收益	0.16	0.25	0.26
六、其他综合收益	0.00	0.00	0.00
七、综合收益总额	133 495 000.00	143 498 000.00	154 433 000.00
归属于母公司所有者的综合收益总额	117 862 000.00	136 018 000.00	142 907 000.00
归属于少数股东的综合收益总额	15 632 900.00	7 479 830.00	11 525 500.00

以华天酒店为例，多步式损益表的计算格式通常如下。

第一步，营业收入减去营业成本，计算得出营业毛利。因此华天酒店的营业毛利=营业收入-营业成本，2011年营业毛利为855 425 000元(1 565 020 000-709 595 000)。

第二步，从营业毛利减去销售费用税费等，计算得出营业利润。2011年华天酒店的营业利润为176 370 000元。

第三步，营业利润加减营业外收支等项目，计算出税前会计利润。2011年华天酒店的税前会计利润为171 614 000元。

第四步，从税前会计利润减去所得税费用，计算得出本期净利润。2011年华天酒店的净利润为133 495 000元。

2.4.3 损益表的编制方法

损益表的编制方法如下。

(1) 损益表"本月数"栏反映各项目本月实际发生数，企业每月各项损益类账户余额数据需在这一栏具体填列。"本年累计"栏是在填完当月数据后，加上月损益表"本年累计"栏相应的数据得出。在编制年度会计报表时，利润表的"本月数"改为"上年数"栏，填入上年度全年累计发生数。如果上一年度损益表的项目名称与本年度损益表项目名称不一致，应对上年度损益表的项目名称和数字进行调整，并按调整后的数字填入本年度利润表的"上年数"栏。

(2) 编制损益表的依据是企业当期的"本年利润"明细账。在编制时，有些项目只要照账填列即可；但有些项目，如"本年利润"明细账记录的"主营业务收入"和"主营业务成本"，多数酒店则分别是由各经营部门和有关经营品种反映的。所以必须进行归纳汇总后填入"损益表"的"主营业务收入"和"主营业务成本"栏目。

2.4.4 损益表与资产负债表的关系

损益表反映的是一个时期的财务状况，而资产负债表反映的是一个会计期间最后一天的状况。因此，损益表反映的是两个资产负债表之间一个时期的酒店企业经营状况，损益表与资产负债表的关系，如图2-7所示。

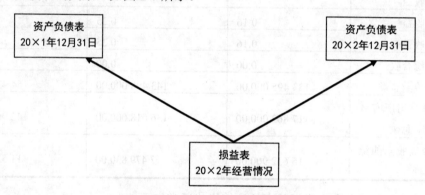

图2-7 损益表与资产负债表的关系

本期的经营结果、净利润或亏损应增加或减少有关的股东权益账户，该股东权益在资产负债表中反映。即等式"收入-费用=利润"的结果在损益表和资产负债表中均得到反映，二者之间存在勾稽关系。

2.4.5 损益表的内容

1. 主营业务收入

产品的销售或服务的销售产生于卖方(酒店)和买方(酒店的顾客)之间。卖方提供产品或服务以换取买方顾客的现金支付或以后支付的承诺。

产品和服务一旦提供，销售获取的收入需登记入账。例如，当一位酒店顾客入住一间客房，销售便需登记。以此类推，食品或其他商品在销售的同时也应登记入账。就餐饮销售而言，服务员的点菜单便是餐饮销售的原始凭证。在销售时即可登记主营业务收入是基于以下几条理由。

(1) 产品(食品和饮品)的法律的所有权从卖方转到买方。
(2) 卖价已被确认。
(3) 卖方的义务已经完成。
(4) 产品已交换成其他资产,如现金或应收款。

每一笔销售交易完成,应贷记相应的销售账户并借记现金或应收款账户。销售额是以双方都同意的价格记账的。当酒店顾客对产品或服务不满意时,也许要作备抵冲账;即给顾客一定的折扣贷记。例如,顾客若对他入住的客房不满意,酒店方决定给予600元的折扣(Rebate)。在这样的情况下,客房营业收入备抵账户就要借记600元,客人的应收款账户就要贷记600元。结果,营业收入就会减少600元,销售备抵账户冲减客房营业收入从而可以确定酒店损益表中的净客房营业收入的总额。

当酒店业企业销售的一些产品不在店内消费,诸如礼品店的商品,有时就会有退货发生。例如商品在出售时遭到损坏,如果客人在礼品店的购物是签单则转入房间总账;如果客人购物时已付了现金,一般退款的现金来自现金登记账,则应贷记现金账户,而不是应收款账。

备抵和退款一般记录在销售抵消账户以记录这些退款的数额。许多企业都要为某一个部门建立一个账户用于退款和备抵,礼品店的销售退货和备抵账便是其中一例。

2.主营业务成本

食品、饮品和其他商品的出售都需要记入主营业务成本账户。一般来说,购进的货物用于再销售,这些货物作为库存记账,一旦这些货物销售出去,销货成本便转入销货成本账户。成本可以是在销售的同时转入,也可以是在会计期末记入主营业务成本账。此时,为了简便起见,我们可以假设购入的食品、饮品和其他商品已分别记入采购账户,例如,购进的5000元食品应作如下记录。

现金			
收到	0	支付	500
余额	0	余额	500

原材料——食品			
收到	500	支付	0
余额	500	余额	0

在会计期末,食品要进行实际盘点以确定食品库存的总成本。本期食品销售的成本确定如表2-4所示。

以上计算假设本期没有食品用于其他目的。如果有食品用于其他目的,需另调为其他用途,包括免费为员工提供的工作餐、调拨到饮品部及用于促销等。如果有食品用作他用,食品成本的计算应作出如表2-5所示的调整。

表 2-4 本期食品销售成本(1)

项　　目	金　　额
期初库存	
(+)当期购入	
(-)期末库存	
=当期销售成本	

表 2-5 本期食品销售成本(2)

项　　目	金　　额
期初库存	
(+)当期购入	
(-)员工工作餐	
(-)调拨至饮品部	
(-)期末库存	
=当期销售成本	

3. 费用

除已售食品成本以外的费用包括日常经营费用,诸如用品、劳务、折旧、利息、支出和所得税。

费用一般按部门记账。与房务部有关的劳务成本记入该部门的费用账户,而食品部和市场部的劳务成本则记入相应部门的费用账户。劳务成本包括三大类:薪金和工资;福利;工资税。

酒店业企业往往按部门设主要分类账户和其他费用账户。像客房部、食品部和礼品店这样直接向顾客出售产品和服务的部门通常称为利润中心。如财务部和人力资源部(人事部)这些为利润中心提供服务的部门通常称为服务中心。每个部门都设有几个账户分别记录产生的各种费用。这些分类根据统一会计制度而定,以方便报表的编制。有几种费用不与任何部门有直接关系则往往另作记录(非部门性账)。这些费用通常与整个经营有关,而不是与某一特定的部门有关,包括折旧、利息、保险、租赁和财产税等。

4. 收益和损失

收益被解释为资产的增加、负债的减少或者两者相结合。收益来自酒店业企业当期的杂项业务活动和其他所有影响企业经营的业务活动,不包括那些属于主业收入或投资的业务活动,例如出售设备(客房内的电视、Minibar、空调等)产生的收益。企业使用设备提供产品和服务,但设备一旦出售,只有超出账面价值(采购价减去累计折旧)的部分金额才能作为收益。

例如,假设一家酒店已出售一辆用于机场接送的汽车,所得为 80 000 元人民币,这辆车的购入价为 210 000 元人民币,累计折旧为 150 000 元人民币,该车的账面价值计算如

表 2-6 所示。

表 2-6 账面价值计算　　　　　　　　　　　　　　　　单位：元

项　目	金　额
成本	210 000.00
累计折旧	−150 000.00
账面价值	60 000.00

销售收益或损失是出售价格超过或低于账面价值的金额，其计算如表 2-7 所示。

表 2-7 销售收益计算　　　　　　　　　　　　　　　　单位：元

项　目	金　额
出售价格	80 000.00
账面价值	−60 000.00
出售收益	20 000.00

损失即为资产的减少、负债的增加或两者相结合，损失产生于除应记入主业费用以外的酒店企业所有当期的杂项业务活动和其他影响企业经营的业务活动。仍以上述设备出售为例，如果销售收入低于账面价值，便产生损失，须记入"设备出售损失"账户。又例如，由于"不可抗拒的自然外力"，诸如龙卷风给酒店造成的损失减去保险公司赔偿后的部分是资产的减少。

在酒店企业的利润表中，收入和收益是分项报告的，费用不同于损失，这些区别对确定管理者的经营业绩是非常重要的。管理者应主要对经营负责(收入和费用)，其次对收益和损失负责。

评估练习

正确理解酒店企业损益表的作用及内容，将下列问题的正确答案选出来。

1. 下列关于损益表作用的说法错误的是(　　)。
   A. 有助于分析企业的经营成果和获利能力
   B. 有助于考核企业管理者的经营业绩
   C. 有助于预测企业未来利润水平和现金流量
   D. 有助于管理者分析企业的资产状况

2. 以下关于损益表内容的阐述错误的是(　　)。
   A. 产品和服务一旦提供，销售获取的收入须登记入账
   B. 酒店企业购买原材料(如食品)的时候应立即确认为酒店企业的成本
   C. 薪金、工资、福利和工资税均属于酒店企业的费用
   D. 酒店企业的打印、复印收入不属于酒店企业的收益

2.5 酒店运营报表

为了提高酒店企业的竞争力、改善经营管理,酒店企业业主方(投资者)和管理者多致力于控制及考核各经营部门和有关工作人员的经营业绩。为了满足这方面的需要,酒店企业应在编制常规外部会计报表的同时,编制一套反映经营部门经营业绩详细指标的内部会计报表。而部门运营报表就是内部报表之一,有的酒店称为日报表,这些报表反映了一定期间的酒店运营情况,但又不与损益表一样严格遵循国家会计制度。按照酒店企业的运营部门不同,运营报表可以分为三大类:酒店整体运营报表(Summary Operation Statement)、客房运营报表(Rooms Operation Statement)和餐饮运营报表(F&B Operation Statement)。对于非运营部门,如人力资源部、销售部、财务部等二线部门,则会出具费用明细表,以备上级管理者控制成本所需。比如,酒店业的收入来源主要来自餐饮中的食品、酒水,客房出租收入;而客房出租收入又受到出租率、平均房价的影响。因此,酒店业非常有必要在损益表的基础上建立自身行业的报表,我们称之为运营报表(Operation Statement)。

整体的运营报表的设计是为了实现两个主要的目的:①提供关于运营结果的管理信息;②酒店业运营报表的统一有助于不同酒店之间进行运营情况的比较。

下面介绍酒店整体运营报表的主要内容。

如图2-8所示,整体的运营报表包括五大部分:收入(Revenue)、部门费用(Departmental Expenses)、无法分摊的运营费用(Undistributed Operating Expenses)、管理费用(Management Fees)、固定费用(Fixed Charges)。

1. 收入

根据《美国住宿业统一会计制度》,收入(Revenues)只包含四部分内容:前两部分是客房(Rooms)和餐饮(Food,Beverage,Other Food & Beverage)的收入,代表着这两个部门的经营业绩。第三部分来自其他部门的收入(瑜伽课程、停车业务)包含在其他运营部门的收入中。第四部分收入是出租业务和其他收入(Rentals & Other Income),包括场地出租、佣金、利息收入等。总收入是这四部分收入的加总。总收入一栏被设置成100%,每种收入的百分比是用各收入除以总收入。

2. 部门费用

每一种部门费用都和各运营部门收入相关。部门费用被分成四种:销售成本(Cost of Sales)、其他收入成本(Cost of Other Revenues)、薪酬及相关(Payroll and Related Expenses)和其他费用(Other Expenses)。每种费用的百分比是用费用金额除以与此费用相关的收入所得到的。

总的部门费用(Total Department Expenses)是所有四种部门费用的加总。总部门费用的百分比是用总的部门费用除以总收入得到的。

总的部门利润(Total Department Profit)是用总收入减去总部门费用得到的。部门利润百分比是用部门利润除以总收入得到的。

REVENUE	Ratio to Sales[1]		
	%	%	%
Rooms	69.5 %	67.7 %	73.1 %
Food	14.0	16.8	15.3
Beverage	9.8	7.4	6.6
Other Food & Beverage	2.8	3.7	2.6
Other Operated Departments	3.8	3.3	2.1
Rentals & Other Income	0.1	1.2	0.3
TOTAL REVENUE	100.0 %	100.0 %	100.0 %
DEPARTMENTAL EXPENSES			
Rooms	32.0 %	30.0 %	29.4 %
Food & Beverage	82.9	79.3	76.6
Other Operated Departments	17.7	47.9	43.3
TOTAL DEPARTMENTAL EXPENSES	37.8 %	44.0 %	44.2 %
DEPARTMENTAL PROFITS			
Rooms	62.0 %	64.9 %	65.7 %
Food & Beverage	20.5	5.2	1.3
Other Operated Departments	94.8	46.4	56.0
TOTAL DEPARTMENTAL PROFITS	48.9 %	46.4 %	42.3 %
UNDISTRIBUTED OPERATING EXPENSES			
Administrative & General	7.5 %	8.4 %	7.8 %
Marketing (*excluding* Franchise Fees)	4.5	5.6	5.4
Franchise Fees (*royalty and marketing*)	-	0.3	0.1
Utility Costs	4.1	4.8	4.6
Property Operation & Maintenance	3.8	4.1	4.1
TOTAL UNDISTRIBUTED OPERATING EXPENSES	19.8	23.2	22.1
GROSS OPERATING PROFIT	42.4 %	32.8 %	33.7 %

图 2-8　美国 2015 年酒店运营报表(占收入比例)

(资料来源：STR，HOST2009: http://www.strglobal.com)

3．无法分摊的运营费用

无法分摊的运营费用(Undistributed Operating Expenses)是应用于整个酒店企业的支出的费用记录。为了使各个酒店及酒店的各个时期实现统一，不必将这些费用分摊于具体的部门。无法分摊的运营费用被分成四种：行政费用(Administrative & General)、营销费用(Marketing)、维护维修费用(Property Operations & Maintenance)、公共事业费用(Utility Costs)。

每一种无法分摊的运营费用的百分比是用其金额除以总收入得到的。总的无法分摊的运营费用是四种分类的加总，其百分比是总的金额除以总收入得到的。

净运营利润(Gross Operating Profit)是用总部门利润(Total Department Income)减去总的

无法分摊的运营费用得到的。

4. 管理费用

管理费用(Management Fees)指的是酒店被管理公司管理时应付给管理公司的费用。这种管理费用有可能是固定的,也可能会按照固定加总收入的一定百分比或税前利润的百分比来计算,这要看管理合同的规定。对于酒店来说,这是一笔不小的开支,因此也导致了很多国有酒店在开业一段时间之后不愿意再和外方管理公司继续合作。管理费用百分比是用管理费用除以总收入得到的。

固定费用前利润(Income Before Fixed Charges)是净运营利润减去管理费用得到的。而其百分比是用固定费用前利润除以总收入得到。

5. 固定费用

固定费用(Fixed Charges)包括租金(Rent)、房产税及其他税(Property and Other Taxes)、保险费(Insurance)。

有些酒店是自建酒店并经营,如青岛香格里拉大酒店、青岛海景花园大酒店等,而有些酒店是采用承租楼盘经营,这也是经济型酒店能够迅速扩张的方式之一,因此对于承租楼盘经营的酒店就必然会有租金(Rent)的支付。酒店内部经营过程中也会将某些业务外包,以节省酒店的开支,比如整个酒店区域的花卉,酒店常常会采取租赁的方式,而不是自己经营。

中国的房地产业直接以房地产为征税对象的税种共六种,分别是房产税、城市房地产税、土地增值税、城镇土地使用税、耕地占用税和契税。房产税是以房屋为征税对象,按房或出租收入征收的一种税,又称房屋税。

此处的保险费指的是酒店企业财产保险费,而不是员工的保险费,员工的保险费包含在薪酬及相关(Payroll and Related Expenses)里。企业财产保险是指以投保人存放在固定地点的财产和物资作为保险标的的一种保险,保险标的存放地点相对固定,处于相对静止状态,这是酒店分摊风险减少损失的一种措施。

6. 其他

酒店运营报表除了以上信息外,还可以提供更直观的关于酒店企业竞争力的各项指标,包括入住率(Occupancy)、总客房数量(Size of Property)和平均房价(Average Daily Rate),如果是内部报表,还会提供每间客用房收入(RevPAR)等更加详尽的指标。

其中入住率的计算方式有很多种,不同的计算方式反映了经营管理者对酒店业不同的理解。在具体介绍入住率的计算方式前,我们有必要一起回顾一下酒店管理专业其他课程涉及的关于房间类型的内容。

(1) 总客房数量(Size of Property)反映了酒店的规模,因为酒店的大部分设施设备的配置都是根据客房数量或者说酒店规模来确定的。

(2) OOO 房(Out of Order):为待修房,就是客房有功能性缺陷,必须报工程部修理后才能使用的房间。有的酒店认为这种类型的客房应该算作一部分可出租房,而有的观点认为这种类型的客房不应该算作可出租房,因为酒店业管理者的目标是维持酒店楼体整体的价值并使其升值,在这个目标的基础上才能为业主赚取更多的收益。而 OOO 房是一种破损的房间,比如墙面裂缝,需要工程部进行大动作的维修,因此是业主方将一间有破损的房间交给管理方经营,管理方不应将其能否给业主方带来收益作为考核管理方业绩的标准。

(3) OOS 房(Out of Service):OOS 房与 OOO 房最大的区别在于客房损坏的程度不同,如果客房的损坏是内部设施设备的损坏,酒店企业就可以标注为 OOS 房,如水龙头不能喷水、电视机、空调等电器运转不正常;甚至有时酒店企业为了对某间客房进行彻底的清扫,也会将其标注为 OOS 房。因此,OOS 房是可出租房的一部分。

(4) 免费房(Complementary Room):免费房的处理也存在着争议。有的酒店企业将其作为出租房的一部分,但会在运营报表中详细列出免费房的数量;有的酒店企业在计算出租房时将其减去,因为这部分客房的出租并不是酒店管理方努力的结果,因此业主方也不能以此考核管理方的经营能力。

由于对客房类型有不同的理解,因此在计算出租率时就产生了以下两种计算公式:

OCC=出租房(含免费房)/酒店客房总数

OCC=出租房(不含免费房)/(酒店客房总数-OOO 房)

从运营报表里,酒店管理者能够得到更多的关于酒店管理问题及其竞争力的信息,尤其是在将自身酒店的报表和行业平均数据及其同城竞争酒店相比较时。这些内容我们将在酒店报表分析中详细分析。

评估练习

正确理解酒店企业运营报表的内容,将下列问题的正确答案选出来。

1. 下列关于运营报表的说法错误的是( )。
   A. 收入包含客房、餐饮、其他部门、出租业务和其他收入
   B. 部门利润是用总收入减去总部门费用得到的
   C. 净运营利润是用总部门利润减去总的无法分摊的运营费用得到的
   D. 酒店企业的净利润可以在运营报表中得到

2. 下列关于运营报表中的"无法分摊的运营费用"说法错误的是( )。
   A. "维护维修费用"可以分部门,因此不应算作"无法分摊的运营费用"
   B. "营销费用"是对整体酒店的营销,因此是酒店企业的"无法分摊的运营费用"
   C. 财务部、人力资源部等二线部门所产生的费用均属于"无法分摊的运营费用"
   D. 固定资产的折旧也属于酒店企业的"无法分摊的运营费用"

第 3 章

内 部 控 制

【本章概述】

本章主要介绍酒店的客房、餐饮部门收入的内部控制。
3.1 讲解酒店内部控制的基本内容
3.2 讲解酒店客房收入内部控制的目的和基本程序
3.3 讲解酒店餐饮收入内部控制的基本程序
3.4 讲解酒店成本内部控制的方法

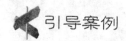
引导案例

酒店前台收银陷阱

在济南的某家酒店里，又是一个满房的日子，整个酒店忙得不可开交，前台也比以前更忙碌了。因为刚刚试营业的康乐部接待系统还不健全，所以有关康乐的预订、接待、收银都由前台来进行操作。这时候，一个关于康乐的投诉引起了所有人的注意。

顾客是 VIP 团队的负责人王先生，他投诉一笔康乐中心的费用。据顾客讲，由于团队大部分人有锻炼身体的习惯，所以他们特别向营销人员要求免费使用康乐中心的运动器械以及球类、棋牌类等设施，并且得到了营销人员的认可。但是昨天团队内部的四位顾客在使用这些器材时，酒店服务人员向客人收取了全部费用，所以顾客今天拿着发票来要求全额退款。

这个顾客是由前台的一名新员工 Lindy 负责接待的。接到这个投诉后 Lindy 要求先检查一下发票。发票抬头、印章以及发票号显示，确实是由前台开出的发票，于是 Lindy 开始查询昨天的全部账目。但是，不巧的是昨天没有任何一笔费用是有关康乐中心的！更没有出现顾客所说的 495 元消费！这就奇怪了，Lindy 想也许是客人在餐饮部付费，可能餐饮吧台没有发票了，要求在前台开发票，这完全可能。于是 Lindy 让顾客稍等，接着打电话到餐饮吧台让收银员查一下有没有这笔账。得到的结果还是查不到这笔账，也没有较大数额的康乐消费。

这时候 Lindy 知道这件事情的处理已经不在她的能力范围之内了。因此 Lindy 向客人致歉，将发票复印，把原发票归还客人，留下了发票复印件以及顾客的联系方式，并将顾客所叙述的重点信息进行了记录以及通过顾客的描述判断出当时接待顾客的服务人员。Lindy 请顾客确认后向他保证，一定在晚饭期间给他一个满意的答复。

然后，Lindy 将搜集到的所有资料一并送到前厅经理办公室，由经理来解决。

在前厅部的例会上，经理向前台所有员工公布了这次恶劣的作弊行为。

那天夜班只有一个老员工 Tom 当班，那四位使用康乐中心的顾客一直玩到一点多。这时候一直为他们服务的康乐员工已经疲倦不堪了，所以在顾客要求结账的时候，并没有认真地填写消费单让客人签字，也没有把消费单给前台员工确认签字后自己再收回底联。康乐员工直接将顾客引领到前台并将消费额告知前台员工后就急匆匆地离开了。而当时值班的前台员工就是 Tom。

康乐员工所做的一切就给前台员工留下了一个极大的可乘之机。因为康乐并没有留收费底联，所以这笔账就可以说无处可查，那剩下来的就是该怎样瞒过财务人员了。刚刚前台员工已经给客人开了发票。发票是财务人员判断顾客实际消费的重要依据，并且每天都要上交发票报表。于是 Tom 灵机一动，将从前收集的客人的 WK 单拿了出来！将它与发票底联订在一起上交财务。

可惜 Tom 怎么都没想到，由于营销人员的一时疏忽，忘记将 VIP 团队客人免费使用康乐部这件事告知前台。Tom 的行为不仅断送了他的工作，并且他此后再也没有从事星级酒店的机会了。

第 3 章 内部控制

思考题
1. 通过以上案例,您认为酒店员工 Tom 为什么有可乘之机私吞酒店客人的消费?
2. 通过以上案例,您认为酒店应该从哪些方面入手以杜绝像 Tom 之类的行为发生?

酒店提供的产品主要表现为综合性的服务,而这种"产品"的实现方式又是多样化、多环节的,在内容上有着极大的不确定性和灵活性,因此,也就很容易产生管理上的漏洞。如何进行有效的内部控制,如何管好、用好资本,是酒店财务管理面临的一个重要课题。本章在介绍内部控制基本原理的基础上,将着重探讨酒店客房收入、餐饮收入和成本的内部控制。

3.1 酒店内部控制概述

3.1.1 内部控制的概念

内部控制早就存在于企业内部的各项管理之中,尤其是财会管理之中,但它作为一个完整的概念则始于 20 世纪 40 年代的西方国家。第二次世界大战以后,资本主义世界的生产和资本高度集中,跨国公司大量涌现,企业的所有权与经营权的分离更加明显,企业之间的竞争更加激烈。在这种情况下,企业为了提高自己的竞争能力,最大限度地获取利润,便在企业内部的管理上采取了种种控制措施,对其所属部门及其业务活动进行组织、协调、制约和考核,以保证其预定管理目标的顺利实现。因此,内部控制就是西方企业为了加强企业自身的内部管理,在 20 世纪 40 年代末逐步形成的一种管理制度。

内部控制有许多意义,其中以美国公证会计师协会(AICPA)于 1949 年发布的定义最具影响力:"所谓内部控制,即是企业为了保护财产的安全与完整,检查会计资料的准确性和可靠性,提高企业的经营效率和促进企业贯彻既定的经营方针所设计的总体计划以及所采取的与总体计划相适应的一切方法和措施。"

在实际工作中,人们往往对内部牵制的概念较为熟悉,甚至有人认为内部牵制就是内部控制,其实这是一种误解。所谓内部牵制,就是任何一项经济业务的处理必须由两个或两个以上的部门或人员分别负责,使他们之间存在着相互牵制关系,以预防工作中发生错误和弊端,一旦发生了错误和弊端也比较容易发现。我国在实际工作中,现金出纳与会计的分工,保管员与记账员的分工,物资的采购人员和验收人员的分工等,都体现了这种内部牵制的关系。应当说,内部牵制在企业管理制度的发展过程中起着重要作用,但它的作用主要表现为在企业财务会计业务处理过程中的防弊纠错,其实质就是合理分工。但是,内部控制的内容不仅包括合理分工,而且还包括授权批准控制、对实物资产进行控制、通过凭证和记录功能进行会计控制和人事控制等。因此,内部牵制只是内部控制的一种重要形式,是内部控制的一个重要组成部分,它不能代替整个内部控制,但可以在一定程度上反映出内部控制的好坏。如果一个单位的内部牵制尚不健全,那么它就肯定不会有健全的内部控制。

虽然内部控制的概念产生于西方国家,但其内容在我国的企业管理实践中也早已不同程度地得到体现。根据我国的经济体制和企业的组织管理形式，可以把内部控制理解为一个单位内部的领导和各管理部门及有关工作人员之间，在处理经济业务活动的过程中，既相互联系又相互制约的一种权责分工的自我调控体系。它适用于各行各业。酒店业尤其需要极为完善、严密的内部控制机制，其原因主要有以下两点。

第一，酒店属于与顾客直接接触的服务行业，酒店员工的一举一动，直接在顾客的注视之下，直接影响着酒店的声誉和业务。为了在激烈的竞争中始终保持较高的服务质量和服务水准，酒店必须提高内部管理水平，建立完善的内部控制机制。

第二，随着酒店规模不断扩大，营业项目日趋繁多，由此带来的收入和支出的环节也越来越多。要保证营业收入的安全、完整，保证营业支出的合理、正确，酒店也需要实行完善的内部控制。

不仅如此，酒店管理者须知，对酒店内部的不当行为，如果听之任之，采取容忍的态度，将会贻害无穷。即使是对一些小的错误、作弊或违法行为，如果不立即作出反应，不及时纠正或处理，也会很快腐蚀整个员工队伍，败坏酒店风气，损害酒店的声誉和形象。因此，酒店行业往往比其他任何行业都愿意在这方面下功夫、花本钱，以加强其内部控制。

3.1.2 内部控制的基本内容

酒店的内部控制是贯穿于酒店生产经营活动全过程的各种制度、方法和程序的自我调控体系。尽管由于各酒店的特点不同，其内部控制各有侧重，但其基本内容还是大致相同的。酒店内部控制应包括以下基本内容。

1. 法规制度控制

法规制度控制是指酒店以国家的财经方针政策和有关规章制度为标准，对其经济活动的真实性、合法性进行控制。这种法规制度控制主要表现在两个方面。

(1) 酒店直接以国家的财经方针、政策和规章制度为依据进行生产经营活动。例如，会计工作应遵守《会计法》《企业会计准则》；出纳工作应遵守《现金管理制度》和《银行结算制度》。在这种情况下，国家的方针、政策、法令和规章制度就是酒店进行经济活动的直接依据。

(2) 酒店间接贯彻执行国家的方针、政策、法令和规章制度。这主要是依据国家方针、政策、法令和规章制度，制定内部控制制度，并运用这一内部控制制度来控制酒店的生产经营活动。这样，酒店内部各部门、各环节只要认真实施内部控制，也就间接地贯彻执行了国家方针、政策、法令和规章制度。在这种情况下，国家的方针、政策、法令和规章制度就是酒店进行经济活动的间接依据。

2. 组织机构控制

组织机构控制是指对酒店组织机构设置的合理性和有效性所进行的控制。健全有效的组织机构控制可以使酒店各部门、各环节协调一致，可以使酒店的生产经营活动有秩序、高效率地进行，可以提高酒店经营管理水平，不断提高经济效益。

组织机构控制的内容主要是根据分工负责的原则，正确合理地划分酒店内部各部门、各环节及有关人员的权限和责任。一般是通过编制组织机构方案，明确规定各部门、各环节及其成员的岗位责任和应有权限。这样，各部门、各环节及其成员就可以明确自己在酒店中所处的地位及其相互关系，以便明确分工，各负其责，相互联系，互相制约，密切合作，忠于职守，防止和减少错弊发生，保证生产经营活动顺利进行。

组织机构控制的方法主要有以下两种。

(1) 选择合理的组织机构形式。酒店应根据统一领导，分级管理，机构精干、高效的原则，结合本酒店的规模和特点，因地制宜，选择适合本酒店生产经营活动的组织机构形式，使酒店从上到下形成统一有效的经营管理系统，使酒店各部门、各环节形成互相联系、互相制约的协作系统。

这样，整个酒店就会形成上下左右纵横交错的组织机构控制网络，并且这些组织机构可以随着酒店生产经营活动和内外环境的变化而作相应的改组，使其符合实际并高效地运转，从组织机构上保证酒店不断提高经营效率和经济效益。

(2) 建立适当的责任制度。责任制度是以明确责任，检查和考核责任履行情况为主要内容的制度。其具体形式主要有以下两种。

第一，部门责任制。这是按照酒店各部门各自具备的职能来明确责任、考核责任的制度。酒店是由许多部门组成的，各个部门之间存在着错综复杂的关系。因此，部门之间只有紧密配合、协调一致，才能提高工作效率。部门责任制的目的，就是要理顺各部门之间的联系，约束和督促各职能部门必须互相配合、协调同步，防止只顾本部门利益不考虑其他部门的倾向或脱节、搁置的现象发生。实行部门责任制，首先，要确定各部门的工作内容、责任范围以及部门之间的联系；其次，要制订各个部门的工作标准以及部门之间的联系、协调制度，并经常检查执行情况，以督促酒店内部各部门既能各司其职，又能协调配合，从而有条不紊地完成各自的工作任务，实现酒店的整体目标。

第二，岗位责任制。这是酒店在合理分工的基础上设置各个工作岗位，进而按照岗位明确责任、考核责任的制度。建立岗位责任制的目的，是使酒店内部上至酒店领导下至每个员工，都有明确而具体的职权范围和工作责任，使每个人都真正有职、有权、有责，做到人人有专责，事事有人管，办理有标准，工作有检查，以此评业绩，以业绩定奖罚，从而提高每个人的责任心和工作效率。

实行岗位责任制的具体要求如下。

① 在工作岗位上，明确各岗位所担负的工作项目和要求，明确职责范围和工作权限。
② 在质量标准方面，明确各岗位的工作质量标准，质量标准要指标化。
③ 在政策纪律方面，明确各岗位处理问题的政策原则和纪律规定。
④ 应按有关制度和操作规程的要求，把处理过程中的重要环节逐项列入各岗位之中。

3．职务分离控制

职务分离控制是指对不相容职务进行分离所形成的控制。所谓不相容职务，是指互相关联的若干业务集中于一个人办理容易产生错误和弊端的职务。健全有效的职务分离控制，可以避免或减少因工作职务交叉发生错误或弊端，保证各项工作合理、合法地进行。

职务分离控制的内容包括两方面：一是不相容职务应在组织机构之间进行分离，如酒店客房的销售、服务、结账收款等分别由前厅部、房务部、财务部等分别管理；二是不相容职务应在组织机构内部分离,例如,在财务部门,差旅费的审批与报销职务的分离。在酒店中对如下不相容职务应予以分离。

(1) 某项经济业务的授权职务应与业务的执行职务分离。例如,有权批准某项费用或业务的职务应与具体办理费用支付或具体执行业务的职务相分离。也就是说,一个人不能去办理自己批准的业务。

(2) 某项经济业务的执行职务应与业务的检查职务分离。例如,收银、出纳职务应与夜审职务相分离,如此才能使收银、出纳人员工作更加认真负责,而夜审人员则处于超脱、客观的地位。也就是说,一个人不能去检查自己所执行的业务。

(3) 某项经济业务的执行职务应与业务的账务记录职务分离。例如,原材料采购人员不能兼任材料账务记录工作;销售人员不能兼任销售收入账务的记录工作等。

(4) 财产的保管职务应与财产的记录职务分离。例如,负责现金、物料的保管人员不能同时兼任会计或记账员。换言之,管钱的不管账,管物的也不管账。如果管钱、管物的兼管账,显然存在盗取钱物、篡改账册的漏洞和弊端。

此外,还有财产的保管职务应与财产核对职务分离;记录总账职务与记录明细账职务分离;采购职务应与验收职务、付款职务分离等。

当然,不相容职务分离并非是万无一失的控制,串通勾结便可对其反控制。酒店内部确实存在串通弊端,而且有时还比较严重。但事实表明,在酒店内部如果不实行职务分离的控制,将有更多、更严重的串通舞弊行为发生。

4. 人事控制

要发挥内部控制的作用,必须有能够胜任相应职务和圆满完成任务的人才。人事控制就是对招收、培训、选用各类人才的过程进行有效控制。人事控制的一条重要原则是要求职务与能力匹配。减少错弊最明显、最有效的办法,就是使用素质高、有能力的人员。即使酒店内部控制系统不完善,如果工作人员工作认真、作风严谨、能力强,也会有较好的工作质量。反之,即使酒店内部控制系统完善,如果大多数工作人员工作态度差或不能胜任其工作,也不能保证其工作质量。要保证职务与能力匹配,需多方面因素相互作用,但首要的是做好以下三点。

(1) 在人员使用上,要任人唯贤,唯才是举。要对每个员工进行认真的考察和分析,把他们安排到合适的岗位上去,充分调动其积极性,最大限度地发挥其聪明才智,消除学非所用或积压人才的浪费现象。

(2) 在赋予每个员工适当的职务时,要规定相应的责任,使其知道自己的职责所在。

(3) 调离不称职的员工。对于不称职的员工,应该及时地将其调到与其水平相称的岗位上,防止滥竽充数。不把员工调到与他能力相称的岗位上去,这不但对本人没有什么好处,对酒店内部控制系统的危害也是很明显的。

5. 财产管理控制

财产管理控制是为了保证酒店财产管理安全完整、防止舞弊行为发生所进行的控制。主要内容有以下几个方面。

1) 财产的限制接近

财产的限制接近是减少财产被盗或毁损的机会、划分责任、保护财产的重要措施。财产的接近应严格限制在经过批准允许的人员范围内。酒店应根据各种财产的性质和管理的特点，合理地确定允许接近财产的人员，并对限制接近的遵守情况进行严格的检查监督。根据酒店的实际情况，一般来说，以下三项财产需要限制接近。

(1) 现金。现金的管理应限于专职的收银、出纳人员。他们应与相关的现金记账(包括应收、应付账款)人员分离。现金应该存放在保险柜里，钥匙及开启方法应由出纳人员负责掌握。

(2) 存货及其他容易转作个人使用的实物，包括存放的餐饮原料、客房物品、办公用品等。这些物品的存放应该设置仓库，由仓库保管员管理，其他人不经批准不准进入仓库。

(3) 账单、账册，包括房客账单、餐厅账单、会计凭证、会计账册、财务资料及报表等。这些实物既是酒店债权、债务的根据，又是酒店营业情况的机密资料。保护好这些资料对于保护酒店的财产，查找、核实营业的错弊都有着重要的意义。不仅如此，保存这些资料对舞弊行为还是一种潜在的心理制约。这些资料应严格限制接近，在未经批准之前，其他无关人员不能随便接近和查看，以避免篡改、销毁资料记录等事件的发生。

2) 财产的保护

财产的保护是指为了使实物避免遭受盗窃、损伤、火灾以及其他意外的损害，确保财产的完整性安全性而采取的各种对策。例如，建造保险门，使用保险柜，设置灭火器、消防水龙头等。

3) 财产的清查

酒店应根据其业务特点，采用定期盘点、轮盘的方法，清查财产物资的实存数量，妥善处理盘盈盘亏，保证财产的实存数和账存数相符的行为。

6．授权控制

授权控制是指某项经济业务发生之前，按照既定的程序，对其正确性、合理性、合法性加以核准并确定是否让其发生所进行的控制。这种控制是一种事前控制，能将一切不正确、不合理、不合法的经济业务制止在发生之前。

授权有一般授权与特殊授权两种。

一般授权是指酒店内部较低层次的管理人员，根据既定的预算、计划、制度等标准，在其权限范围之内，对正常的经济业务进行的授权批准。例如，酒店销售人员被授予可按客房价格目录规定的价格销售客房。一般授权一旦下达，其授权效力能保持较长时间。特殊授权是指对非经常经济业务进行专门研究做出的授权批准。与一般授权不同，特殊授权的对象是某些例外的经济业务，一般没有既定的预算、计划等标准所依，需要根据具体情况进行具体的分析和研究。例如，销售人员要按高于或低于规定价格出售客房时，必须经过上级领导授权批准。特殊授权是暂时性的，一旦被授权的经济业务办理结束，其效力也随之消失。无论哪种授权职务，都必须与执行职务分开。

一般授权在酒店大量存在，授权给较低层次的管理人员就可以了。这样做，既能提高工作效率，又保证了经济活动的灵活性和主动性。特殊授权在酒店较少出现，且无章可依。因此，较低层次的管理人员是无法负责、无权处理的，需要高层次的管理人员，直至由最高领导人专门研究，作出决定。

一般来说，酒店的授权控制应做到以下几点。

(1) 酒店所有人员不经合法授权，不能行使批准权。这是最起码的要求。酒店应该根据"责权利"相结合的原则，在合理分工的基础上，授予各层次管理人员以相应的批准权限并赋予相应的责任。不经合法授权，任何人不能审批；有权批准的人则应在规定的权限范围内行事，不得越权批准。

(2) 酒店的所有业务，不经批准，不能执行。这样就能确保一切不合法、不合理、不正确的经营活动在未发生之前得以控制，确保酒店的全部经营活动按照既定的方针、政策进行。

(3) 经济业务，一经批准，必须坚决执行。如果情况有变，不能执行，则应及时请示汇报。

(4) 经批准的经济业务，在实际执行过程中，必须按照已批准的方案进行。确需变动或更改的，应及时报告。这样才能确保各项业务的实施依照既定的方针进行。

7．会计控制

会计控制是指通过酒店内部的会计活动对经济业务进行的控制。众所周知，会计既是酒店内部的一个重要信息系统，又是一项重要的管理活动。酒店的经营收支、资金运作、财产管理等工作都直接或间接地处在会计管理之下。因此，充分发挥会计控制的作用，是保证酒店内部控制卓有成效不可缺少的环节。

会计控制应具备以下内容。

(1) 建立严密的凭证制度。严密的凭证制度包括以下三项内容。

第一，设计合适的凭证格式和传递程序。这是利用凭证进行控制的首要条件。酒店发生的每一笔经济业务，都必须填制凭证，并按照规定的程序传递。一旦该项经济业务产生问题，在制作、传递凭证中就会及时发现，凭证就成为追究责任的根据。

第二，所有的凭证都应预先编号。

第三，对所有的凭证，无论是自制的还是外来的，在入账之前，都要经过认真、严格的审核，以保证记入账簿的每项经济业务的正确性、合理性和合法性。

(2) 建立合理的会计处理程序。为使会计控制顺利进行，各个酒店都要根据自己的实际情况，建立一套合理的会计记录程序。会计记录程序包括从凭证的填制、传递、账簿的登记到会计报表的编制等一套工作程序。在设计会计记录程序时，应考虑到酒店规模的大小、业务量的多少以及管理人员的数量和水平等因素，在保证满足所需核算资料和必要控制手续的前提下，尽可能地简化不必要的手续。

(3) 建立严格的日常核对制度。核对包括账表核对、账账核对、账证核对、账实核对等。建立日常的核对制度对于保证会计记录的真实、完整、正确，进而保证会计控制的有效性具有重要作用。

8．监督体系

酒店内部不仅需要上述各种控制制度，而且还必须建立一个上下沟通、左右协调、互相牵制的监督体系。一个完善有效的监督体系，在酒店的外部环境发生变化时，能保证及时调整控制措施；在控制薄弱时，能及时查出原因，采取措施；在错误产生时，能及时发现、纠正，并通过日常活动把酒店的各项经济业务监督控制起来。如果没有这种完善的监督体系，或者监督体系的作用不能得以充分发挥，酒店内部控制就不能被认为是完整的、有效的。这是因为再好的控制，也有产生差错的可能，不进行全面的、适当的监督，就不能及时地发现和纠正这些差错。

3.1.3 内部控制的局限性

如上所述，内部控制的内容涉及酒店管理的各个方面，涉及酒店管理的各个部分，因而，对保证酒店营业收支的可靠性，对保护酒店财产的安全完整，对保证酒店营业活动有秩序、有效率地进行所起的作用是非常明显的。但是，内部控制也有一定的局限性。

内部控制的局限性主要表现在以下几个方面。

(1) 串通舞弊会使内部控制失效。内部控制的一条重要原则就是实行不相容职务分离。但是，如果担任不相容职务的有关人员，两人或多人互相串通勾结、营私舞弊，这种控制机制就毫无用处了。例如，收银员与餐厅服务员互相勾结、共同作弊，则收银员与服务员之间的互相制约就毫无意义了，发生的弊端也难以检查出来。

(2) 有意、无意的各种人为因素也会影响内部控制的正常效能。在执行控制程序时，执行程序的人员误解指令、马虎、疏忽或故意做错等各种人为因素也会使控制程序的执行发生错误。例如，酒店夜审人员工作马虎或有意出错等，都会影响内部控制的效果。

(3) 控制措施和程序本身的局限性会影响内部控制的可靠性。一般来说，控制措施和程序都是为那些重复、频繁发生的业务类型而设计的，而对那些不正常的或未能预料的业务类型则可能起不到控制作用。

(4) 控制的成本效益会限制酒店内部控制效能的发挥。酒店实施内部控制，应遵循成本效益原则，即实行内部控制的成本要与其产生的效益相适应。

(5) 进行内部控制所花费的时间也会影响内部控制的执行。酒店的服务对象是顾客，酒店内部控制的设计必须考虑顾客的承受力，尤其是在顾客入住、结算、离店等环节上，如果设置的控制手续烦琐，让顾客等候的时间过长，纵然堵塞了一些漏洞，却会影响酒店的生意，得不偿失。因此，在设置控制措施时，不但要考虑控制的费用，也要考虑控制所花费的时间。

评估练习

正确理解酒店内部控制的概念和内容，将下列问题的正确答案选出来。

1. 下列关于酒店内部控制的概念，说法错误的是( )。
   A. 该概念始于20世纪40年代的西方国家
   B. 内部控制是对酒店各部门及其业务活动进行组织、协调、制约和考核的活动
   C. 内部牵制就是内部控制
   D. 内部控制是一个单位内部的领导和各管理部门及有关工作人员之间，在处理经

济业务活动的过程中，既相互联系又相互制约的一种权责分工的自我调控体系
2. 下列关于内部控制的说法，错误的是(   )。
   A. 只要酒店建立了健全的内部控制体系，就能杜绝违规事件的发生
   B. 有意、无意的各种人为因素也会影响内部控制的正常效能
   C. 控制措施和程序本身的局限性会影响控制的可靠性
   D. 控制的成本效益会限制酒店内部控制效能的发挥

3.2 酒店客房收入的内部控制

客房是酒店的主体，酒店销售的最大商品是客房出租。一座酒店，不论规模大小、设施多少，客房是必不可少的，否则就不能称为酒店(Hotel)，国外甚至将以客房销售为主的行业称为住宿业(Lodging Industry)。国内外有关统计资料表明，客房出租收入约占整个酒店营业收入的40%~50%。近年来，尽管酒店其他方面如餐饮等的收入呈上升趋势，但客房营业收入在酒店全部营业收入中所占的主导地位并未动摇。客房营业有消耗低、利润高的特点，虽然在建造时投资大，但耐用性强，可以有数十年的经济效益，而且客房的出租还可以带动或增加其他经济收入，因为客人入住后要吃饭、娱乐、洗衣等。因此，加强客房营业收入的管理和控制，对提高酒店的经济效益有着极其重要的意义。

3.2.1 客房收入内部控制的目的

客房收入是指酒店因提供设备先进、洁净舒适的客房而向客人收取的房租。客房收入的内部控制是指以客房收入为对象，对客房收入的发生、计算、取得、汇总等一系列过程进行管理控制的活动。客房收入内部控制的目的主要有以下几点。

1. 保证客房收入的合法性

为了保证客房收入的合法性，应做好以下几方面的工作。
(1) 确保客人的入住都必须有合法的手续。所谓合法的手续，是指必须符合当地政府及有关管理部门的规定和要求。
(2) 确保客房租金的计收有根有据。即必须根据客人实际入住的天数和客房的类型及其核定的价格计收房租。
(3) 确保客房租金的增加、减免必须符合酒店的规定和管理程序。

2. 保证客房收入的完整性

客房收入的完整性有两方面的含义：一方面是指所有出租的客房，即发生的所有客房租金都应一分不差地收进来；另一方面是指入住客人在酒店内的所有消费，包括一些杂费也应一分不差地收进来。为了保证客房收入的完整性，酒店必须采取一切措施，堵塞在客房收入过程中可能发生的一切漏洞，防止和避免一切可能影响或损害客房收入完整性的事件发生，把客房收入的损失控制在最低限度。

3. 保证客房收入的及时性

所谓客房收入的及时性,是指所发生的客房收入应尽快收取并及时入库;暂时收不上来的,应采取措施催收,从而最大限度地减少房租租金的拖欠。

3.2.2 客房收入内部控制的关键环节

客房收入内部控制的关键环节就是建立销售、服务、收款相互独立、相互牵制的控制体系。

所谓销售,这里是指客房的出租。按照会计制度的规定,客人办完入住手续迁入房间就标志着客房销售的成立。

所谓服务,是指酒店向顾客提供整洁、舒适的客房环境以及为满足顾客的各种合理要求而进行的各种工作。

所谓收款,这里是指向顾客收取其使用客房及享受其他服务的账款。

很显然,这三项职能必须分散到三个部门来完成,而绝不可集中到一个部门,尤其不能由一个人来完成。只有这样,才能杜绝各种舞弊现象的发生。

一般来说,客房销售由前厅部的接待处负责,房内服务由客房部的楼层服务员负责,结账收款由财务部的前台收银员负责。前厅接待员显然清楚哪些客房已出售,哪些客房已清洁待售;楼层服务员显然了解客房的使用情况及客人是否离店等;前台收银员显然掌握哪些客房未办理离店手续,哪些客房已预付保证金等。三个职能部门行使三项职权,每天各自提供一份报告,然后集中在一起进行核对,从而构成一个比较严密的控制体系。

另外,在销售、服务、收款互相分离的控制体系中,应建立以前台收银处为中心的收入信息系统。一切涉及客房收入的信息都要准确而快速地转到前台收银处。这个收入信息系统主要包括以下三部分。

(1) 建立、健全并妥善保管入住客人的各种原始记录,包括入住登记表、餐单、账单、杂费单据等。

(2) 按房间及住客姓名建立、归集、汇总费用账户。

(3) 建立能够及时准确地把客人在酒店的各项消费登录到该客人账户中去的处理系统;努力扩大前台收银处计算机联机的覆盖面,一时不能联到的地方要设专人使用单据控制等。

3.2.3 客房收入内部控制的基本程序

客房收入内部控制程序是根据客房收入的发生、计算、结账、汇总等一系列过程而设计的,主要包括登记、预收保证金、入账、结账、交款编表、夜审等环节。

1. 登记

客人入住酒店时,首先要在总服务台办理住宿手续,即登记(Check In)。尽管国内外各个酒店登记的要求、内容有所不同,登记的目的也很多,但从酒店客房收入控制角度来看,其目的主要有两点:一是为客人建立档案,为客人开立在酒店消费的账户户头,以便计算、汇总、结算客人在酒店的全部消费；二是为防止和减少客房收入的潜在损失。如果客人不付账就离开了酒店，或者客人结账离开后又发生款未收回的问题，客人所登记的资料就是追索账款的线索，从而使一些存心不良的住客有所顾忌和收敛。因此，客人的姓名、证件、工作单位和住址等详细资料都是国内外酒店入住登记必不可少的内容。

入住登记表一式两联，一般应由顾客自己填写，也可以由行李员、接待员或其他人填写，但无论谁填写，顾客在登记表上亲笔签名是不能缺少的，因为顾客的签名既是对表内所填内容真实性的确认，又是在酒店入住消费的认可，也是酒店按照笔迹对入住过程进行控制的根据。

此外，对团体顾客，应要求导游或领队填写团体客人入住登记表，最后由导游或领队在表上签名确认。

登记表填好后由接待员核对、确认。确认的方法是先确认顾客证件的合法性，再以证件确认登记内容的一致性。确认要点如下。

(1) 证件是否具备法定效力。
(2) 证件是否确属本人，有无疑点。
(3) 登记表填写得是否清楚，字迹是否容易辨认，有无漏填的项目等。如填写不清楚或字迹不容易辨认，接待员应主动查明或请客人解答；如果漏填主要项目，接待员应主动补上。

2．预收保证金(押金)

客人入住酒店必须预交保证金，或称押金。这是酒店为减少收入损失而采取的一项重要控制制度。具体预收多少保证金，各酒店做法不尽相同，但一般有两种，一种是只预收房租的保证金，其他费用在离店时结算；另一种是房租及其他费用一起预收，结算时多退少补。另外，有些酒店对行李多的客人仅预收房租保证金，对行李少或无行李的客人预收房租及其他费用保证金，并每天盯住，住一天收一天，绝不赊账。

收银员根据酒店的规定向客人收取保证金时，应开立保证金收据，并在摘要栏里填写清楚保证金的用途，如房租保证金、保险箱押金等，以便于分类统计。图3-1和图3-2所示为酒店的押金收据。

保证金收据应一式三联：第一联，交给客人；第二联，将其内容输进计算机后放到客人的账卡里；第三联，与当日的其他账单一起交由夜审人员审核。收到的保证金现款也与当日收到的账款一起投入指定的保险箱内，由总出纳员点收。最后由夜审人员核对收到的单据与总出纳收到的现款，以保证钱、单相符。

保证金预收后，收银员在客人登记表上签名，同时把登记表的第一联及其有关单据放入房间账卡里，另一联退还给接待处。大堂接待处看到收银员的签名，即把房间钥匙交给客人，客人开始入住。

房间账卡是酒店特制的存放账单的夹子，通常放在一个固定的盘子里或架子上。一个房间一张账卡，每张账卡代表一个房间。账卡数目与房间数目相同。账卡上方醒目地标明房间号码。将客人登记表和其他消费账单等存放在房间账卡里，这样便于整理、查找和结账。

第 3 章 内部控制

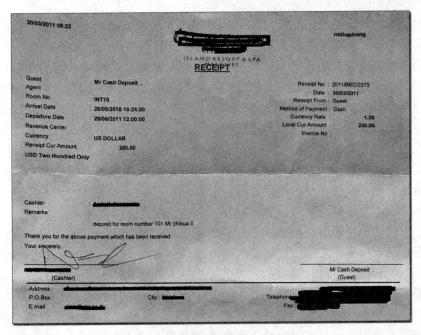

图 3-1 国际品牌酒店的押金收据

图 3-2 国内酒店的押金收据

3. 入账(抛账)

顾客登记入住后，即开始在酒店消费。酒店有许多部门为顾客提供服务。如何把顾客在各个部门的所有消费归集到顾客的账上，即所谓入账，是立即需要解决的问题。

1) 建立消费账户

顾客登记入住后，仅用房间号码归集顾客的费用是不够的，收银处还应该为每个顾客单独开立一个账户号码。目前，在许多酒店这项工作通常是由计算机自动完成的。如果计算机里没有这个程序，则需工作人员按入住的顺序编好号码输入计算机。

对于团体顾客应开立两个账户，即公账账户和私账账户。团体顾客的食宿一般都由旅行社或公司付账，这些费用应记在公账户头上。除了食宿以外的其他杂费，如洗衣费、电话费等旅行社不负担的费用，应由团体成员自己付账，故应再开一个私人账户结算。理论上，给团体成员每人开立一个私账户头当然最好不过，但因团体客人居住天数一般不超过三天，私人的额外花费一般不会太多，故只需开立一个私账户头，即可把所有的私人费用记到一起，等该团离店时一起结账。但必须注意，在记入团体顾客的私账户头时，应记上客人的姓名、房号，以便查对，避免差错。

2) 及时入账

建立了消费账户，顾客在酒店的各项消费就有了汇总、存放的地方，酒店就可以把顾客各项消费数记入户头的工作，这就是入账。

入账，不仅要准确，而且要及时，尤其是把客人即将离店时所发生的费用及时记入账户更为重要。因此，为了保证入账的及时性，大部分酒店都用计算机登记入账。凡是有条件的地方，都应与总台收银处的计算机联机。只有这样，客人在任何营业点，任何时间的消费，才能随着收银机的操作及时输入到客人的消费账户中去。但是，酒店也不是所有地方都能与总台计算机联机的，例如，客房里的 Mini Bar 等地方就很难与总台收银处计算机联机，这就需要手工入账。另外，还会发生一些其他意外问题使计算机联机入账无法进行，这时也需要手工去做。手工入账时应注意，只要各营业部门送来客人签字的账单就应立即输进计算机，以免遗失或漏收。手工入账虽然比计算机联机入账速度要慢，但只要严格执行程序和责任，加快账单开出及传送的过程，其入账的速度还是可以提高的。

无论是计算机联机入账，还是手工入账，客人账单最后都要归拢到总台收银处来，由总台收银员放入各自的账卡里，作为客人结算的原始依据。总台收银员在把这些账单放入各自的账卡里之前，应认真复核账单上的签字、房号与账卡里登记表上的房号、签字是否相符，因为账单上所写的房号、签字可能会有笔误或其他错误，故需总台收银员再次认真复核。

3) 将入账与收银职责分离

入账应与结算收银的职责分离，即负责入账的人员不能兼做结账收银员，或者结账收银员不能兼做入账工作，以便互相核对、互相制约。如果负责结账的收银员兼做入账工作，一个人既入账又收款，发生了错弊，则不易及时发现。一般来说，客人姓名、房号、房租等由总台接待处负责录进计算机，客人在餐厅、酒吧的消费由餐厅、酒吧的收银员负责入账。入账的原则是客人在什么地方消费就由什么地方负责入账，而总台收银处只负责最后结算的复核收款。如果发生该入账的没入或者入账的数没收款等问题，则很容易显示出来。

4. 结账

收银结账的具体程序和工作内容如下。

(1) 当顾客来付款结账时，如顾客没有说明，收银员应主动问一声是否离店结账，并请顾客归还房卡和押金单。

(2) 如果顾客确是离店结账，收银员应立即通知客房中心，以便楼层服务员检查客房状况，如客房小酒吧是否动用、客房物品是否齐备、损坏等，如有须开出消耗单据或先用电话报告给收银处。

(3) 把顾客房间账卡里的登记表、账单等资料全部取出并确认一下该房号顾客的姓名，同时注意账卡里是否附有其他应办事项的记录，如另一顾客的账由其代付等。

(4) 在问明顾客离店结账的同时，把顾客的房间号码输进计算机，并指示计算机显示该顾客的账户内容，核查顾客的全部账单是否已输进其账户，尤其应当注意那些与总台收银处电脑不能联机的地方，核查送来的账单是否已输入，如果没输进去，查明后应立即输入。

(5) 账户内容确定无误后，就指示计算机打印账单。这份账单是向顾客收款的总账单，汇总列示了顾客在酒店的全部消费，包括每天的房租、每张餐单及其他单据等内容。

顾客账单的格式很多，各个酒店不尽相同，但大体上可分为无栏式和账页式两种。

无栏式是一种空白、无栏目的账单，仅在账单的某一角印有酒店的标志、名称、地址、电话、电传等，其余全是空白。结账时，计算机把客人的姓名、房号、账号、账项等顺序打印在空白处。其优点是打印机不用仔细调整，打印出来的账单整齐、美观，一般不会出现打印内容对不上固定栏次、行次的情况。尽管如此，采用这种账单格式的酒店并不多见。

目前，大多数酒店都采用有固定栏目的账页式账单(见图 3-2)。账页式账单的格式与会计账页的格式相同，分为日期、单号、摘要、费用、贷项、结欠额等栏目，实际上是一个"应收账款——应收住客"账页。

其中，日期栏记载记入账项的日期；单号栏记载入账的单据号码；摘要栏记载账项性质和内容摘要；费用栏记载客人在酒店发生的各项费用金额，即酒店应收账款增加额；贷项栏记载客人预付的保证金以及采用各种结算方式减少应收账款的数额；结欠额栏记载费用与贷项相抵后的差额，即结算后的余额。

账单打印出来，收银员应审视一遍，确定无误后递交客人确认。客人如果对账单中的某些项目提出异议，应报告收银主管处理；如果争议仍不能解决，则应报告大堂值班经理前来处理。这时值得注意的是，收银员切勿自己介入争议，以免影响其他客人结账。

(6) 根据客人在登记表上选择的结算方式结账。一般客人可以采取的结账方式有现金、支票、本店可接受的信用卡、旅行社凭单、经同意的转账结算等。无论选择哪种结算方式，都应按酒店的有关规定处理。

(7) 客人离店结账后，账单的结欠额栏应为零，即费用栏的总数与贷项栏的总数相抵为零。如果不为零，出现正数的结欠额，其正数差额表示客人尚未结清的账项或有待进一步结转的账项；如果出现负数的结欠额，应查明是否多收了客人的账款，是否没将客人给的小费结转，减扣账项的计算以及有关账项的结转是否正确等。

总之，无论出现正数差额还是负数差额，都应查找原因。

最后，客人结账离店后，收银员应取出该房间账卡里的全部单据、资料，以便新入住的客人再次使用。

5. 交款编表

每班收银员下班时要做好如下工作。

1) 清点现金

清点现金即清点当班所收的现金并按币种分类，装入缴款袋里密封后投入保险箱里。

收银员缴款袋的具体格式如图 3-3 所示。

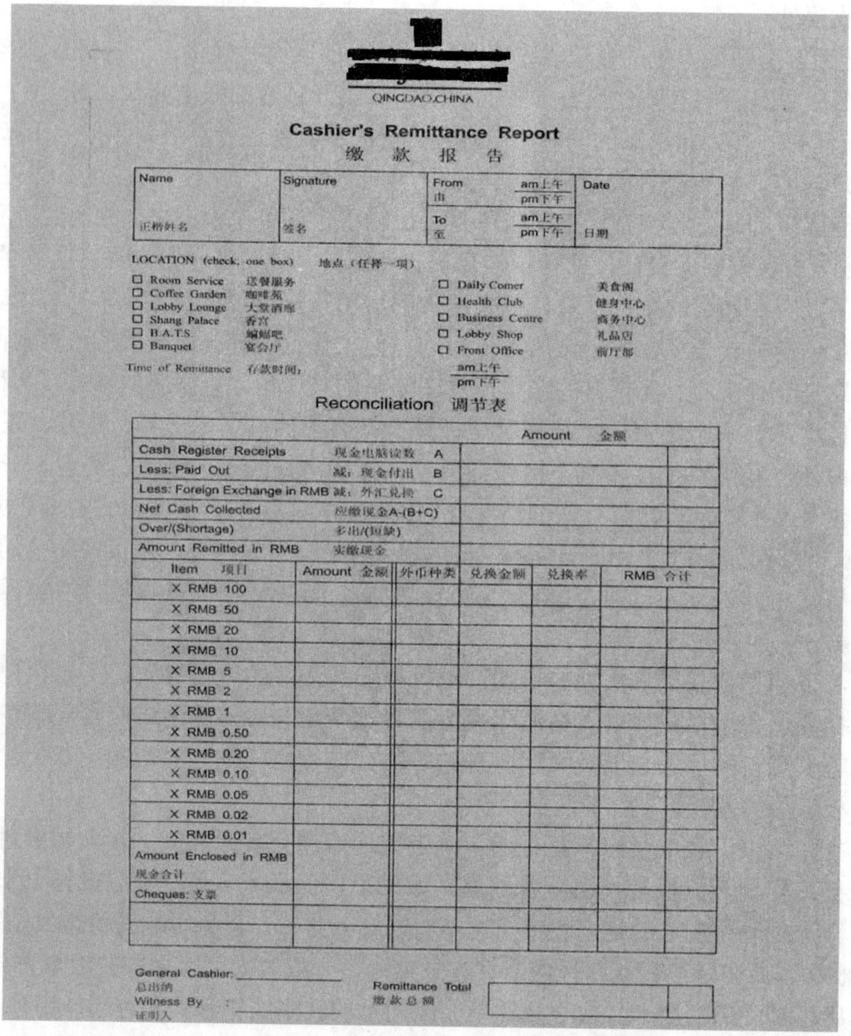

图 3-3　某酒店的交款报告单

将款项投入保险箱的交款方式简称"信封交款",即在财务部或大堂收银处内设置像邮筒一样有投入口的保险箱,以便收银员把款项装进交款袋密封后随时投入保险箱,只能投入,不能随便取出。开启保险箱须两把钥匙同时插入才能打开。两把钥匙分别由总出纳员和财会主管保管。

交款袋交款的程序一般包括如下五步。

(1) 收银员清点现金后填写交款袋。交款袋(交款信封)需用不易破裂、有韧性的纸制作。信封上各币种的合计数额应与酒店装入信封的现金数额相等。应注意的是,不要把找零备用金也一块上交。

(2) 把装入信封的现金数额与酒店自己编制的本班收入报告中的有关现金收入数额进行核对。

(3) 核对无误后,把现金装入交款袋并封好。

(4) 找一个见证人，让见证人检查交款袋是否填妥，收银员是否已在规定的位置签上姓名。然后，在见证人的监督下(或在摄像头范围内)，收银员将交款袋投入指定的保险箱内。

这里需要说明的是，第一，见证人的责任只限于证明该收银员已把交款袋投入保险箱内，而不管信封里装没装入现金及装入多少现金；第二，见证人必须是收银处或财务部的工作人员；第三，见证登记表应放在保险箱附近，以便于顺手填写；第四，见证登记表设置应一天一表，以便于与交款袋(款项已取出)一起装订存档，也便于检查每天的交款情况——哪个收银点、哪个收银员交没交款，一目了然。而现在很多酒店都会在存放保险箱的屋内安装摄像头，不再需要见证人的签字，因此作为前台收银员在将交款袋投入保险箱内之前，应在摄像头范围内整理交款袋，投入保险箱，然后锁好。

(5) 次日上班，总出纳员与财会主管或由其指定的专人一起去收款。

需要注意的是，交款袋交款程序已包括了收银员在清点现金以后的及次日总出纳员的工作步骤。实际上，在清点现金这一步骤里，收银员所做的只是把现金清点好，把数额填入交款袋上，接着再做整理账单、编制收银报告等工作。

2) 整理账单

收银员的工作要点如下。

(1) 把已离店结账的账单按照现金结算收入、现金结算支出、支票结算、信用卡结算、挂账结算等进行分类汇总、整理。

(2) 把入住客人的保证金收据等进行分类整理。

(3) 每一类单据整理好后，应计算出一个合计金额，把合计金额的纸带或便条附在每一类单据上面，与所附的单据捆扎在一起，以便核对。

3) 编制收银报告

收银员平时在进行入账、结账操作时，已按照各自的代码将收银情况输入到前台计算机里，所以编制收银报告的工作就比较简单。此时，收银员只需把自己的代码输进计算机并给予打印收银报告的指令，计算机便会自动把属于该代码收银员的收银报告打印出来。

4) 核对账单与收银报告

把整理好的账单与收银报告的有关项目核对。具体地说，即将车务账单、房间小酒吧账单、日间房租及服务费账单、减扣单、现金支出单分别与收银报告中借项栏的有关项目逐个核对，将现金结算、信用卡结算、转账、支票等单据分别与收银报告中贷项栏的有关项目逐一核对。如发现不符，应找出不符的原因，以便更正。

5) 核对现金与收银报告

收银报告中的"现金收进"项目减去"现金支出"项目的差额就是"现金应交额"；将现金结算收入账单的合计数数额减去现金结算支出账单的合计数数额，也是"现金应交额"。这两个"现金应交额"应该相等。如果不相等，应即刻查找原因。

6) 送交款项、账单、收银报告

现金核对正确后，将现金装入交款袋封好，找个见证人(或在摄像头范围内)，按前述交款程序将交款袋投入指定的保险箱内，同时将账单和收银报告捆扎好，交给收银主管或放到指定的地方。

6. 夜审

夜审是对上述账单资料的核对，对上述程序的检查和控制。酒店收入的夜审，根据其内容和工作时间的不同，可以分为夜间夜审和日间夜审。

夜间夜审是指夜间进行的核查工作或从事夜间核查工作的人员。过去我国的酒店、宾馆没有这个职务，现在已由境外酒店管理集团引进。

酒店工作紧张、忙碌，收银员既要制作账单，又要收款、退款。在这一系列工作中容易出错，加之员工的思想素质、业务水平参差不齐，也容易发生错误。如果不进行夜审，则难以有效地控制酒店收入。再者，由于客人入住、退房绝大多数集中在白天和傍晚，这段时间内各项收入总是处在不断的变动之中，如果此时进行夜审，势必给夜审工作增加难度。而到了深夜，入住、退房的客人一般较少，酒店的各种营业活动如餐厅、酒吧、舞厅等，也相继关闭，这时全天的营业收入基本上已能确定下来。因此，夜间是收入夜审工作最好的时间。

夜间审核的工作对象是各收银点的收银员以及各营业部门交来的单据、报表等资料。其工作目标是通过对这些单据、报表进行深入细致的查对，纠正错弊、追查责任，以保证当天酒店收入的真实、正确、合理和合法。

日间夜审，又称收入夜审，是酒店营业收入的第二次夜审。夜间夜审人员经过一夜工作后，第二天早晨把夜审过的资料交给日间夜审人员接班后继续审核。

为什么酒店收入经过夜间夜审以后还需要再审核一次呢？主要原因有以下几点。

(1) 夜间夜审人员在夜审收银员及有关部门交来的账单、报表的同时，自己又做了一部分账单、报表。这些账单、报表也需要有人夜审，以免出差错。

(2) 有些营业部门的账单要到第二天早晨才能交来，夜间夜审人员审核不到，需要由日间夜审人员来审核。

(3) 酒店的账单、报表繁多，出现差错的机会比较多。为了确保记入会计账簿的数据正确，也需要由日间夜审人员再重新检查一次，待确认无误后，再记入各有关会计账簿里去。

另外，日间夜审也是对夜间夜审工作质量的检查和控制，是日间稽查工作的必要性。

1) 客房收入的夜间稽查

(1) 检查总台收银工作客房收入夜间夜审的工作程序和内容如下。

① 检查所有出勤的总台收银员是否已全部交来收银报告及账单。如果有未交的收银员就把该收银员的名字记录在"交班簿"上，留给次日日班有关主管人员审阅、追查。

② 检查每个总台收银员交来的每一张账单。主要检查：房租是否全部计入，免收半天房租或全天房租是否有规定的批准手续；检查客人在酒店的消费是否全部计入，有无漏入或错入的数额，账单的计算是否正确，账款是否全部结清；检查转账或挂账结算的账项或账单是否符合制度；检查客人填写的保证金单据及押金单据是否正确，有无收银员的签名；检查信用卡结算单据是否符合规定的要求。

③ 将各类账单的金额与收银员收银报告中的有关项目进行核对，检查全部账单的总额是否与收银员报告的总额相符。如果不符，则可检查有无漏单、丢单的情况。

(2) 核对客房出租单据。完成收银员账单和收银报告的核对工作后，便可以着手核查当天客房的出租情况。其工作要点如下。

① 指示计算机打印出一份当天客房租住明细表,此表须列示全部已出租房的房号、客人姓名、房租、入住日期、离店日期、结算方式等。具体格式如图3-4所示。

Page No. 2										
			1 Rate check report: by market							
			Sunday, February, 18, 2007							
17/06/07 22:30										
Rm.	Name	P.	Rate	Arr.	Dep.	Rm. Type	Market Source Codes	Billing address	Billing instructions	Fix Ch.
3406	Boo	2	733.33	01/02	28/06	RSH	APP	SKF Bearings Co.	510,520	0.00
3406	Woo	0	0.00	01/02	28/06	RSH	APP	SKF Bearings Co.	0.00	0.00

图3-4 酒店当天客房租用情况明细表

② 核对客房租住明细表与总台接待处报来的接待报告,以确定所有出租的客房是否都已输入计算机。

③ 核对客房租住明细表的内容与各个房间客人的登记表、账单,以检查输入计算机的房号、客人姓名、账号、房租等是否一致,有无输入的差错;接待处开给客人的房租价格是否正确,如有折扣与减免,是否有批准的签字或附件,是否符合规定的手续。

(3) 房租过账。通过上一步的检查,确保计算机里的客房租住资料正确、可靠以后,便可指示计算机将新的一天的房租自动计入各房间住客的账户上。

如果不进行或不认真进行上述核对工作,就直接让计算机过入房租,则很难避免不发生错漏,因而会给以后的工作带来麻烦。

房租过入以后,让计算机打印出一份房租过账表,并检查各个出租客房过入房租及其服务费的数额是否正确,对那些作了更正的客房尤其应当注意:核对计算机是否已经接受更正。

(4) 对当天客房收益进行试算。客房收入在输入过程中会发生诸如输错金额、输错项目、重复输入或漏输账项等错误。因此有必要在当天收益全部输入计算机之后和当天收益全部结账之前,对计算机里的数据资料进行一次全面的查验。这种查验称为"试算"。

为进行试算所编制和使用的表称为"试算表"。客房收益试算一般分三步进行。

第一步:指示计算机编印当天客房收益的试算表。试算表的具体格式如图3-5所示。

截至昨日住客累积欠账额,即为试算表中的"承上日余额",或"期初借方余额"。它是从上日"客房收益结账表"中的余额转来,实际上就是上日试算正确后的试算表中的新余额。

截至今日住客累积欠账额,即为试算表中的新余额。试算正确后,今日试算表中的"截至今日住客累积欠账额",就是下一日表中的"承上日余额"。

第二步:把当日总台收银员及各营业部门交来的账单、报表按试算表中的项目分别加算、汇总。然后分项检查试算表中的数额是否与账单、报表相符。检查中如果发现错误,应立即改正。但在改正时应持慎重态度,应在彻底查清错误的真相、确定错误的数额后才可改正。

```
Sunday, February, 18, 2007 22:28                                    Page 1
                        TRIAL BALANCE for _____

Currency Name              RMB                      Original
Balance From Yesterday     547,983.83

REVENUE
100  Room Charge           20,385.70
120  Room Surcharge         3,070.30
201  Innovations Breakfast    800.00
202  Innovations Lunch        176.00
209  Rebate-Innovations      -212.10
222  Circles Night            800.00
280  Mini Bar(1)               10.00
300  BC-Fax                   500.00
351  Telephone - Local Call     0.25
431  Laundry                  800.00
465  Rebate-MB Massage      1,000.00
510  APT Room Charge       13,459.95
520  APT Room Sur Charge    2,333.46
Total                       43,123.56

PAYMENTS
900  Cash                   -66,801.40            -66,801.40  RMB
901  Check                  -16,000.00            -16,000.00  RMB
969  U.S. Dollar TC          -4,132.27
990  DIFFERENCES               -826.45               -500.00  UST
Total                      -87,760.12

GRAND TOTAL                -44,636.56
Total Projected            503,347.27
Balance is                 503,347.27
Control Sum                      0.00

CITY LEDGER
Balance Yesterday          729,320.74
Transfer to City Ledger          0.00
City Ledger Payments             0.00
Balance Projected          729,320.74
Balance Actual             729,320.74
(City Ledger)              -22,500.56
(Credit Cards)             751,821.30
Control Sum                      0.00

DEPOSIT LEDGER
Balance Yesterday                0.00
Deposits Paid                6,000.00
Deposits Refunded                0.00
Deposits Retained                0.00
Deposits Transfer at Check-in    0.00
Balances Projected           6,000.00
Balance Actual               6,000.00
Balance On Wait List             0.00
Control Sum                      0.00
```

图 3-5 当天客房试算表

第三步：把试算表的余额与住客明细账的余额进行核对。住客明细账是在计算机里为每一位住客设立的消费账户。当向计算机里输进一个与住客有关的数额时，计算机实际上把这个数额同时送进两个或两个以上数据加工、储存系统：一个是试算表的数据系统，另一个是住客明细账系统。所以这两个数据系统的结果应该是一致的。如果两者不相等，则说明出现了问题，应立即检查。

(5) 编制当天客房收益结账表。客房收益结账表一旦编制出来，当天的收益活动便告结束，全部账项即告关闭。因此，编制结账表之前的试算工作与会计结账之前的工作一样重要。应仔细检查试算表中有无需要改动、补记的数据，如果没有，即可着手编制结账表。

结账表的格式和内容与核对后的试算表完全相同。两者不同的是，试算表是专供修改、订正的用表，而结账表则是改正后的正式表。夜间夜审人员只要一发出让计算机编印结账表的指令，计算机就会把这一天的账项全部关闭，且在打印结账表的同时把机器里所有有关这一天的数据全部清除到一边去，使机器里有关营业项目都清为零，为下一个工作日的开始做好准备。

如果在打印结账表后再输入账据，只能输入到下一个新的工作日里，而不能输入刚刚结束的工作日里。所以，要修改、补充数据，只能在进行试算时在试算表里改，而不能在关账后的结账表里改。如果一定要改，弥补的办法只能是在新的一天的收益账项里进行调整。

(6) 编制客房收益会计分录过账表。会计分录过账表是根据客房收益结账表编制的，是列示当天客房收益分配到各个会计账户的总表。当天的客房收益就是根据会计分录过账表正式记入会计账册的。

2) 客房收入的日间审核

(1) 审核房租。审核房租的依据是三份报表，目标是三表一致。这三份报表分别是：前台接待处的客房状况报告、客房部的房间状态报告和夜间审核的房租过账表。审核步骤如下。

第一，核对前台接待处的客房状况报告和客房部的房间状态报告。前者在早晨离店的客人未退房之前编报，后者在上午 9 点左右，即清理房间时编报。核对时应逐个楼层逐个房间核对，如发现两者不符，应追查原因并把原因写在报表上。

第二，核对房租过账表与前台接待处房间状况报告。

核对了上述三份报告(表)以后，才能保证过账的房租比较正确、可靠。

(2) 夜审客房收益结账表。客房收益结账表是夜间夜审员一夜工作的结果。然而，日间夜审员在汇总(包括饮食部分)编制当日正式收益报告并将全部收益按项目记入各会计账之前，还必须核对这些数据，以确保入账数据的正确性。夜审步骤如下：第一，复核前台收银员的账单、报告；第二，复核其他营业点交来的账单、报告；第三，分项核对结账表；第四，核对结账表的余额，将结账表的承前余额、新余额分别与住客明细账的上日余额、新余额核对。

(3) 复核夜间夜审员的会计分录过账表。夜间夜审人员编制会计分录过账表的根据是结账表，而结账表的根据是账单等原始凭证，所以会计分录过账表的最终根据也是编制结账表的账单等原始凭证。

复核会计分录过账表，首先，应将账单等原始凭证按照会计分录过账表中的项目加总复核一次；其次，审核列入每一会计科目的内容是否合理正确，例如，有无把单位记账的餐饮费当作住客的餐饮费用入账等；最后，把会计分录过账表中的借项数额与贷项数额分别相加，检查其总计是否正确，借贷是否相等。

审核会计分录过账表后，将结账表附在其后，交由会计主管入账。

(4) 编制每日收益报告。上述工作做完之后，便可着手编制每日收益报告。每日收益报告不仅包括客房收益，而且包括饮食收益及其他收益。

(5) 核对现金。如前所述，前台收银员收进的现金应装在交款袋里投到指定的保险箱内，次日上午总出纳员清点现金并存入银行。日间夜审人员负责核对账项中的现金数额与总出纳员实际收进的现金数额，以控制账实相符。

评估练习

正确理解酒店客房收入内部控制的目的和程序，将下列问题的正确答案选出来。

1. 下列关于酒店客房收入内部控制的目的的说法，错误的是（　　）。
   A. 保证客房收入的合法性
   B. 保证客房收入的完整性
   C. 保证客房收入的及时性
   D. 保证客房收入的即时性
2. 下列关于客房收入夜审中，不是房租审核的依据的是（　　）。
   A. 前台接待处的客房状况报告
   B. 客房部的房间状态报告
   C. 夜间审核的房租过账表
   D. 前台的住店客人报表

3.3 餐饮收入的内部控制

餐饮和客房出租是酒店营业收入的两大支柱。经营餐饮远比经营客房潜力大，效益好。因为餐饮不但面向酒店的住客，而且还可面向当地的企业、机关、居民等。一家餐饮经营比较好的酒店，其餐饮收入往往能赶上甚至超过客房收入。可见，加强餐饮收入的管理和控制有着极为重要的意义。

酒店餐饮收入的控制是比较复杂的系统工程。如何卓有成效地对酒店的餐饮收入实施控制，是酒店和餐饮行业普遍关注的问题。下面介绍的餐饮收入的内部控制程序，主要是针对餐饮收入过程中可能发生的错误和舞弊而设计和组织的。

3.3.1 餐饮收入内部控制的基本程序

酒店的餐饮收入活动涉及钱、单、物三个方面。三者的关系是，物品消费掉，账单开出去，货币收进来，从而完成餐饮收入活动的全过程。在钱、单、物三者之间，物品是前提，因为物品不消费，其余两者都是空谈；货币是中心，因为所有的管理与控制都是紧紧围绕款项收入而进行的，保证正确无误地收进货币，是进行管理的基本任务；单据是关键，因为物品是根据单据制作和发生的，货币是根据单据计算和收取的，所以失去了单据，管理就失去了依据。因此，进行餐饮收入的控制时，既要对三者的有机联系进行综合考虑，又要对三者区分并单独进行考察和控制。而"三线两点"正是这一原则的具体体现。

所谓"三线两点"，是指把钱、单、物分离成三条互相独立的线进行传递，在三条传递线的终端设置两个核对点，以联络三线进行控制。经手物品的人不经手餐单和货币，而仅从事物品传递，形成一条传递线；经手餐单和货币的人又将餐单和货币分开进行传递形成另两条传递线，从而形成餐饮收入的三条传递线。而每一条传递线又由许多紧密相连、缺一不可的传递链条或传递环节组成。每向前传递一步，就对上一步的传递核查、总结一次，以保证每条传递线传递结果的正确性，最后再将三个传递结果互相核对比较。

1．物品传递线

一般来说，餐饮物品的传递，自厨房取出开始，送经备餐间(餐柜)至客人消费掉为止。但从管理的角度看，餐饮物品被客人消费掉，仍不能看作是物品传递的结束，而应该把这部分物品传到财会成本部门计算出成本为止。这一传递线主要是由代表实物的单据的传递所构成。这个单据就是"取菜单"，或称"点菜单""出品单"。酒店对物品的控制就是通过取菜单进行的。其具体步骤如下。

(1) 餐厅服务员根据入座客人的要求开出取菜单。取菜单一式三联。

(2) 餐厅服务员把一式三联的取菜单交给收银员盖印，收银员留下一联，用于开立或打印账单，其他两联退还给服务员。

(3) 服务员自己留存一联取菜单，把第二联取菜单送到厨房或酒吧。

(4) 厨房或酒吧根据取菜单制作菜品或配制酒水。

(5) 送菜员将菜品或酒水送到餐台上(不专设送菜员的餐厅由服务员送菜)。

(6) 每班结束后，厨师或调酒师把取菜单按餐厅名称及编号顺序整理好交送其主管。

(7) 厨房及酒吧主管将各厨师或调酒师交来的取菜单进一步汇总整理，送交财务部。

2．餐单传递线

餐单是餐费账单的简称，餐单传递的具体步骤如下。

(1) 收银员将取菜单的内容输入收银机(计算机)，并把取菜单按餐台号码的顺序排放好，等待客人结账。如果服务员又送来取菜单，即该餐台的客人又增要菜品或酒水，收银员应按照服务员开来取菜单上的餐台号，再输入收银机。

(2) 客人结账时，计结餐单的总金额。根据总金额向客人收款并把结完账的餐单按其编号顺序放好。

(3) 每班或每更结束时，根据餐单编制本班或本更收银员报告，并在收银机上打印本班或本更的收入情况记录纸带，将此纸带与收银员报告核对后，连同账单一起交到夜间稽核处。

餐厅收银员报告的具体格式如表3-1所示。收银员报告主要由收入项目和结算项目两大部分组成。收入项目的合计数额必须与结算项目的合计数额相等。收银员报告中的更正栏目是用于修改已输进收银机但在结账后发现记错的项目，如应把属于酒店开支的应酬费用账单误作挂账结算入账款，或应记入食品项目的，误记到饮料项目里等，这就需要修改。更改时用正数表示调增，负数表示调减。无论调增还是调减，需更正的账单号码一律在"账单号码"栏里填写清楚。最后一栏"总额"是更改后的金额。

收银员每日报告的"账单使用情况"，是用来统计该收银员使用账单的情况。

夜间稽核人员把一天的餐单及收银员每日报告全部审核一遍，作出当日"餐饮收入日报"，然后把餐单及收银员每日报告、当日餐饮收入日报表一起交日间稽核人员再做进一步审核。

表 3-1　某酒店餐饮的消费账单

餐厅名称(location)　　　班次(shift)　　　　　　　　　　　　　　　日期(date)

项目 (Item)	金额 (amount)	更正(adjustment)		总额 (total)
		金额 (amount)	账单号码 (check No.)	
食品(food)				
饮料(beverage)				
酒水(wine)				
香烟(cigarette)				
杂项(miscellaneous)				
服务费(service CHg.)				

3. 货币传递线

货币传递的具体步骤如下。

(1) 收银员根据餐单向客人结算收款。有些酒店餐厅的结账收款采用柜台方式，即让客人自己到收银台付款。而正规的方式是餐台付款，即服务员从收银台拿来账单，把账单放在托盘上，送到餐台递给客人。客人核查后，把款放在托盘上，由服务员交到收银台并负责传递找零。这种结账方式，一方面避免收银员直接接触客人，减少发生错弊的机会，另一方面餐厅提供了全套服务，方便了客人。

在餐单结算时，如属信用卡、挂账、支票等非现金结算，收银员应严格按照有关程序办理结算。

(2) 收银员下班时，按币种、票面清点现金，填写缴款袋，将现金装袋封妥后，投进指定的保险箱内。有的酒店将其他票据，如支票、信用卡结算单捆扎后也都装进缴款袋里一同投进保险箱内。

(3) 总出纳员与监点人一起打开保险箱，点收当日全部收银员投交的现金等，并将现金等送存银行。

(4) 根据银行的回单，编制"总出纳员报告"如表 3-2 所示，并把银行回单附在此报告上，送交日间收入稽核员审核。

上述三条传递线最后形成三个终端。在三条传递线的终端设置两个核对点，从而将三条传递线对接起来控制。

4. 取菜单与餐单核对点

收入稽核人员将厨房交来的取菜单与收银员交来的餐单进行仔细核对，以检查餐单上的项目是否与取菜单的项目相符，即餐单是否完全根据取菜单的内容开立，有无遗漏。如有不符，应追查其原因并写出处理报告或建议。

5. 餐单与货币核对点

收入稽核人员将根据餐单编制的餐饮收入每日报表中的现金结算数(有的酒店现金指广义的现金)与总出纳员交来的总出纳员报告及银行存款回单等有关单据的数额进行核对，根据核对结果,编制现金收入控制表,如表 3-3 所示,并对现金溢(缺)写出追查结果报告。有的酒店总出纳员不另编制总出纳员报告,而把清点结果直接填写在现金收入控制表中的实交金额栏。

表 3-2 总出纳员收款报告样表

收银员姓名	收银员交款金额			备注
	人民币	外币	合计	
前台				
中餐厅				
西餐厅				
酒吧				
合计				

表 3-3 现金收入控制表

收银员姓名	应交金额			实交金额			溢(缺)
	人民币	外币	合计	人民币	外币	合计	
前台							
中餐厅							
西餐厅							
酒吧							
合计							

上述两个核对点是整个餐饮收入控制的关键点。核对取菜单与餐单是保证单单相符,查找走单、走数的关键;核对餐单与货币是保证账款相符、发现现金短缺的重要环节,两者缺一不可。如果缺少取菜单与餐单的核对点,就难以查清应计入餐单的账目是否实际全部计入,也难以发现跑、漏的账项;如果缺少餐单与货币核对点,就难以发现和控制应收进的款项是否全部收进以及现金短缺等现象。

6. 餐饮收入的夜间稽核

餐饮收入夜间稽核的工作任务是检查各个餐厅及各个营业点的营业收入,审核各收银员交来的餐费账单、日报表等。

餐饮收入夜间稽核的工作程序如下。

(1) 清机：即将收银机里当天输进的数据清理出来。

夜间稽核人员一上班，第一项工作就是到已结束营业的餐厅去清理收银机。把当天营业输入存置的全部数据从收银机里清除出来，打印到收银机的纸带上。这条纸带也称清机带""清机表"(因为它也是收银机打印的当天营业日报)。清机带一经打印，收银机里有关的储存格变为零。翌日营业时，输进的数据重新开始或从零开始累加、分类、计算和存放。

(2) 核查餐厅当日收银工作：即测试当日收银的数据是否正确。

此项工作的具体内容是"四项核对"：餐单与取菜单核对，餐单与收银报告核对，收银报告与收银机纸带核对，收银机纸带与清机报告核对。

① 餐单与取菜单核对。

首先，检查餐单是否清晰、整洁，有无数据重叠、乱改乱画的现象。其次，检查餐费账单制作是否符合规定的要求，例如，是否有金额总计，挂账的账单是否符合规定的手续，酒店应酬费用的账单是否符合规定的制度，作废的账单是否有餐厅经理的签名等。再次，检查餐费账单与后面所附的取菜单项目是否相符。最后，检查含有取消项目的餐费账单，审核账单上所取消的项目是否有餐厅经理的签字批准。

② 餐单与收银员报告核对。

首先，核对收银员报告的项目与总金额。其次，核对账单使用情况，主要检查收银员所填的账单使用总数和各个项目使用数与交来的各类账单数目是否相符。

③ 收银报告与收银机纸带核对。收银机纸带不是清机带，而是收银员在一班结束时让收银机打出的本班营业数据的纸带。收银员在编制收银员报告后需将该报告与收银机纸带核对，无误后把这张纸带订在收银员报告上面，送交稽核人员审核。稽核人员这一检查的目的是为了核实收银报告是否正确。

④ 收银机纸带与清机报告核对。其目的是为了进一步印证收银报告的可靠性和准确性。

(3) 编制餐饮收入日报。以上核对正确无误后，将各个餐厅、各个班次的全部收银员报告汇总填列在餐饮收入日报的各个项目中。餐饮收入日报的具体格式如表3-4所示。

表3-4 餐饮收入日报

部门	顾客人数	食品		饮品	香烟	服务费	其他	总计	现金	支票	挂账	信用卡	应酬费用	合计
		主食	副食											
中餐厅														
早餐														
午餐														
晚餐														
小计														
西餐厅														
酒吧														
合计														

7. 餐饮收入的日间稽核

餐饮收入的日间稽核主要负责三个方面的工作：一是检查餐饮收入夜间稽核的工作；二是汇总编制酒店营业收入日报表；三是控制现金、银行存款的收取。

(1) 统计上日收益报告。

日间稽核人员早晨上班，第一件工作就是将上日整个酒店的收益情况统计出来，送交财务总监，供酒店高级管理人员的每天早会使用。

这份统计报告是粗略的、未经认真审核确认的，属非正式的报告资料。而正式的收益报告需经日间稽核人员逐项审核落实后才能签发出来。

此收益报告可以用计算机做，也可以人工编制。有的酒店将这项工作交由夜间稽核人员完成。当日收益报告的格式和内容如表 3-5 所示。

表 3-5 当日收益报告

年　月　日

项　目	今　日	预　算
客房收益		
食品收益		
饮料收益		
其他收益		
收益合计		
客房出租率		

编表人：

(2) 稽核餐饮收入日报表。夜间稽核人员一夜的工作成果是餐饮收入日报表。稽核餐饮收入日报表可以对夜间稽核工作进行全面检查，而且日报表编出来后尚未审核，其中的数据是否正确，有待查验。

日报表的审核可从以下几个方面入手。

第一，复核各类账单的加总。餐单里的内容已经夜间稽核人员审核，这时只需对各个餐单的结算额再加总一次，检查是否与夜间稽核员的加总相等。

第二，用餐单核对餐饮收入日报表。

第三，检查"餐饮收入日报表"本身有无计算错误。

(3) 编制酒店营业收入日报表(manager report)。将餐饮收入日报表稽核出来的遗漏和错误补正后，客房收入的日间稽核工作也就完成了，接下来就是汇总餐饮收入，编制一份正式的酒店营业收入日报表。此表可以由客房收入日间稽核员编制，也可以由稽核主管编制。酒店营业收入日报表的格式如表 3-6 所示。

收益日报编好后，经稽核主管审定盖章，报送财务总监、总经理及其他高级管理人员。

(4) 检查账单号码控制情况。详细内容见本节的后面部分内容。

(5) 检查折扣数。

日间稽核人员应从以下几个方面检查折扣的账单。

第一，检查有无贵宾卡号码，取出贵宾卡持有人的印鉴样本，核对其账单上的签署；

第二，复核所给的折扣数是否正确；

第三，对于不属于贵宾卡的折扣数，应检查账单上有无餐厅经理或饮食部经理的签字，防止收银员等员工私自给客人折扣。

表 3-6 营业收入日报表

Items 项目		今 日		本月累计		去年同期
		实 际	预 算	实 际	预 算	实际累计
Foodsales	食口收入					
Beveragesales	饮料收入					
Tobaccosales	香烟收入					
Servicecharge	服务费					
Publicroomrental	租金收入					
Otherincome	其他收入					
PackageP&L	包价收益					
:						
Guest No.	客人数量					
Check Average	平均消费					

(6) 核对取菜单。见本节的后面部分内容。

(7) 核对现金。总出纳员按照各收银员交款信封上的金额把现金清点收妥后，填写单据并送存银行，同时编制总出纳员收款报告，并将送存银行回单及其他单据(送存支票的单据等)附在其后，一并送交日间稽核员审核。

日间稽核员对"总出纳员收款报告"审核后，编制"现金收入控制表"。

为了减少编表数量，有的酒店把总出纳员收款报告与现金收入控制表合二为一，由总出纳员填写"实交金额"栏，由日间稽核员填写"应交金额"栏，并负责审核现金的溢(缺)。

3.3.2 餐饮收入内部控制制度

本小节主要介绍收银机、餐桌编号和取菜单等的控制制度。

1. 收银机控制制度

餐饮收入控制的第一个重要部位是收款。餐饮款项必须正确无误地全数收进。如果该收的款项不能全数收进，或者收进后部分款项被非法截留，即使以后的环节控制严格，营业收入损失已成事实，也不易弥补。为了防止营业收入款项在收款时发生错弊，现在越来越多地就地采用收银机进行控制，形成了一套完整的控制程序。

使用收银机控制的主要优点是：账款、菜点等资料一旦输进收银机里，有关人员就不易改动。一有改动，收银机就会如实留下改动的相应记录。在稽核人员清机审查时，收银机里的所有记录都将全部打印出来，有疑点的记录自然会受到追查。

2．餐单编号控制制度

使用收银机控制，也不能完全防止收银方面的错弊，仍需对餐单等单据实行编号控制。餐单编号控制有以下几个程序。

1) 事先编号

所有餐单都必须事先编号，即在印刷餐单时印上事先排好的号码。

2) 登记保管

餐单发放时，应将领用人、领出的张数、领出的号码逐一登记在案；未发放的餐单，应设专人保管。

3) 顺序使用

餐单必须按顺序使用。今天使用的第一张餐单的号码，必须接续昨天使用的最后一张餐单的号码，不得跳过某些餐单使用后面号码的餐单。如因某种原因确需取消某张餐单，则应盖上"作废"的印戳，由餐厅经理审核签名，并保留这张餐单，将其与其他餐单一起传递上交，以保持餐单的使用顺序编号连续。

4) 用"表"控制

所谓"表"，就是"账单号码控制表"。用"表"控制是指填制、审核"账单号码控制表"的一系列过程。

(1) 填制。使用餐单时，收银员应按餐单编号顺序逐张填在"账单号码控制表"上。已取消或作废的餐单，其号码也必须在此表上登记并注明。"账单号码控制表"的编号从"00"到"99"都是事先印上的；"00""25""50"和"75"前面的空格是留着填写餐单号码的开头几个数字的。

账单号码控制表也兼统计食客人数。食客分房客和外客两种。收银员在登记使用餐单号码的同时，把餐单上载明的食客人数填在表上。

收银员下班时，应根据账单号码控制表清点餐单实际使用张数，填写收银员报告，并把"账单号码控制表"与餐单、收银员报告一起交到指定的地点。

(2) 稽核。夜间稽核人员检查收银员是否按规定填报账单号码控制表，将收银员交来的已用餐单(包括作废的餐单)与账单号码控制表、收银员报告的"账单使用情况"核对。核对时除认真查看起止号码的餐单外，一般不需逐张核对号码，只核对其使用餐单的总数即可。如果发现有跳单使用的现象，稽核人员一方面要让该收银员解释原因；另一方面记录跳单的号码，以便这些被跳过的餐单下次使用时追踪审核。

核对完收银员交来的全部已用餐单数后，夜间稽核人员应编制一份"账单使用情况汇总表"，总结当天各餐厅餐饮账单的使用情况。"账单使用情况汇总表"的格式如表 3-7 所示。

应当注意：表中左边的"已使用账单的连续号码"的总数，必须等于右边的"账单使用明细情况"总数。

夜间稽核人员编制完账单使用情况汇总表并签署后，交送日间稽核人员复核检查。

表 3-7　账单使用情况汇总表

日期：

餐厅	已使用账单的连续号码	总数	账单使用明细情况						总数	备注
			现金	客房	挂账	信用卡	应酬	取消		

3．取菜单控制制度

取菜单(Captain's Order)是指餐厅服务员根据客人点菜的内容和要求开立的用于到厨房、酒吧拿取菜肴、酒水等物品的凭证，是餐饮收入发生的第一个单据。从内部控制的角度看，取菜单可以说是餐饮收入内部控制的起点。因此，酒店应加强取菜单的控制。

酒店对取菜单的控制应从以下两个方面进行。

1）取菜单的制作

(1) 为了保持凭证的正规性和严肃性，有利于对取菜单的管理和控制，酒店的取菜单必须统一打印，不得用便笺、小纸条来代替。

(2) 各个餐厅及营业点使用的取菜单，必须使用不同颜色的纸张印刷，以便于分辨、归类管理。

(3) 取菜单须用无法擦去字迹的纸张印刷，并用不易擦去字迹的笔填写，以防私自涂改。

(4) 取菜单如果写错或需更改，应划去重写，不得涂改或挖补。

(5) 取菜单须实行编号控制，作废的取菜单须交回，编号控制的方法与餐厅账单相同。

2）取菜单的检查

取菜单通常一式三联，第一联交收银处用于开立或打印账单，并附在账单后，作为账单的根据或原始凭证；第二联交给厨房，作为厨房出菜品的根据；第三联由开单人(指餐厅服务员)留存备查。

对取菜单最严密、最有效的控制方法是对厨房留存的一联与餐单逐项核对检查。但取菜单数量大，核对起来工作量大，另外取菜单很分散，一个餐厅的菜单往往分散到几个厨房，所以，实施这种控制难度较大。在实际工作中，通常采用一些比较简便的控制方法。

(1) 印章审核法，即只审核厨房交来的取菜单上有无收银员印章的方法。其程序是：第一，取菜单在送厨房之前，先交收银员，由收银员检查取菜单内容后盖章或签字，收一联，制作账单，把其余取菜单交由服务员送往厨房；第二，各个厨房根据收银员盖章或签字的取菜单发菜。如果没有收银员的印章或签字，则不发菜；第三，营业结束之后，各个厨房把取菜单整理好送交财务稽核部，由稽核人员审核。审核时只需逐张检查取菜单上有无收银员的印章即可。在检查中如发现个别取菜单上没有收银员的印章，除找出相应的收银账单，检查其内容是否已记入收银账单外，还应追究厨房接收不盖章的取菜单就发菜的责任，以确保厨房认真执行凭收银员印章发菜制度。

(2) 页数审核法，即只核对取菜单的页数，不核对每页内容的方法。其程序是：第一，每班结束后,厨房主管把当班的取菜单收集起来,按所属餐厅分类整理,送交行政总厨指定专人对各个厨房交来的取菜单作进一步整理,编制"取菜单收交表",具体格式如表 3-8 所示。此表中,所有餐厅取菜单张数合计数必须与全部厨房、酒吧取菜单的张数合计数相等。"取菜单收交表"编好后,与取菜单捆扎在一起,送交日间稽核人员。第二,日间稽核人员将厨房交来的取菜单的数目进行复核后,填在"取菜单核对表"(见表 3-9)的"厨房交来张数"栏里,并把从账单后面拆下的取菜单数目填在"收银员交来张数"栏里。然后两栏进行比较,如果张数相等则不必再作详细检查,如果张数不等,则要将不相等的餐厅、班次收银员交来的取菜单和厨房交来的取菜单找出来,逐张核对,检查不符的原因。核对取菜单页数。这样其实也比较烦琐,为此,有的酒店餐厅在打印账单时,把取菜单的号码输进收银机里,让收银机打出的报表统计出取菜单的数目,以便与厨房交来的取菜单核对。

表 3-8 取菜单收交表

日期:

项目 餐厅	中厨	西厨	酒吧	面点	其他	合计(页数)
中餐厅						
早餐						
中餐						
晚餐						
西餐厅						
…						

表 3-9 取菜单核对表

日期:

餐厅	收银员交来张数	厨房交来张数	差异数	备注
中餐厅				
早餐				
中餐				
晚餐				
西餐厅				
…				

(3) 抽查法,即对各厨房、酒吧交来的取菜单只抽出其中一部分,与相关的餐单核对。其程序是:第一,收银员在一式三联取菜单的"账单号码"栏里填上即将制作的账单号码,然后退给服务员两联,由服务员送到厨房制作菜品。如果此账单作废,已经另开新的账单,则应在作废的账单上注明"此账单数额转入××××编号账单"的字样,以便于抽到此账单时追踪审核。第二,厨房及酒吧汇总整理取菜单时,应按取菜单"账单号码"栏所填写的账单号码顺序排放,而不是按照取菜单自己的号码排放,并将相同"账单号码"的取菜单装订起来,以便于餐单核对。第三,稽核人员抽查时,可抽查一个餐厅的取菜单和餐单,

也可抽查某几个收银员的取菜单和餐单。经过抽查如果没有发现问题，当天的抽查工作就告一段落；相反，抽查中如果发现问题，则应根据具体情况增加抽查的数量，扩大抽查的范围；如果发现的问题较多或较严重，则应对该餐厅或该收银员改用详查法，即全面审查厨房的取菜单与餐单的相符情况，不但要详查当天的，而且要检查当月的，甚至要追溯到前几个月的，以便彻底查清问题。

4．餐饮收入的其他控制制度

1) 工作点定期轮换制度

工作点定期轮换制度主要是指收银员定期在各个餐厅及收银点轮换的制度，以防止长年累月固定在一个餐厅或一个收银点，容易发生与其他相关人员串通舞弊的情况。

2) 相关职务不可转换制度

具体地说，稽核人员不得转调为收银员，餐厅服务人员不得转调为收银员。因为，即使控制程序本身没有漏洞和缺陷，但在实际运行过程中，由于多种原因执行得不够严格、不够认真，而稽核人员又比较熟悉这一实际情况，尤其了解各项控制的粗细程度，若转调为收银员，极易钻空子作弊，且不易发现。而餐厅服务员转做收银员，容易与以前一起工作的餐厅服务员勾结串通。

3) 收款与开单职务分离制度

在不设置收银机的营业点，收银工作应采取收银与开单职务相分离的控制制度，即收银员与开账单两个职务不得由一人兼任，应分设两人执行。收银员不管开账单，开账单的不接触现金；开单只根据取菜单制作餐单，做好后自己留一联，另一联交给收银员。收银员根据餐单收款。下班时，收银员把现金交给总出纳员，开单员只把餐单交给稽核员，由稽核员审核餐单，查对现金。

4) 请外单位人员不定期来餐厅进行检查的制度

请外单位人员或会计师事务所的核数师以客人的身份到餐厅、酒吧视察。他们以客人的身份点菜或饮品，仔细观察餐厅人员开单、服务、收款的全过程。他们常常会发现有关人员的错弊行为，所起的作用通常比酒店自身的检查还要大。但采用此法，也应注意以下一些问题。

(1) 应选择那些餐厅人员不认识或不熟悉的人员来检查。如果被餐厅人员发现，则起不到预期的作用。

(2) 检查人员应熟悉餐饮的服务、收款程序及其他规定。

(3) 检查人员在检查之前，应被告知此次检查的重点。

(4) 每次检查结束后，检查人员应向酒店有关方面负责人汇报检查情况。

(5) 可以直接将请外单位人员随时来检查营业服务工作情况的制度告诉餐厅及各个营业点，使有关人员有所顾忌，从而起到预防控制的作用。

正确理解酒店餐饮收入内部控制的程序和方法，将下列问题的正确答案选出来。

下列对酒店的餐饮收入活动涉及钱、单、物三个方面的关系表述错误的是(　　)。

A. 物品消费掉，账单开出去，货币收进来，从而完成餐饮收入活动的全过程
B. 在钱、单、物三者之间，物品是前提，因为物品不消费，其余两者都是空谈
C. 货币是中心
D. 物品是中心

3.4 成本控制

3.4.1 成本对于管理者的意义

成本控制这一节内容是关于酒店的成本如何被分类以便于支持管理决策。当我们在酒店里每天提到成本时，经理们往往会混淆成本的实际内涵，因为他们使用了不同的成本分类方法。这些分类主要包括：固定成本和变动成本，直接成本和间接成本，付现成本和机会成本，不可控成本和可控成本。没有任何财会知识的员工听到这些不同名称的成本时会变得困惑，这也是在情理之中的事。建议酒店员工熟练掌握工作过程中常见的控制和决策制定的基本流程以及成本信息如何支持决策的制订方法。本小节将阐述典型的决策制订方法和控制的基本流程以及其主要成本的分类方法。

会计信息作为一种资源，对酒店来说是有成本的。因此，作为部门经理意识到为了收集和分析会计信息所产生的支出要和这些信息的使用价值进行对比。如果依据这些信息所作的决策和有无这些信息所作的决策对酒店来说损失或收益区别不大，那这样的会计信息是没有价值的；反之就是有价值的。

当评价部门主管的工作表现时，酒店必须区分可控成本(那些是部门主管能够影响的成本)和不可控成本。如果酒店没有作这种区分，主管工作的考核就不能很好地评价他的管理能力。因为部门主管会敏锐地注意到这种不恰当的考核制度，对这种差劲的考核制度感到困惑和愤怒。同时有人也会提出这样的问题，对于那些不能很好地分配到部门的成本如何处理？比如，人力资源部培训费用的一部分是否应该分配到餐饮部和客房部，因为这两个部门都会从人力资源部的培训项目中受益。在以下的内容中，我们可以了解到能够直接归类到部门或某个产品的成本被称作直接成本，而不能直接归类的则被称作间接成本。

3.4.2 成本的主要分类方法

成本主要可分为以下四类。

1) 现付成本(Outlay Cost)和机会成本(Opportunity Cost)

现付成本是真实存在的，它体现了现金的支出；机会成本是不存在现金支出的，然而，对于酒店来说丧失机会成本意味着酒店收益的丧失。下面用一个小例子对机会成本的内涵进行阐述。假设某地的一家酒店叫维多利亚酒店，它正在评估是否需要将一个正在以每年五万元的租金出租出去的楼层区域改造成新的餐厅。如果管理层决定将维多利亚酒店的这个楼层改造成为餐厅自己经营，它将不再每年收到这个区域的租金，即它丧失了每年五万

元的收益，这个损失被称为"机会成本"，虽然维多利亚酒店没有真正地支付五万元，而且这五万元也不会在会计系统里得到显示，但是管理层在作类似的决策时必须考虑这部分潜在的损失。

2) 直接成本(Direct Cost)和间接成本(Indirect Cost)

直接成本是能直接归类到某种产品上的成本，而间接成本是不能够直接归类到某个产品上的成本，有时间接成本也被称为"overhead cost"。比如酒店对于体育赛事的赞助费用，就是一个与市场营销部直接相关的费用支出，但与客房部或餐饮部没有直接联系。直接成本和间接成本的分类方法是非常重要的，尤其当管理者设计一套评价系统来评价部门的运营情况时。很多酒店的财务系统并不会将间接成本分摊到部门去，但是也有一些酒店试图这样做。

以美国芝加哥的赌场酒店 High Rollers 的三个盈利部门：F&B、客房和赌场为例，该酒店是 10 年以前建造的，High Rollers 的运营报告系统没有将间接成本分配到这三个收益部门。表 3-10 显示的是上一个季度的运营成果。

表 3-10　20×1 年 12 月 31 日 High Rollers 酒店未分配的损益表　　单位：美元

项目	赌场	客房	餐饮	总额
销售收入	700 000	200 000	100 000	1 000 000
成本			20 000	20 000
人力成本	210 000	41 000	25 000	276 000
其他直接成本	65 000	8 000	7 000	80 000
部门利润	425 000	151 000	48 000	624 000
间接成本				
广告费用				60 000
行政人员工资和行政费用				120 000
楼体维修				40 000
培训及相关费用				35 000
交通费				10 000
总额				265 000
税前利润				359 000
所得税				107 000
净利润				251 300

High Rollers 的总经理意识到部门经理不会花太多精力去关注酒店的间接成本。除此之外，他感到运营部门在设定价格的时候也不会考虑间接成本。但是如果间接成本被分配到每个运营部门之后，对于部门经理来说就是一个很大的激励，而且部门经理不仅以提高收入为自己的目标，更会以赚取税前利润为自己的目标。考虑到以上因素之后，总经理责成财务部将 3-10 所示的损益表，修改成新的能够将间接成本分配到三个运营部门的格式。遵照这个决定，财务总监收集了相关的信息以帮助他能够将间接成本按合理的比例进行分配，分配原则如表 3-11 所示。遵循这个间接成本分配规则，财务总监将原有的损益表 3-10 修改

成表3-12的形式。从表3-12可以看出餐饮部20×1年12月是亏损的,额度达到2 000美元,但是我们还不能够据此简单地得出结论:关掉餐饮部能够给酒店带来更多的利润。因为,首先从商业运行的角度来看,赌场的运行离不开食品和饮料的提供;第二,关掉餐饮部不会导致所有与其相关的间接成本消失,也就是说一旦餐饮部不存在,这些分配到该部门的间接费用会被分配到客房部和赌场,因此可能会导致整个酒店损失的不仅仅是2 000美元。

表3-11 High Rollers酒店间接成本分配方法

间接成本	分配间接成本所使用的方法	分配到运营部门的数量		
		赌 场	客 房	餐 饮
部门-具体的广告费用	60 000美元中20 000美元的广告支出是用来赌场的宣传活动,因此这笔支出被分配到赌场	20 000		
整体的广告费用	剩下的40 000美元的广告费用支出是为酒店整体而做的。根据收入的比例将广告费用进行分配。赌场、客房和餐饮的收入比例是7∶2∶1	28 000 (0.7×40 000)	8 000 (0.2×40 000)	4 000 (0.1×40 000)
行政人员工资和行政费用	行政管理必须说明他们花费在每个运营部门的合理时间。平均时间的分配是赌场50%,客房25%,餐饮25%	60 000 (0.5×120 000)	30 000 (0.25×120 000)	30 000 (0.25×120 000)
楼体维修费用	楼体的维修费用分配标准基于每个部门所占有地面面积。赌场15%,客房80%,餐饮5%	6 000 (0.15 × 40 000)	32 000 (0.8 × 40 000)	2 000 (0.05 × 40 000)
培训费用及相关费用	这部分费用是由于部门的员工流动率引起的,在过去一年中,赌场雇佣了50名新员工,客房雇佣了20名新员工,餐饮雇佣了30名新员工,培训及相关费用正是基于这一比例来分配的	17 500 (0.5 × 35 000)	7 000 (0.2 × 35 000)	10 500 (0.3 × 35 000)
交通费	员工的交通费根据各部门员工的出差时间来分配。20×1年12月份各部门的情况如下:赌场100,客房30,餐饮70	5 000 (0.5 × 10 000)	1 500 (0.15 × 10 000)	3 500 (0.35 × 10 000)

通过High Rollers酒店的案例,我们可以看到间接成本被分配到各个运营部门的优势在于:①酒店能够通过如表3-12所示的数据看到运营部门是否能够真正盈利;②运营经理在制订价格时就可以参照直接成本和间接成本,而不仅仅关注收入;③也能够促使非运营部门(如工程部等)更加关注间接成本的控制。但是需要注意的是,如果没有合理的方法来分配

间接成本，最好不要采用这种方法。

表 3-12 High Rollers 酒店基于间接成本分配的利润表

日期：20×1 年 12 月 31 日　　　　　　　　　　　　　　　单位：美元

	赌　场	客　房	餐　饮	总　额
销售收入	700 000	200 000	100 000	1 000 000
成本			20 000	20 000
人力成本	210 000	41 000	25 000	276 000
其他直接成本	65 000	8 000	7 000	80 000
部门利润(间接成本之前的)	425 000	151 000	48 000	624 000
间接成本				
广告费用	48 000	8 000	4 000	60 000
行政人员工资和行政费用	60 000	30 000	30 000	120 000
楼体维修	6 000	32 000	2 000	40 000
培训及相关费用	17 500	7 000	10 500	35 000
交通费	5 000	1 500	3 500	10 000
总额	136 500	78 500	50 000	265 000
税前利润	288 500	72 500	(2 000)	359 000
所得税				107 700
净利润				251 300

3) 变动成本和固定成本

很多成本的决定因素是销售的数量。如果销售数量翻番，一些成本也会翻番，比如用作提供饭菜的食物。我们称这些成本为变动成本(Variable Costs)。其他的一些成本不会受产出量的影响，比如，管理人员的工资，基本的维修费用，固定资产的折旧等。我们称这些不会随着销量变化而变化的费用支出为固定成本(Fixed Costs)。还有另外一些成本，它的构成因素有些随着销售量的变动而变动，有些保持不变，这些成本称作混合成本(Mixed Costs)。销售经理的工资里面含有一部分固定工资和一部分销售提成就是一个很好的例子。

在一些支持管理者作出决策的方法中，需要区分变动成本和固定的成本。方法之一就是将在第十三章中讨论的盈亏平衡点的分析。还有以下三种情况必须对成本作出固定和变动的区分：①当考虑组织的一系列活动时存在将固定成本视作变动的风险；②短期的价格决策；③在淡季酒店决定是否停业。

(1) 固定成本和变动成本函数。可以用"高-低"方法来估量一个组织的固定成本和变动成本，表 3-13 所示正说明了这种方法的应用。"高-低"方法的优势在于它简单可行，并且能够粗略地列出成本方程。

然而，仅通过两个观察值(高和低)还不能完全表示出固定成本和变动成本一年的关系，因此可以使用更复杂的方法(像统计学上经常用到的回归分析)，以更加精确地估计成本函数。

表 3-13　20×1 年 1—6 月 Squeaky Clean 酒店客房的成本

月　份	客房部总成本(美元)	需清洁的房间数量(间)
1	17 000	2 100
2	15 500	1 800
3	16 250	1 950
4	16 450	1 990
5	16 500	2 000
6	16 775	2 055

应用"高-低"方法来确定成本方程，我们先找出该酒店 1~6 月的淡季和旺季。从上表的成本情况来看，1 月是旺季，2 月是淡季。我们可以通过客房销售数量的变化(即客房需清扫的间数)和成本的变化来决定每间客房的变动成本。计算方法如下：

当 2 100 间客房被清洁的时候，客房的成本是 17 000 美元；

当 1 800 间客房被清洁的时候，客房的成本是 15 500 美元；

因此，旺季和淡季的成本差额是 1 500(17 000−15 500)美元，清洁的房间数是 300(2100−1 800)美元，即客房部使用了 1 500 美元去清洁 300 间客房。

因此，每间客房的变动成本是 1 500÷300=5(美元)。

当我们确定了客房部的变动成本是 5 元之后，固定成本的估计就变得简单多了。

因为　　　　　　　　总成本=变动成本+固定成本

所以　　　　　　　　固定成本=总成本−变动成本

Squeaky Clean 酒店 1 月份客房部的总成本是 17 000 美元，变动成本是 10 500(5×2 100)美元，因此固定成本等于 6 500(17 000−10 500)美元。

(2) 将固定成本错看成变动成本的风险。一些管理者或者学生可能会错将固定成本视为变动成本，尤其是当你计算单位成本时。看表 3-14 的数据，你可以得到清扫 50 间客房酒店需要花费 250 美元的人力成本和 450 美元的折旧，因此每间客房的成本是 14(700÷50)美元，因此如果酒店将清扫的房间数翻一番，变成 100 间，理所当然地客房部的清扫成本会变成 1 400(14×100)美元。但不幸的是，这种"理所当然"是错误的，因为我们认为一旦平均每间客房的成本被决定了之后，就能推而广之地使用它，因为我们注意到总成本中有一部分(设备的摊销)不是变动成本，在清扫 50 间客房和 100 间客房的时候，这部分成本是没有任何变化的，即保持不变 450 美元。解释这个问题的关键是弄清包含固定成本的每间客房的平均清扫成本的变化为什么会随着清扫房间数的增多而减少。因为不变的固定成本在清扫 50 间客房的情况下被分配到了每一间客房中，而当清扫的客房数增加到 100 间时，同样的固定成本要在 100 间客房内得到分摊，每间客房分摊的少了，所以平均成本从 14 美元降到了 9.5 美元。

(3) 短期价格决策。固定成本和变动成本的区分在制订短期价格决策时非常重要。以下案例分析就解释了在短期内只考虑变动成本而忽略固定成本制订价格是非常合理的。

表 3-14　客房部的部分成本与清扫的房间数的关系　　　　　　　　　单位：美元

	清扫 50 间客房		清扫 100 间客房	
	总　　额	每间客房	总　　额	每间客房
人力成本	250	5	500	5
设备的摊销	450	9	450	4.5
总额	700	14	950	9.5

考虑一个月销售菜品量为 20 000 份的餐厅，它的每份菜品平均价格是 20 美元。每份菜品的平均变动成本是 8 美元，每月的固定成本是 40 000 美元。餐厅财务人员计算出了每份菜品的成本是 8+(40 000÷20 000)=10(美元)。餐厅最近的出菜率得到了提高，能够每月多生产出 5 000 份菜品，当地政府有一个会议并且将用餐放在了这个餐厅，共 4 000 份菜品，平均每份价格 9.5 美元。餐厅经理相信这个订单应该被拒绝因为它不能弥补每份菜品的成本，他的决策是正确的吗？一个简单的解决方法就是确定一旦接受了这个订单会给餐厅带来哪些收入成本的变化。

通过表 3-15，我们发现这个方案是可以接受的，因为这个订单为餐厅增加了 6 000 (38 000-32 000)美元的利润。然而应该得到承认的是这只代表短期的利润影响，这个分析没有考虑到长期的市场问题，比如会议组织者是否会成为回头客，是否会与酒店在未来进行更进一步的价格谈判等。

表 3-15　变动成本与固定成本假设　　　　　　　　　单位：美元

项　　目	金　　额	利润的影响
增加的订单的变动成本	32 000	负面影响
增加的固定成本	0	
增加的收入	38 000	积极影响
利润的变化	6 000	积极影响

4) 可控成本和不可控成本

对于管理者来说有些成本是可以控制的，但有些成本是不能控制的。比如经济型酒店楼体的租金，这是在酒店开始投资建设时就已经确定的，无论管理者如何努力都无法改变这笔每年都要支付的租金金额。因此，在考核管理者的成本控制能力或者经营业绩时，需要将成本按照管理者是否可控分为可控成本和不可控成本。只有在这种情况下得出的数据才能合理地反映出管理者的经营管理水平。

评估练习

Merry Weather 酒店会议部门每天的固定成本是 360 元，本地一所大学准备明年举办一个会议，学校要求酒店提供早茶、午餐和午茶，并且准备会议资料以便发放给所有参会者。酒店提供食物和饮料的成本是每位参会者 7 元。除此之外，会议资料成本是每位参会者 6

元。学校估计这个会议会来80~120人。要求:

(1) 如果这个会议有80位参会人员,每位参会人员的总成本是多少?

(2) 如果这个会议有120位参会人员,每位参会人员的总成本是多少?

(3) 请解释随着参会人员的增多,每位参会人员的总成本为什么会发生变化?

(4) 如果参会人员是120人,且酒店想从这次会议中赚取销售收入中20%的利润,那么对于每位参会人员的报价是多少?

(5) 在当地还有其他的酒店可以提供会议服务。而且这个大学在酒店里要举办几个会议,他所选择的会场都是Merry Weather酒店的主要竞争对手。因此,Merry Weather的会议经理在得到总经理的认可下想向这所大学报出一个最有竞争力的价格。会议经理想计算出在不影响整年利润的情况下,每位参会人员的最低价格是多少?你如何帮助会议经理解决这个问题?

第 2 篇

营运资本管理

第2篇

第4章

现金管理

【本章概述】

本章主要介绍酒店现金管理的目的、现金管理的方法和酒店前厅收银工作。

4.1 主要讲解酒店现金管理的目的及加速现金收回的方法。

4.2 主要讲解酒店现金管理的方法。

4.3 主要讲解酒店闲置资金投资。

4.4 主要讲解酒店前厅收银工作的操作规范及注意问题。

4.5 主要讲解酒店收银工作中涉及的法律道德问题。

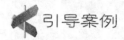 引导案例

现金管理的核心——流动性管理

一、F酒店管理集团现状

F酒店管理集团是由某集团有限公司独家发起,整体改制后以募集方式创立的股份有限公司,注册资本3.5亿元人民币。F酒店管理集团主要涉足电力、煤炭、石油、天然气及新能源等业务,经过多年发展取得了良好的经营业绩。

目前,集团旗下共拥有8家子公司,分布在国内多个省市。其中,1家子公司为全资子公司,另外7家子公司均为控股子公司。母、子公司的关联控股关系如图4-1所示。

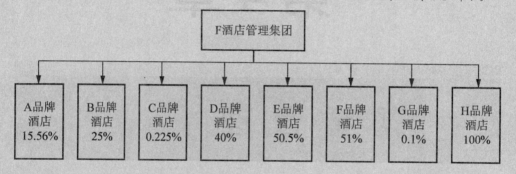

图4-1　F酒店管理集团母、子公司控股关系

F酒店管理集团的财务管理模式如下。

1. 财务部模式

集团的现金管理由财务部统一负责,企业并没有分设独立的资金管理部门。

2. 基本职能

财务部的主要职能是负责制订企业资金及投资的中长期规划,包括会计核算管理、资金管理和调度、投资项目的财务审核、参与投资评价等工作。下设会计、资金、投资三个职能部门。

3. 现金管理特点

由于F酒店管理集团管理职能相对弱化,现金管理方式比较传统,而下属子公司的经营和资金管理又各自独立、资金高度分散,不利于集团的管理决策和计划安排,难以发挥集团资金统筹调度的优势;另外,集团公司难以实现对子公司资金流向的监管,内部转账难以实现,缺少必要的流动性管理。

二、现金管理业务需求

F酒店管理集团财务状况如表4-1所示(以2006年为例)。

从2006年集团财务报表的主要指标来看,F酒店管理集团货币资金占总资产或者占流动资产的比例较大,并且合并报表中货币资金所占比重大大超过了母公司报表中的比重,巨额的财务费用吞噬了营业利润,使净利润的增长甚微。此外,集团存在严重的"三高"现象,即存款高、贷款高和财务费用高。

表 4-1　F 酒店管理集团 2006 年财务报表(部分)　　　　　单位：万元

2006 年年末 F 集团财务报表主要指标	合并报表	母公司报表
资产总额	906 413	590 046
货币资金	127 769	44 398
流动资产	597 974	300 461
短期借款	192 113	116 000
流动负债	500 627	266 190
财务费用	6 587	4 809
净利润	11 590	11 590

同时，F 酒店管理集团每家子公司都开立了多个账户，每个账户用途不固定，都可能被用作收款或者付款，甚至还存在着部分几年都没有使用过的睡眠账户，这些都直接导致了该酒店管理集团账户数目庞大，账户体系不清晰，集团日常财务工作量巨大。另外，各个账户的资金信息一直是通过传真进行传递，集团资金日明细表和日汇总表只能隔日甚至隔两日才能完成。

F 酒店管理集团在资金管理方面亟待解决以下几个问题。

(1) 目前集团分散型的资金管理模式已明显不适应集团资金管理的需要，集团总部对各成员单位的资金监控不到位。

(2) 集团的个别子公司资金充裕，但资金收益水平普遍较低；而且集团总部和多数子公司高度依赖银行贷款，集团总体资金成本居高不下。

(3) 集团对子公司账户信息获取的渠道不畅通，集团总部管理层难以及时、准确、全面地掌握集团资金信息。

(4) 集团缺乏统一的资金调控制度，无法实现内部资金资源的高效调配，并且集团总部也难以实施有效的资金管理、监督和控制。

(5) 无法实现集团内部资金流动，各个子公司资金使用成本高。"三高"现象使财务成本居高不下，削弱了集团整体的盈利能力。

三、解决方案及实施过程

按照 F 酒店管理集团的需求，GS 银行设计了通过本行系统构建现金池来满足客户需求，突出母公司对集团内部所有账户的资金流和信息流的双线管控的解决方案，帮助 F 酒店管理集团最大限度地利用内部资金资源。GS 银行设计的现金池不仅包括通过网上银行发起的交易，而且支持通过柜台等各种渠道发生的交易，是对客户资金的全面管理。

目前，在集团内资金的相互调剂问题上，根据我国《贷款通则》的规定，独立法人之间不能进行无真实贸易背景的资金流动，要在各个账户间实现资金余缺调剂，最好是通过委托贷款方式实现资金的内部转账。

现金池也称现金总库。最早是由跨国公司的财务公司与国际银行联手开发的资金管理模式，以统一调拨集团的全球资金，最大限度地降低集团持有的净头寸。

(资料来源：财资空间，http://community.bank.ecitc.com)

> **思考题**
> 1. F 酒店管理集团为什么开发多渠道的现金筹集？
> 2. F 酒店管理集团现金管理中存在的最大问题是什么？

4.1 现金管理的目的

现金是经济社会用于价值储存和交换的一个媒介，首要特点是普遍的可接受性，即可以立即用来购买商品、货物、劳务或偿还债务。因此，现金是酒店流动性最强的资产。对于酒店而言，现金是指酒店拥有的现款和流通票据，包括酒店的库存现金、各种形式的银行存款和银行本票、银行汇票等。

酒店持有现金可以满足以下三个方面的需要。

(1) 交易性需要。交易性需要是指满足日常业务的现金支付需要，包括采购材料、支付工资、上缴税金等。尽管酒店每天都会发生一定数量的现金收入和现金支出，但难以做到现金收付在数量上和时间上的平衡。如果不持有适当数额的现金，就会影响酒店正常的业务。

(2) 预防性需要。预防性需要是指酒店在正常营运中持有的现金，以应付意外事件对现金的需求。酒店预计的现金需要量一般是指正常情况下的需要量，但有许多意外事件会影响酒店现金的收入与支出，这就使酒店不得不持有若干现金以防不测。预防所需现金的多少主要取决于现金收支预测的可靠程度、酒店临时借款能力、酒店愿意承担的风险程度三个因素。

(3) 投机性需要。投机性需要是指酒店应持有若干额度的现金以便用于不寻常的有利可图的购买机会和投资机会。

酒店缺乏必要的现金，将不能应付业务开支，从而使酒店蒙受损失。酒店因此而造成的损失，称为短缺现金成本。但是，酒店如果持有过量的现金，又会因这些资金不能投入周转无法取得盈利而遭受另一些损失。此外，在市场正常的情况下，一般说来，流动性强的资产其收益性较低；资本构成高的企业，收益率也高。这意味着酒店应尽可能少持有现金，即使不将其投入本酒店的经营周转，也应尽可能投资于能产生高收益的其他资产，避免资金闲置或过多地用于低收益资产而带来的损失。这样，酒店便面临现金不足和现金过剩两方面的威胁。现金管理应力求做到既保证酒店交易所需资金以降低风险，又不使酒店持有过多的闲置现金以增加收益。因此，现金管理的目的就是要在资金的流动性和盈利能力之间作出抉择，以获取最大的长期利润。

4.1.1 持有现金的动机

由于资金时间价值的存在，无论是个人还是酒店手中的现金数量都是越少越好，但是为了应对日常经营需要，酒店必须持有一定金额的现金量。约翰·梅纳德·凯恩斯(John Maynard Keynes)认为个人出于三方面的原因而持有现金[①]。他将这三个动机分别称为：交易

[①] John Maynard Keynes. The General Theory of Employment, Interest, and Money. New York: Harcourt Brace Jovanovich，1936，170-174

性动机、投机性动机和谨慎性动机。将他强调的重点从"个人"移开,我们可以用这三种分类来描述酒店持有现金的动机。

(1) 交易性动机。交易性动机指为应付酒店日常经营而产生的持有现金的动机,以支付采购、工资、税收、股利和其他支出。对于前台部门的收银员来说,必须持有现金,以备顾客结账退房时退还押金、找零等的需要。

(2) 投机性动机。投机性动机指为利用短期获利机会而持有现金的动机,如餐厅需要的某种原料价格的突然下跌。

(3) 谨慎性动机。谨慎性动机指为意外现金需求提供缓冲"安全垫"而持有现金的动机。酒店的现金流入量和流出量越稳定,出于谨慎性动机持有的现金量就可以越少。若酒店拥有较强的应付紧急现金外流的借款能力,也可以减少对这类现金余额的需求。如酒店管理公司为了经济型酒店的市场扩张需要大量的现金置地、租楼、装修、采购、招聘、培训、开业等,否则,这种短期的扩张战略就无法实施。

并非酒店的所有现金需求都只能通过持有现金余额来满足,了解这一点很重要。实际上,酒店的一部分现金需求可以通过持有有价证券——现金等价物来满足。并且,绝大多数酒店也并不为投机目的而持有现金。因此,我们将只关注酒店的交易性动机和谨慎性动机,这类现金需求将通过持有现金和有价证券来满足。

现金管理包括有效收款、付款和短期性的现金投资。酒店的财务部门通常需对现金管理系统承担责任。现金预算是现金管理过程中的一个重要环节,它告诉我们在什么时候可能有现金,可能有多少现金以及能持续多长时间。因此它可用作现金预测和控制的基础。除现金预算外,酒店还需要有关现金的系统的信息以及某些控制系统,如图4-2所示。对于高级酒店来说,有关信息都是由计算机系统来处理的。获取每日有关酒店各银行账户现金余额、现金支付、平均每天余额、有价证券状况及其变动详细情况的报告,是十分必要的。有关预期的主要现金收入和现金支付的信息也是很有用的。如果一家酒店想有效率地管理它的现金——既维持安全而方便的现金持有量,又获取合理的短期性现金投资收入,那么这些信息将是十分关键的。

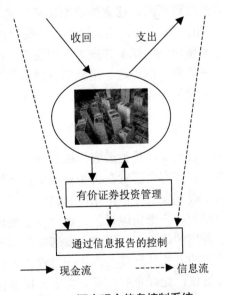

图4-2 酒店现金信息控制系统

在及时的信息报告帮助下，企业可以通过适当地收回、支出现金和有价证券投资等提高收入。

4.1.2 现金加速收回

酒店用以提高现金管理效率的各种收款和付款方法构成了同一硬币的两面，它们可对酒店现金管理的效率产生一种综合影响。一般认为，酒店将通过加速现金收回和推迟现金支付而获益。企业希望加速收回应收账款，从而可以更早地使用资金。而酒店希望在不损害自己信用的前提下，尽量推迟支付应付账款，从而达到充分利用手头现有资金的目的。现在，绝大多数具有一定规模的酒店都使用十分复杂的技术来加速收回应收账款，并严格控制现金的支付。下面来看它们是如何运作的。

首先来考察如何加速收款，这包括从酒店产品或服务的售出，直到客户的款项被收回成为酒店可用资金的各个步骤。采用以下一种或几种方式，可设计出许多加速收款的方法：①提高准备和邮寄发票的速度；②加速从客户到企业的款项邮寄过程；③缩短从收到款项至它变为入账资金的时间。以下是几种方法的运用。

1) 缩短收款浮账时间

上面所列示的第②和③项合起来，表示的就是收款浮账期间(Collection Float)，即从客户寄出支票到它变为企业的可用现金之间的总时间。第②项本身指邮寄浮账期间(Mail Float)，即支票的邮寄时间。第③项指存入浮账期间(Deposit Float)，即企业收到支票到它变为可用现金之间的时间，包括加工浮账期间和支现浮账期间两方面。

发票是由商品或劳务的出售者准备并提供给购买方的单据。它列示了购货的件数、价格和销售条件。

支票只有在它被提交给付款方开户银行，并由该银行实际支付后，才能变为入账资金。为提高使用变现的效率，人民银行已建立了一套专门处理存入系统的支票结算流程。对商业用户来说，支票抵用顶多被推迟两天。这意味着如果某张支票在两天内并未被人民银行系统结算，也可成为收款企业的入账资金，由人民银行系统承担余下的浮账期间。

由于公司必须等到银行系统最终结算了客户寄出的支票才能使用这笔现金，因此收款浮账期间对财务经理而言十分重要。由于这一措施的目的是将客户寄出的支票尽快变为现金，因此财务经理当然希望尽量缩短收款浮账时间。下面我们将考察加速收款以获得更多可用资金的各种方法。

2) 早寄发票

加速应收账款收回的一个很明显并且也最容易被忽视的方法，就是尽快将发票送给客户。客户有不同的支付习惯，有些客户喜欢在折扣日或最后到期日付款，也有些客户在收到发票后立即付款。由于较早收到发票会使折扣期和最后到期日提前，因此无论在哪种情况下，较快地寄出发票都会促使客户更快地付款。这一发票处理过程可由计算机来完成。此外，有些公司将发票附于发出的商品中、用传真发送发票或干脆直接要求提前付款都是可行之法。如果使用授信转拨的方式开具发票，这一过程就可被彻底去掉，使用这一方法时，客户与企业须提前签订协议，允许企业在某个特定日期直接从客户的银行账户将资金转拨到企业的银行存款账户。保险费和抵押付款通常就采用这种方式,因为它们都是定期发生的一笔固定费用。

3) 银行集中办理

银行集中办理是为了缩短从向顾客寄出支票到现金进入公司账户的一种加速收款方法。银行集中办理是指在收款比较集中的若干地区,设立多个收款中心,代替通常只在公司总部设立单一的收款中心,并指定一个主要银行(通常是公司总部所在地的银行)作为集中银行,以加快账款收回速度的一种方法。

企业的客户只需将款项交到距其最近的收款中心即可,不必交到企业总部,各个收款中心的银行再将扣除补偿性余额的多余现金汇入企业总部的集中银行账户。

4.1.3 延迟支付现金

1. 利用浮账量

企业账簿上的现金数字很少能代表企业在银行中的可用现金。实际上,企业在银行里的可用资金通常要大于企业账簿上的现金余额。公司的银行存款余额同它的账面现金余额之差,被称为净浮账量。净浮账量产生于从支票开出到它最终被银行结算之间的时滞。由于公司开出的支票可能仍处于传送处理过程中,因此,很可能出现当公司账簿现金余额为负时,而银行中的存款余额仍为正的情况。如果净浮账量能被准确地估计,银行存款余额就可以减少并利用这笔资金进行投资,获取一个正的收益。这种方式通常被公司的财务总监称为"利用浮账量"。

2. 支付控制

支付控制是为了延迟现金流出并尽量减少现金闲置时间,酒店企业对于供应商的现金支付控制措施是有效的现金管理方法。如果一家企业有多家开户银行,它应当迅速将资金调入专门进行支付的那家银行,以防止在某些银行中逐渐积累起过量的现金余额。酒店企业在各银行中都应当有足够的现金,但银行又不能积累过量的现金余额。这就要求每天掌握有关入账金额的信息。过量资金就可以被转拨到支付银行,用于支付账单或投资于有价证券。严格控制现金支付的程序之一,是将应付账款集中于一个单一的账户(或少量几个账户)中,这些账户可以设在企业总部。这样,资金就可以十分准确地在需要支付的时候再支付。支付程序的建立应当比较完善。如果企业想获得应付账款的现金折扣,那就应在现金折扣期末付款。但如果企业不愿取得现金折扣,它就应当在信用期限的最后一天付款,以最大限度地利用资金。

3. 承兑汇票

延迟付款的手段之一是利用承兑汇票。与普通支票不同的是,承兑汇票并不是见票即付。而是当它被提交给开票方开户银行收款时,开户行还必须将它交给签发者以获承兑,然后签发企业才存入资金的支付汇票。这一方式的优点是,它推迟了企业调入资金支付汇票实际所需的时间,这样企业就只需在银行中保持较少的现金余额。它的缺点是某些供应商可能更喜欢用支票付款,同样银行也不喜欢处理汇票,因为它们通常需要更多的人工处理。这样，同支票相比，银行通常会对汇票收取更高的手续费。

评估练习

正确理解酒店企业的现金管理的目的，将下列问题的正确答案选出来。
1. 酒店持有现金的动机不包括(　　)。
   A. 交易性动机　　　　　　B. 投机性动机
   C. 谨慎性动机　　　　　　D. 最大限度地赚取利润
2. 下列不是酒店加速收款方法的是(　　)。
   A. 提高准备和邮寄发票的速度
   B. 加速从客户到企业的款项邮寄过程
   C. 缩短从收到款项至它变为入账资金的时间
   D. 享受现金折扣

4.2 现金管理的方法

4.2.1 现金管理的内容

现金管理的内容包括以下几个方面。
(1) 编制现金收支计划，以便合理地估计未来的现金需求。
(2) 对日常的现金收支进行控制，力求加速收款、延缓付款。
(3) 用特定的方法确定理想的现金余额，当酒店实际的现金余额与最佳的现金余额不一致时，采用短期融资策略或采用归还借款和投资于有价证券等策略以求达到理想状况。

4.2.2 现金预算的编制方法

现金预算是酒店对未来一定期间现金流量及现金余额所进行的安排，它是酒店全面预算的一个组成部分，也是酒店现金管理最重要的工具之一。现金预算是在酒店编制的营业收入预算、材料采购预算、资本预算、费用预算等基础上进行的，其编制方法如下。

1. 现金收支法

采用现金收支法编制现金预算，其主要步骤如下。
(1) 预测酒店的现金流入量。酒店的现金流入量主要是销售收入产生的，通常是在销售预测的基础上进行预算。此外，也包括其他方面产生的现金流入量。
(2) 预测酒店的现金流出量。酒店的现金流出量主要包括购买原材料、支付工资、长期投资、支付付现费用等业务所产生的现金流出量。
(3) 确定对现金不足或多余部分的处理方法。如现金不足，可采取向银行借款等措施来筹措；如现金多余，可采取归还银行借款或进行短期投资等措施。

采用现金收支法编制的现金预算的基本结构如表4-2所示。

表4-2 现金预算基本结构表

项　目	1月	2月……11月	12月	全年合计
期初现金余额				
加：营业现金收入				
其他现金收入				
可供使用的现金				
减：各项支出				
材料采购支出				
工资支出				
营业费用支出				
……				
现金多余或短缺				
向银行借款				
归还银行借款				
短期证券投资				
出售短期证券投资				
期末现金余额				

采用这种方法编制的预算，便于与现金收支的实际情况对比，以检查和分析现金预算的执行情况，但不能揭示出酒店生产经营财务成果与现金流量之间的重要关系。

2．最佳现金余额的确定

现金的置存成本与现金的置存量成正比，即现金置存量越大，所丧失的潜在收益率就越大；现金的置存量与现金短缺造成的损失成本成反比。现金的流动性与收益性是矛盾的。那么，应该如何使酒店保持一个合理的现金余额——使现金的置存成本和损失成本达到最低呢？下面将讨论建立现金余额的几种模式。

1) 成本分析模式

成本分析模式是通过分析持有现金的成本，确定其目标。酒店持有现金，将会产生三种成本。

(1) 机会成本(投资成本)。现金作为酒店的一项资金占用是有代价的，这种代价就是它的投资成本，由于其具有潜在的收益可能性，因此也是酒店企业的机会成本，即酒店企业的资本收益率。假定某酒店的资本收益率为10%，年均持有现金800 000元，则该酒店每年现金的投资成本为80 000元(800 000×10%)。现金持有额越大，投资成本就越高，两者间的关系如图4-3所示。酒店为了维持正常业务需要拥有一定的现金，付出相应的投资成本是必要的，但如果现金拥有量过多，投资成本将大幅度上升，就不合乎投资的经济原则。

(2) 管理成本。酒店拥有现金，自然产生管理费用，如管理人员工资、安全措施费等，这些费用就是现金的管理成本。管理成本是一种固定费用，与现金持有量之间无明显的变化关系。用图形来表达，变现为一条与现金持有量平行的横线，如图4-3所示。

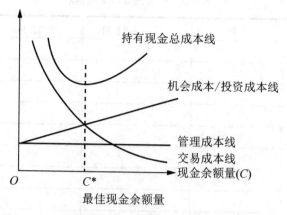

图4-3 持有现金总成本线

当然，管理成本与现金持有量之间的固定关系是就一定范围而言的，如果现金持有量超过一定范围的大幅度增减，管理成本也会发生相应变化。

(3) 交易成本。现金的交易成本，是因缺乏必要的现金而不能应付业务开支所需，从而使酒店蒙受的损失或为此付出的代价。当酒店企业急需现金，如支付员工工资、利息、租金等，而手中又没有足够的现金时，就需要更频繁地出售有价证券(并且可能为了替代售出的证券而在以后又购入其他有价证券)，交易成本随之增加。现金的交易成本随现金持有量的增加而下降，随现金持有量的减少而上升。

对于以上三种成本，需要妥善处理，应力求使持有现金的总成本最低。达到总成本最低的现金量，就是最佳现金余额。如果把以上三种成本线放在一个图上，就能表现出持有现金的总成本(总代价)，找出最佳现金余额的点：机会成本线向右上方倾斜，交易成本线向右下方倾斜，管理成本线平行于横轴，总成本线便是一条抛物线；在该抛物线的最低点，持有现金的总成本最低。超过这一点，资金成本上升的代价会大于短缺成本下降的好处；在这一点之前，短缺成本上升的代价又会大于投资成本下降的好处。这一点横轴上的量，即最佳现金余额。以上两种情形，如图4-3所示。

最佳现金余额的具体计算步骤，可以先分别算出各种方案的机会成本/投资成本、管理成本、交易成本之和，成本之和最低的现金额就是最佳现金持有量。

将以上各方案的总成本加以比较可知，丙方案的成本最低，也就是说当酒店拥有30 000元现金时，各方面的总代价最低，对酒店最有利，故30 000元是该酒店的最佳现金余额。

2) 鲍摩尔模型

鲍摩尔模型是最佳现金持有量的存货模式。威廉·鲍摩尔(William Baumol)第一次将机会成本与交易成本结合在一起，提出了现金管理的正式模型。鲍摩尔模型(baumol model)可以用来确定目标现金余额。

假设某酒店企业在第0周的现金余额C=1 200 000元，且每周的现金流出量比现金流入量多600 000元。该企业的现金余额在第2周末将降为零，即在这两周内其平均现金余额为

$C/2 = 1\,200\,000$ 元$/2 = 600\,000$ 元。在第 2 周末，酒店企业就必须出售有价证券或是通过借贷来补充现金了。图 4-4 说明了这一情况。

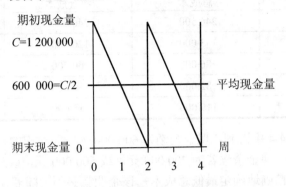

图 4-4 某酒店现金余额量

注：某酒店企业第 0 周的现金余额 $C = 1\,200\,000$ 元，余额在第 2 周末降为零。

在这一期间内，其平均现金余额为 $C/2 = 1\,200\,000$ 元$/2 = 600\,000$ 元。

如果把 C 设得更高一些，比如，设为 $2\,400\,000$ 元，这样在企业需要出售有价证券之前，现金就可以维持四周，但是企业的平均现金余额也随之从 $600\,000$ 元提高到 $1\,200\,000$ 元。

如果把 C 设为 $600\,000$ 元，那么现金在一周内就将耗尽，而企业也就必须更频繁地补充现金。为了解决这一问题，公司必须明确以下三点。

(1) $F=$ 售出证券以补充现金的固定成本。

(2) $T=$ 在相关的计划周期(例如，一年)内交易的现金总需要量。

(3) $K=$ 持有现金的机会成本，即有价证券的利率。

在此基础上，某酒店企业就可以确定任一特定现金余额政策的总成本，并随之制订最佳的现金余额政策了。

机会成本：以元计算的总机会成本等于现金余额乘以利率，或表示为

$$\text{机会成本} = (C/2) \times K \tag{4-1}$$

表 4-3 列示了几种不同选择的机会成本。

表 4-3 持有不同现金余额机会成本表　　　　　　　　　　　　　单位：元

初始现金余额 C	平均现金余额 $C/2$	机会成本($K=0.10$) $(C/2) \times K$
4 800 000	2 400 000	240 000
2 400 000	1 200 000	120 000
1 200 000	600 000	60 000
600 000	300 000	30 000
300 000	150 000	15 000

总成本：现金余额的总成本是由机会成本加上交易成本构成的，即

$$\text{总成本} = \text{机会成本} + \text{交易成本} = (C/2) \times K + (T/C) \times F$$

如果 $F = 1\,000$ 元，$T = 31\,200\,000$ 元，则几种不同选择的总成本如表 4-4 所示。

表 4-4 持有不同现金余额总成本表　　　　　　　　　　单位：元

现金余额	总成本	机会成本	交易成本
4 800 000	246 500	240 000	6 500
2 400 000	133 000	120 000	13 000
1 200 000	86 000	60 000	26 000
600 000	82 000	30 000	52 000
300 000	119 000	15 000	104 000

解决方案：从表 4-4 中看到，现金余额为 600 000 元时，对应的是所列出的总成本的最低值 82 000 元。但是，现金余额若为 700 000 元，或 500 000 元，或是其他可能值时，总成本又是多少呢？为了精确地确定最低总成本，该企业就必须使随着现金余额上升而产生的交易成本的边际减少额等于随着余额上升的机会成本的边际增加额。目标现金余额即为二者的相遇点，它也可以通过反复试数法和微积分法得到。以下我们使用微积分法，回忆一下总成本公式：

$$总成本(TC) = (C/2) \times K + (T/C) \times F \tag{4-2}$$

如果将总成本对应于现金余额求导并令其等于零，就可以得到

$$\frac{dTC}{dC} = \frac{K}{2} - \frac{TF}{C^2} = 0 \tag{4-3}$$

边际总成本 = 边际机会成本 + 边际交易成本

解这一关于现金余额的方程，就可得到现金余额最小值 C^* 的求解公式

$$\frac{K}{2} = \frac{TF}{C^2} \tag{4-4}$$

$$C^* = \sqrt{\frac{2TF}{K}} \tag{4-5}$$

如果 $F = 1000$ 元，$T = 31\,200\,000$ 元，且 $K = 0.10$，那么 $C^* = 789\,936.71$ 元。在给定 C^* 值的情况下，机会成本为

$$\frac{C^*}{2} \times K = \frac{789\,936.71}{2} \times 0.10 \approx 39\,496.84(元)$$

交易成本为

$$\frac{T}{C^*} \times F = \frac{31\,200\,000}{789\,936.71} \times 1000 \approx 39\,496.84(元)$$

因此，总成本等于

$$39\,496.84 + 39\,496.84 = 78\,993.68(元)$$

鲍摩尔模型是对现金管理的一大贡献，但这一模型也具有以下局限性。

(1) 该模型假设企业的支出率不变。但在实际运营中，由于到期日的不同及无法对成本进行准确预测，而只能对开支进行部分管理。

(2) 该模型假设计划期内未发生现金收入。事实上，绝大多数企业在每一个工作日内都将既发生现金流入也发生现金流出。

(3) 未考虑安全现金库存。为了降低现金短缺或耗尽的可能性，企业极有可能拥有一个

安全现金库存。但是，如果企业可以实现在几小时内售出有价证券或进行借贷，安全现金库存量就可以达到最小。

鲍摩尔模型可能是最简单、最直观地确定最佳现金量的模型，但其最大的不足是假定现金量是离散的、确定的。下面我们将讨论一个解决现金流量不确定性问题的模型。

3) 米勒-奥尔模型

米勒-奥尔模型是最佳现金持用量的随机模式。默顿·米勒(Merton Miller)和丹尼尔·奥尔(Daniel Orr)创建了一种能在现金流入量和现金流出量每日随机波动的情况下，确定目标现金余额的模型。在米勒-奥尔模型(miller-orr model)中，既引入了现金流入量，也引入了现金流出量。模型假设日净现金流量(现金流入量减去现金流出量)服从正态分布，每日的净现金流量可以等于期望值，也可以高于或低于期望值。我们假设净现金流量的期望值为零。

图 4-5 所示说明了米勒-奥尔模型的基本原理。该模型是建立在对控制上限(H)、控制下限(L)以及目标现金余额(Z)三者进行分析的基础之上的。企业的现金余额在上、下限间随机波动，在现金余额处于 H 和 L 之间时，不会发生现金交易。当现金余额升至 H 时，比如说点 X，则企业购入 $H-Z$ 单位(元)的有价证券，此时，现金余额降至 Z。同样的，当现金余额降至 L 时，如点 Y(下限)，企业就需售出 $Z-L$ 单位有价证券，使现金余额回升到 Z。这两种情况都是使现金余额回到 Z。其中，下限 L 的设置是根据企业对现金短缺风险的愿意承受程度而确定的。

当现金量处于 L 和 H 之间时，不会发生现金交易。

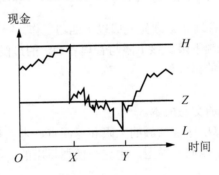

图 4-5　米勒-奥尔模型

注：图中 H 为控制上限，L 为控制下限，Z 为目标现金余额。

与鲍摩尔模型相同的是，米勒-奥尔模型也依赖于交易成本和机会成本，且每次转换有价证券的交易成本被认为是固定的，而每期持有现金的百分比机会成本则是有价证券的日利率。与鲍摩尔模型不同的是，米勒-奥尔模型每期的交易次数是一个随机变量，并且随着每期现金流入与流出量的不同而发生变化。

因此，每期的交易成本就取决于各期有价证券的期望交易次数。同理，持有现金的机会成本就是关于每期期望现金余额的函数。给定企业设定的 L，米勒-奥尔模型就可以解出目标现金余额 Z 和上限 H。现金余额返回期望总成本(Z, H)等于期望交易成本和期望机会成本之和。米勒和奥尔确定令期望总成本最小的 Z(现金返回点)和 H(上限)的值为

$$Z^* = \sqrt[3]{3F\sigma^2/4K} + L \qquad (4\text{-}6)$$

$$H^* = 3Z^* - 2L \qquad (4\text{-}7)$$

其中：符号的上标"*"代表最小值；σ^2 是日净现金流量的方差。

米勒-奥尔模型中的平均现金余额为

$$\text{平均现金余额} = \frac{4Z - L}{3} \qquad (4\text{-}8)$$

【例 4-1】 为了更清楚地了解米勒-奥尔模型，我们假设 $F = 1\,000$ 元，年利率为 10%，且日净现金流量的标准差为 2000 美元。则日机会成本 K 为

$$(1+K)^{365} - 1.0 = 0.10$$

$$1 + K = \sqrt[365]{1.10} = 1.000\,261$$

$$K = 0.000\,261$$

日净现金流量的方差为

$$\sigma^2 = (2000)^2 = 4\,000\,000$$

假设 $L = 0$：

$$Z^* = \sqrt[3]{\frac{3 \times 1000 \times 4\,000\,000}{4 \times 0.000\,261}} + 0 \approx \sqrt[3]{11\,493\,900\,000\,000} \approx 22\,568$$

$$H^* = 3 \times 22\,568 - 2 \times 0 = 67\,704$$

$$\text{平均现金余额} = \frac{4 \times 22\,568 - 0}{3} \approx 30\,091$$

运用米勒-奥尔模型，管理者必须先完成以下四项工作。

(1) 设置现金余额的控制下限。该下限与管理者确定的最低安全边际有关。

(2) 估计日净现金流量的标准差。

(3) 确定利率。

(4) 估计转换有价证券的交易成本。

通过这四步就可以计算出现金余额的上限和返回点。米勒和奥尔用一个大工业企业九个月的现金余额数据检验了他们的模型，由这一模型得出的日平均现金余额大大低于企业实际获得的平均数值。

米勒-奥尔模型更加明确了现金管理的关键。首先，该模型说明最优返回点 Z^* 与交易成本 F 呈正相关，而与机会成本 K 呈负相关，这一发现与鲍摩尔模型的结论基本一致。其次，米勒-奥尔模型说明最优返回点及平均现金余额都与现金流量这一变量呈正相关，这就意味着现金流量更具不确定性的企业，应保持更大数额的现金余额。

3．目标现金余额的其他影响因素

1) 借贷

在前面的例子中，企业均通过出售有价证券来获取现金。另一种获取现金的方法可以是借入现金，而这也扩大了现金管理应考虑问题的范围。

(1) 由于借款利息有可能更高，使企业借贷的成本较之出售有价证券的成本更高。

(2) 借贷的需要取决于管理层持有低现金余额的愿望。一个企业现金流量的变化越大，

并且有价证券的投资额越小，则其越有可能需要靠借贷来补充未能预计的现金流出。

2) 最低存款余额

大企业因持有现金而损失的收益远大于证券交易成本。考虑这样一个企业，该企业或者要出售 2 000 000 元短期国库券以补充现金，或者整日闲置这一款项。年利率为 10% 时，2 000 000 元的日机会成本率为每天 0.10/365 ≈ 0.027%。即 2 000 000 元可获得的日收益为 0.000 27×2 000 000 元=540 元，而出售 2 000 000 元短期国库券的交易成本要比 540 元小得多。因此，比起让相当数额的现金整日闲置，大企业更愿意每日进行多次证券转换。

然而，多数大企业持有的现金比现金余额模型建议的最佳余额量要多，其中可能的原因有以下两点。

(1) 企业在银行中存有现金作为支付银行服务的最低存款余额。

(2) 大公司在众多银行开立了许多户头。有时，将现金闲置比起每天都对每一个户头进行管理要明智得多。

评估练习

正确理解酒店企业的现金管理方法，将下列问题的正确答案选出来。

1. 关于现金管理的内容，下列说法中错误的是( )。
   A. 编制现金收支计划，以便合理地估计未来的现金需求
   B. 对日常的现金收支进行控制，力求加速收款、延缓付款
   C. 用特定的方法确定理想的现金余额
   D. 评估现金支付的时间成本
2. 下列不是用现金收支法编制现金预算步骤的是( )。
   A. 预测酒店的现金流入量　　　B. 确定现金投资的风险
   C. 预测酒店的现金流出量　　　D. 确定对现金不足或多余部分的处理方法

4.3 闲置资金的投资

如果酒店企业有暂时的闲置资金，就可以投资于短期有价证券。短期的金融资产市场称作"货币市场"，货币市场中短期金融资产的到期日不超过一年。

多数大企业由自己管理短期金融资产，主要通过银行和经纪人进行交易。一些大企业和大多数小企业建立了货币市场基金，这些基金将用于短期金融资产投资并支付管理费用。这里的管理费用是对基金管理人员在投资中发挥其职业专长和综合技能的一种报酬。在众多货币市场互助基金中，有些专门是投资于企业客户的。银行也提供"封账"服务，即在每个工作日结束时将企业账上可利用的多余资金取出，替企业进行短期投资。

企业拥有暂时性闲置资金的目的有：支持企业季节性和周期性的财务活动，支持企业的财务计划支出以及为企业不可预期的事故提供应急资金。

4.3.1 季节性和周期性财务活动

一些企业拥有可预期的现金流量模式,一年内的某段时间里企业出现现金顺差,而在剩余的时间里企业则出现现金逆差。例如,某玩具公司作为玩具零售企业,主要受到圣诞节的影响而形成了季节性现金流量模式。这样的一个企业就可以在出现现金顺差时购入有价证券,并在出现现金逆差时售出有价证券。当然,银行贷款也是另一种短期融资方法。图4-6所示是对以银行贷款和出售有价证券的方法来满足企业暂时性融资需要进行的说明。

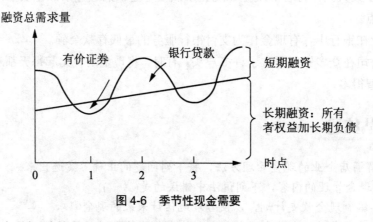

图4-6 季节性现金需要

注:时点1——存在剩余现金流量。季节性投资的现金需要量较低,剩余的现金流量投资于短期有价证券。

时点2——存在负现金流量。季节性投资的现金需要量较高,财务赤字通过出售有价证券和银行贷款等融资方式来弥补。

4.3.2 计划性支出

为了向酒店扩建、股利分派和其他大规模支出提供资金,酒店企业会不断地积累暂时性有价证券投资。这样,企业在产生资金需要前就可以发行债券和股票、投资短期有价证券,并在发生计划性支出时售出有价证券进行融资。

短期有价证券的主要特征体现在其到期日、违约风险和市场流动性等内容上。

1. 到期日

到期日,即还本付息的日期。在给定的利率水平变化范围内,到期日较长的证券,其价格变化比到期日较短的证券的价格变化要显著得多。这样一来,投资于长期有价证券的企业,比投资于短期有价证券的企业要承受更大的风险,这种风险通常称作"利率风险"。因此,多数企业只限于投资到期日小于90天的有价证券。当然,期限较短的有价证券,其预期收益通常就要少于期限较长的有价证券的预期收益。

2. 违约风险

违约风险是指无法按期、如数收回本息的可能性。在前面的章节中,我们已看到各种各样的财务报告机构,如穆迪投资服务公司(Moody's Investors Service)、标准普尔公司(Standard & Poor's)、中国证券报等,都编辑和出版了各公司及其公开发行的证券的等级分类信息,这些等级分类都与违约风险有关。当然,有些证券的违约风险是可以忽略不计的,如美国的短期国库券。当以企业闲置资金投资时,企业应尽量避免投资于违约风险大的有价证券,以规避或降低违约风险。

3. 市场流动性

市场流动性是指资产变现的难易程度,有时,市场流动性就是指变现性,它具有以下两个特点。

(1) 非价格压力效应。如果一种资产能在不改变市价的情况下大量销售,那么这种资产就具有流动性。所谓价格压力效应是指为了有利于资产的销售,而不得不降低该资产的价格。

(2) 时效性。如果一种资产能以现有市价快速售出,那么这种资产就具有市场流动性。相反,对于估价 1 000 000 美元的一张雷诺阿(Renoir)油画或一张古董桌子来说,如果卖主想在近期内将其售出,那么其售价就要降低许多。

总之,市场流动性就是指一种资产按其市场价值快速且大量售出的能力。也许,在所有的证券中,美国的短期国库券可以算得上是最具市场流动性的。

评估练习

正确理解酒店企业的闲置现金投资方法,将下列问题的正确答案选出来。
1. 下列不属于闲置现金投资渠道的是(　　)。
   A. 短期有价证券　　　　　　　B. 交易性金融资产
   C. 固定资产　　　　　　　　　D. 存入银行
2. 短期有价证券的主要特征体现在(　　)。
   A. 有价证券的到期日　　　　　B. 违约风险
   C. 市场流动性　　　　　　　　D. 应纳税额上

4.4　酒店前厅收银

4.4.1　收银基础工作

酒店前厅收银是酒店财务的重要组成部分,它负责酒店所有网点的营业收入工作,是酒店资金和经营信息的来源。因此前厅收银工作在酒店的经营管理中具有重要作用,作为前厅部经理应当掌握一些必备的财务知识。

1. 收银结账基础知识

作为酒店前厅经理和前台收银员必须对以下前台收银工作的业务相当熟悉,以备顾客在办理入住登记手续及住店期间迅速、正确地为顾客服务，解答顾客的疑问。

(1) 酒店的最新房价政策。

酒店的房价会随着淡、平、旺三种不同的季节而变化，淡季的时候酒店会对门市价采取折扣策略。比如，在青岛市，5、6、7、8、9月为明显的旺季，4、10、11月为平季，而12、1、2、3月为淡季，不同季节酒店房价往往各异。不同的城市淡旺季不同，有的城市或地区淡旺季会明显些，但有些城市或地区如北京、上海的淡旺季节则不明显。此外，对于不同的顾客，酒店的门市价折扣也会不同。

(2) 酒店各级管理人员的权限。

员工、主管、经理的权限是不同的。比如，门市价的折扣权，只有更高级别的经理才能给予更低的折扣价，员工只能按照酒店的当日销售价格执行。

(3) 酒店可接收的币种。

有些酒店只接受人民币，而有的酒店有货币兑换业务。即使有货币兑换业务，由于酒店和当地银行的合作关系不同，能够兑换的外币也是有限的。

(4) 酒店可受理的信用卡种类。

酒店一般会在其门户网站或预订网站告知顾客本酒店所接受的信用卡种类，但是如果顾客未获知而和酒店产生争议，酒店员工须作出详细的说明，如图4-7所示。

图4-7　青岛香格里拉大酒店关于可接受信用卡的种类

(5) 信用卡的各种操作与限制。

(6) 兑换外币的种类、汇率和限额。

(7) POS机的功能。

(8) 房间内有偿物品的收费标准。

(9) 酒店电话系统的计费标准。

2．收银结账基本操作

(1) 酒店结账计算机系统的各项操作。

(2) 支票、发票、押金收据等单据的使用。

(3) 酒店接受币种的真伪辨认。

(4) 酒店受理的信用卡使用及查核操作。

(5) POS 机上的授权、消费、结算等操作。

(6) 各种印章的用途。

(7) 账单的整理与装订。

(8) 更换汇率的操作。

(9) 更改房价的各项操作。

(10) 特殊账户的分辨和操作。

4.4.2 收银工作规范

通常酒店前台的收银工作和接待工作都是由一个人完成的，但是还有些酒店的收银工作和接待工作是分开进行的。下面主要阐述收银工作的操作规范。

1．收银员的收银工作

(1) 各收银员在各营业部门上班时，其日常工作由所在部门管理(如上下班的时间安排、签到签退、上班时间对收银员的要求等)，行政和财务方面属财务部管理。

(2) 上岗不得私自携带手袋和现金，也不准为他人保管任何手提包、袋。

(3) 上岗时间接听电话时要使用敬语并简明、快捷，不得接打私人电话。

(4) 接班时检查当班所需的各种工作用品(如结账单、发票、各类营业报表、备用零钱等)是否齐备。如有不够及时补充，发现问题及时上报。

(5) 上班时，要认真查阅"交班本"记录，属本班的工作一定要完成，查看是否有新的文件或口头通知，阅读后签名。

(6) 严格遵守和执行财务制度，对违反酒店财经纪律越权赠送、折扣、免单、作弊等现象，必须制止并及时上报财务部。

(7) 客人直接到收银台结账时，一定要先让客人看过账单才能收取款项，不得未打账单，先收款。

(8) 如客人出示会员卡或贵宾卡结账，需按其类别给予折扣并必须在账单上注明卡号，违者其折扣金额由经手收银员负责赔偿。

(9) 凡作废或取消的结账单，必须有相关人员写明作废或取消的原因，出品单有取消、更改等情况，必须在账单或出品单上写明原因并由经理签名。

(10) 已打出的账单款项，须重新改动或打折的，其账单必须写明更改原因，送有权签折人员补签，否则由经手收银员全部负责。

(11) 打出账单后，但发生未结账而少打消费额的情况，此错误账单须由部门负责人签字取消，重新打出正确账单(紧急情况下由经理级人员签字证明收费)。

(12) 客人签账时，须认真、仔细核对其有效的签名模式，发现异常情况及时知会有关人员协助处理。

(13) 客人对消费项目或消费金额产生疑问时，应耐心向其解释和推销酒店服务项目，不得推诿责任、离岗回避。

(14) 对酒店发出的各类票券，回收时注意检查票券有效期、是否盖本酒店有效印章。下班时，收银员应在"交班本"上登记清楚当班领入、售出、结余的票券种类及数量。

(15) 对收入的外币，不得私自兑换，一律上交财务，如发现楼面买单人员私自套换，必须制止并及时报告楼面负责人。

(16) 收入营业现金发现长款或短款，须如实向收银主任或部长汇报。

(17) 营业日报表的收入金额应做到账单与报表相符，报表与营业收入相符，缴款收据与报表相符。

(18) 不得挪用备用金。未经许可，任何人员不得在收银岗借款。

(19) 下班时，清洁收银岗，用具、用品整洁放置，填好"交班本"，把本班发生的客人及营业部门投诉或异常现象做交班记录，方可下班离岗。

(20) 不得向他人泄露营业收入、营业状况等数据，保守酒店财务机密。

2．收银主管的工作

(1) 检查各收银岗的收银员是否准时到岗及班前收银准备工作，认真处理工作中出现的问题，并及时向上级汇报。

(2) 建立收银员的个人档案，记录每位收银员平时在各方面的表现，定期进行评估，奖勤罚懒。

(3) 不定期突击检查收银员的备用金，并将抽查结果记录下来，月底总结时作为评估的参考依据。

(4) 处理好收银的日常事务及突发事件，合理安排人员上下班时间，便于在缺人时灵活调动，不至于影响工作。

(5) 负责新任职收银员的上岗培训，针对平时收款工作上出现的问题，定期进行详细讲评、培训、考核。

(6) 密切与各营业部门的联系，及时协调解决工作中存在的问题，提高工作效率。

4.4.3　现金受理

收取现金时，应注意辨别现钞的真伪及检查现钞是否符合银行标准。因此，收银工作中应注意以下问题。

(1) 客人将现金及结账单一起交与收银员时，账单须经客人签名。

(2) 收银员核实账单上应收的金额，同时于台面清点、辨别钞票的真伪，并在账单上注明实收现金的金额及币别后放入收银柜。

(3) 将应找回的余款交给客人。

4.4.4 支票受理

如果有顾客以支票的形式支付房款，收银员要注意以下方面。

(1) 检查支票账号、开户行、印鉴是否完整、清晰。

(2) 填写支票时应先填写支票的出票日期，出票日期必须用中文大写，在填写月份日期时，月份如壹、贰和壹拾的，日期如壹至玖和壹拾、贰拾和叁拾的，应在其前加"零"，日期如拾壹至玖拾的，应在其前加"壹"，如1月15日应写成"零壹月壹拾伍日"。

(3) 支票的收款人必须填写全称。

(4) 填写时大写金额要紧靠人民币(大写)栏填写，字迹要清晰、端正，不得涂改，小写数字前应写上人民币符号(¥)，要注明用途。

(5) 填写支票按规定必须用黑墨水钢笔或签字笔填写，并请客人在支票背面的方框外签名，写上联系电话号码。如果支票是客人自己填写的，则应检查其填写内容是否正确、完整。

(6) 支票的有效期是十天。

(7) 因收款员填错支票的，应由该收款员负责催换支票，直至收到款为止。

(8) 如客人持空白支票联存根的，支票及存根应同时填写并将存根交还给客人。

(9) 私人支票一般不可以受理，如受理须由酒店经理以上人员担保，如出现问题则由担保人承担责任；

(10) 支票汉字大写金额数字，一律用正楷字或行书字书写，如"壹、贰、叁、肆、伍、陆、柒、捌、玖、拾、佰、仟、万、亿、元、角、分、整"，不得用"一、二、三、四、五、六、七、八、九、十、念、毛、另(或0)"等字样替代，不得任意自造简化字；大写金额数字到元或角为止的，在"元"或"角"字之后应写"整"或"正"字，大写金额数字有分的，分字后面不写"整"字。

阿拉伯数字金额中间有"0"时，汉字大写金额必须写"零"，如¥105.50，汉字大写金额应写成"人民币壹佰零伍元伍角整"。阿拉伯数字金额中间连续有几个"0"时，汉字大写金额中只写一个"零"字，如¥1004.56，汉字大写金额应写成"人民币壹仟零肆元伍角陆分"。阿拉伯数字金额万位或元位是"0"，或数字中间连续有几个"0"，万位、元位也是"0"，但仟位、角位不是"0"时，汉字大写金额可只写一个"零"字，也可不写"零"字，如¥1320.56，汉字大写金额应写成"人民币壹仟叁佰贰拾元零伍角陆分"或"人民币壹仟叁佰贰拾元伍角陆分"，又如，¥1000.56，汉字大写金额应写成"人民币壹仟元零伍角陆分"，或"人民币壹仟元伍角陆分"，再如，¥107 000.53，应写成"人民币壹拾万柒仟元零伍角叁分"或"人民币壹拾万零柒仟元伍角叁分"。阿拉伯数字角位是"0"，而分位不是"0"时，汉字大写金额"元"后面应写"零"字，如¥16 409.02，应写成"人民币壹万陆仟肆佰零玖元零贰分"；又如，¥325.04，应写成"人民币叁佰贰拾伍元零肆分"。

阿拉伯小写金额数字前面应填写人民币符号"¥"，阿拉伯小写金额数字必须认真填写清晰。

4.4.5 信用卡受理

酒店受理信用卡时，应审查下列事项：确认为本单位可受理的信用卡；信用卡在有效期内，且未列入"止付名单"；签名条上没有"样卡"或"专用卡"等非正常签名的字样；信用卡无打孔、剪角、毁坏或涂改的痕迹；持卡人身份证件等信息与持卡人相符；卡片正面的拼音姓名与卡片背面的签名和身份证件上的姓名一致。信用卡的使用有手工压单、POS机刷卡、RFID机拍卡网络支付等多种方式。

1. 手工压卡受理

酒店受理信用卡审查无误的，选择正确的信用卡签购单，在签购单上压卡，填写实际结算金额、用途、持卡人身份证件号码、特约单位名称和编号。

如超过支付限额的，应向发卡银行索取授权号码，交持卡人签名确认，同时核对其签名与卡片背面签名是否一致。无误后，由持卡人在签购单上签名确认，并当即与信用卡背面持卡人预留签名核对笔迹是否相符，将持卡人身份证号码抄在签购单指定位置，检查无误后将信用卡、身份证件和第一联签购单交还持卡人。审查发现问题的，应及时与签约银行联系，征求处理意见。

2. 通过POS机交易受理

POS(Point of Sales)的中文意思是"销售点"，全称为销售点情报管理系统，是一种配有条码或OCR码(Optical Character Recognition，光字符码)的终端阅读器，有现金或易货额度出纳功能，如图4-8所示。

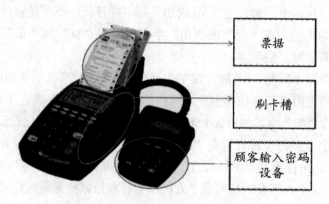

图4-8 普通POS机的基本功能介绍

1) 开机

接通电源，输入密码确认。

2) 交易

通过POS机交易的种类有以下五种。

(1) 一般交易。授权后立即扣账，适应即时交易方式。

(2) 离线交易。在预授权后，正常交易时，必须用离线交易输入；在电话授权后，必须用离线交易。

(3) 取消交易。在本次结账操作前发现交易错误,可用本交易取消。
(4) 退货交易。发现错误交易均可先用本交易取消。
(5) 预先授权。持卡人入住后,商户通过本交易预先冻结可能消费的金额。

3) 结账

做完交易后,下班前必须结账。结账前先打印交易明细及交易总额,如果商户不在刷卡机上做结账交易,则当天交易无法入账。

营业结束后,收款员应将 POS 机打印的总结单二联随同当天营业款项交出纳核对,一联自己存查。操作时需注意以下事项:检查所受理的信用卡卡面是否完整无缺,且没有任何涂改痕迹;所有借记卡必须通过 POS 机操作,不能手工压卡;在受理手工压卡业务时,应按当地银行要求受理;确认信用卡有效,按照"信用卡优先通过 POS 机刷卡顺序",根据信用卡类别选择相应的 POS 机。

4.4.6　外币代兑及旅行支票受理

一般五星级酒店的前台都可以办理外币兑换业务。在办理外币兑换业务时,经办人员应认真鉴别外币真伪,要求票面完整、整洁,不能破损、划痕,以避免不必要的损失。除此之外还要遵循以下原则。

(1) 外币代兑业务的服务对象必须为住店客人,兑换的外币金额应根据实际情况控制在一定限额内。
(2) 填写水单必须准确、清晰、内容齐全,并按银行如下要求规范填写。
① 货币符号与金额之间不得留空,以防有人添加数字套汇;
② 三联水单必须套写,严禁单联填写;
③ 水单填写错误的不能涂改,须全套重新填制。
④ 境外客人应填上客人护照号码,境内客人应填上身份证号码,并将所兑换的外币号码备注于兑换水单上;
⑤ 将兑换水单交客人签名;
⑥ 检查水单填写无误后应签署上经办人员名章,并加盖酒店外币代兑印章;
⑦ 兑换后的人民币及水单客户留存联交给客人,代兑的外币随同水单银行留存联及代兑单位留存联上交财务部。

水单样板如图 4-9 所示。

除了外币兑换之外有些外国客人还会使用旅行支票,外币旅行支票是指境内商业银行代售、由境外银行或专门金融机构印制、以发行机构作为最终付款人、以可自由兑换货币作为计价结算货币、有固定面额的票据。境内居民在购买时,须本人在支票上签名,兑换时,只需再次签名即可。如图 4-10 所示为美国运通旅行支票。

受理外币旅行支票业务流程如下。
(1) 检验、检查所提供的旅行支票是否属于能受理范围内的旅行支票,鉴别票据真伪。
(2) 核对签名。客户所提供的旅行支票在初签栏(Signature of Holder)上应有初签字,请持票人在旅行支票复签栏(Countersign)上签字,仔细核对复签与初签笔迹是否相符(如出示的是已复签的支票,应请持票人当场在支票背面再签一次),对初签复签不符的旅行支票一概不能受理。

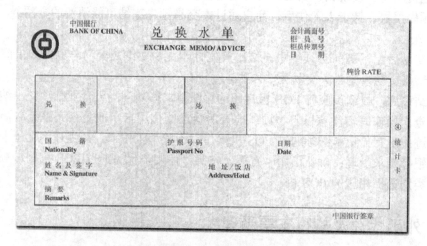

图 4-9　水单样板

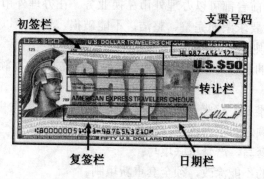

图 4-10　美国运通旅行支票

(3) 验对客户的护照或身份证,把证件号码摘抄在"外币兑换水单"上,将证件复印件做水单附件。

(4) 核对提示旅行支票金额,拨打授权电话查询是否为挂失止付、作废支票。如金额较大,则要求授权,将授权号码填在"外币兑换水单"上。

4.4.7　收银工作程序

收银工作是一项复杂的工作,作为收银员、前台员工必须细心、熟练,对工作一丝不苟,严格按照酒店规定的操作程序执行,不然极易出现纰漏,给不法分子以可乘之机。

1) 班前准备工作

(1) 检查工作开始前用品:收银章、发票、订书机、账单、计算机、压卡纸、凭证等是否齐备,备用金、零钱是否足够。

(2) 做好工作场所的卫生工作及检查自身仪容仪表。

(3) 提前五分钟到岗，将压卡机及收银章调至当天日期；检查收银机是否正常运转，检查当班的班次是否存有数据，如出现数据，必须查明原因。

(4) 检查POS机是否正常。

2) 早班工作

(1) 收款员做好上岗前准备工作后，及时签收接待处送达的开房单、信用卡、批条、改房价单、团体房费单等；各部门送达的转账单要及时输入计算机，并分别放入账格。

(2) 不开机的收款员必须负责未输入计算机预付金的交接工作，及时输入计算机。配合其他开机收款员做好结账工作。根据夜班查账催款登记情况继续做好催款工作，将催款情况做好记录，及时向大堂经理反映；根据通宵班收款员查欠账单情况记录，查出所欠单据；及时打印房匙清单，核对收到的房匙是否已报查房和结账。同时查记录本是否有办理部分结账应离店的客人还未离店，及时通知客人。与客房部核对当天酒水转账是否正确，签收转账单并整理好放入账格。

(3) 将当班尚未解决的问题及时反映给当班班长，未能及时处理的应作书面交代。

(4) 参加班长召开的班前班后会，将待解决的问题和特殊情况交给下一班负责处理，对重要通知和培训内容做必要记录。

(5) 打印收款员日报表，收款员核对现金收入与报表是否相符，签名证实、复核正确后缴款投箱。

3) 中班工作

(1) 及时将当天入住房间的抵押信用卡、批条及有关单据分放账格，同时查核信用卡止付名单。

(2) 办理正常收款工作，分工查房客账，将各房账附件单分类整理装订，核对计算机中房租、杂费的信息是否正确。

(3) 对费用超支的，必须电话通知客人前来增交押金，对费用超过信用卡限额的，要先授权，并将授权号码、金额、日期、经办人详细记录下来，如果授权拒付，要通知客人前来办理有关手续；预付支票的，如果费用已达限额的，根据该公司的信用程度，通知客人按预计消费金额先填写支票到银行办理进账。

4) 夜班工作

(1) 签收各厅面和接待处的各种单据，分放入账格。

(2) 核对所有住房的附件单据是否齐全，如有欠缺应在附件单格中查找，如找不到应作登记，交下一班处理。

(3) 按查账情况，对未前来办理交款的客人须发出催款信，并附上明细表交大堂经理签收。

(4) 打印结账日报表。

评估练习

正确理解酒店企业的前厅收银工作，将下列问题的正确答案选出来。

作为一名具有良好素质的前台收银员应掌握的酒店信息是(　　)。

A. 酒店的最新房价政策 B. 酒店可接收的币种
C. 酒店的房间类型 D. 酒店可受理的信用卡种类

4.5 道德与法律

企业的现金管理者所面对的是银行已回收支票款后的企业存款余额，而不是由已存入银行但尚未收回款项的支票所反映出的企业账面现金余额。如果不是这样，现金管理者就有可能动用未收回的资金进行短期投资。大多数银行对动用未回收资金都有处罚规定。然而，银行的会计和监控程序可能未完善到发现对未回收资金的动用行为，这就向企业提出了一些道德和法律问题。

1985年5月，美国豪顿公司(E．F. Hutton)的董事会主席罗伯特(Robert Fomon)终于对1980—1982年经营期间内发生的2000多起与邮汇和电汇欺诈行为有关的指控认罪。在投资于短期货币市场的资金仍未回收的情况下，豪顿公司的雇员就开出了总计数亿美元的支票。豪顿公司这种系统性透支账户的行为在企业中显然并不多见，并且自从豪顿事件发生后，各公司对现金账户的管理都更趋严格。一般而言，公司仅可利用到手的资金谨慎地进行投资。作为对其透支行为的惩罚，豪顿公司被处以2 000 000美元的罚款，并且偿还政府(美国司法部) 750 000美元，此外，还要归还被诈骗银行8 000 000美元。

酒店企业的前台员工工资不高，而收银员每天都要接触大量的钱款，所以酒店的个别收银员会经不住金钱的诱惑而发生违法犯罪的行为。一方面，这些行为损害了顾客的权益，降低了顾客对酒店的满意度；另一方面，损害了酒店的利益，滋生了不正之风，容易让整个前台部门失去凝聚力和生命力。所以，当酒店接待员与收银员的岗位合一、酒店没有夜审(或由收银员兼任)、酒店管理操作软件上出现漏洞以及收银柜台处的监控不清的时候，酒店的管理者就要特别警惕，因为以上这些因素都可能会使酒店中的个别员工作出违反道德与法律的事情。

评估练习

正确理解酒店企业的前厅收银工作的道德与法律问题，将下列问题中的正确答案选出来。
以下关于酒店前厅收银工作道德说法错误的是(　　)。

A. 酒店前台工作防范措施到位也会导致漏洞的出现
B. 酒店前台收银员每天接触大量现金，如果没有正确的教育，容易经不住诱惑
C. 酒店前台收银与接待的合二为一，在一定程度上增大了前台收银的漏洞
D. 酒店前台收银工作被置于监控之下是不道德的

第 5 章

应收账款管理

【本章概述】

本章主要介绍应收账款对酒店财务管理的影响及酒店收账款的管理工作。

5.1 主要讲解应收账款对酒店的影响。

5.2 主要讲解酒店信用政策及应收账款日常管理。

5.3 主要讲解餐饮企业应收账款管理策略。

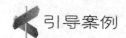 引导案例

某酒楼的签单管理

酒店遇到大客户或者频繁用餐的顾客,其往往会提出签单的请求。为了留住顾客,很多酒楼就同意了签单,但是往往发现结果事倍功半,经常有顾客在对单时刁难酒店工作人员、并有由单据不明确引起纠纷和损失,甚至还有大量的坏账难以收回的情况出现。

某家开业6年的酒店,以中高档为主要顾客市场,顾客结构呈现明显的橄榄形。酒店有大量的签单顾客,每年的坏账损失占总营业额的6.7%,这是一个惊人的数字。为了减少损失,必须有效地管理签单。该酒店主要做了以下5项工作。

(1) 确定了签单风险责任制。规定在签单没有收回时一律不计入营业额,而签单收回时计入当月营业额。这样调动了每个员工管理签单的积极性。

(2) 做好顾客的信誉分类。从领班到服务员,从财务核算到吧台收银,将这四个岗位紧密相连,随时更新顾客的信誉程度,顾客未出现任何签单问题的定为5A级顾客,当顾客变为3A级时,就取消顾客的签单权。

(3) 签单实行同意权限管理。能否同意顾客签单必须由住店经理报经营副总经理审核才能备案,顾客第一次签单情况必须反馈给备案的市场营销部。当顾客签单时,服务员必须报知前厅经理或者住店经理,前厅经理的权限和住店经理的权限有所不同,前厅经理只能同意每次300元以下的签单,并且每月不能超过15次,而住店经理可以签字认可备案同意最高金额的签单。

(4) 建立风险预警机制。市场营销部必须每月更新签单顾客的信息,拜访签单顾客,既了解顾客意见,又要通过所见所闻(如顾客公司的运转情况、办公环境甚至与顾客的聊天透露出的信息)来综合评价签单顾客的信誉动态,对签单顾客的权限和资料也要及时更新。

(5) 加强财务日常监控的操作。主要是支票的及时核对,避免支票印鉴不清引起的纠纷或者账上无款,对于第一次打交道的签单顾客通常预估消费金额予以支票倒送;另外,对于经理没有签字认可的签单,财务人员有权不予承认,并向上级反映追索。

思考题

既然签单会给餐饮带来很多损失,为什么他们还会采取这种账单结算方式?

应收账款指的是酒店已经销售但款项尚未收回的赊销营业收入,是一种以商业信用提供商品(或劳务)而被买方占用的一项资金。酒店提供商业信用,一方面,有利于增加销售,使市场占有率扩大;另一方面,又可减少存货,使存货管理成本降低,减少存货过期贬值的可能性。但对因提供商业信用而产生的应收账款,酒店应加强控制,以确保营业收入款项的回收,避免产生坏账损失。

酒店应收账款的大小,通常取决于企业外部的大环境和企业内部自身的营销方针。对于酒店的外部环境,宏观经济情况会影响企业应收账款数额的大小,如在经济不景气时,就往往会有较多的客户拖欠付款。当然,也可以通过内部的管理以及自身相关政策的变化来改变或调节应收账款的数额、控制应收账款,但是这种控制往往会使酒店销售收入减少。

酒店的信用政策包含信用期限、现金折扣、信用标准和收款方式等内容。信用的松紧

直接决定了企业赊销数额的大小，决定了应收账款数额的大小。尽管信用政策的放松能刺激销售、增加收入，但同时也增加了应收账款的数额和一些信用管理上的费用；而信用的紧缩，虽然能减少应收账款和信用管理费用，但也相应地减少了收入。酒店应通过对采取信用政策后收入和成本费用变化的比较分析，从而制订出合理的信用政策。

酒店可通过信用政策对应收账款实施控制，同时对应收账款的回收工作进行分析检查。酒店还应对其采用的信用政策的松紧程度进行考察，检查应收账款的回收、管理情况，也可据此考核有关部门的工作实绩。

5.1 应收账款对酒店的影响

5.1.1 应收账款产生的原因

1. 商业竞争

在市场经济条件下，为了在激烈的商业竞争中生存和发展，酒店需要采用各种手段扩大销售，除依靠服务质量、服务价格、广告等手段外，赊销也是酒店扩大销售常用的手段之一。对于同等星级的酒店，如果服务、价格相差无几，那么实行赊销的酒店销售额将大于实行现销的酒店销售额，因为酒店的客户将从这一商业信用中获得优惠。

2. 销售与收款的时间差

由于酒店提供服务和收取货款的时间不一致，产生应收账款。这是由结算手段决定的。结算手段越落后，结算所需时间越长，产生的应收账款就越多；如果结算手段先进，结算所需时间就会缩短，产生的应收账款就会相应减少。

5.1.2 产生应收账款的利弊

1. 应收账款对酒店的有利影响

(1) 扩大销售，提高市场占有率。为增加市场竞争能力，酒店需要想方设法采用各种促销手段，促进酒店服务的提供。商业信用是酒店常用的促销手段之一，它能有效吸引资金周转暂时不好或不愿及时付款的客户，以扩大销售、提高市场占有率。

(2) 增加盈利，增强实力。采用商业信用，能扩大酒店销售收入，尽管不可避免地会相应增加酒店费用的开支，但只要酒店应收账款管理得当、及时，仍能为其带来可观的收益。

(3) 减少存货，加速营运资金的周转。扩大销售，能使酒店经营过程中所消耗的存货增加，减少存货占用资金，加速酒店营运资金的周转。

2. 应收账款对酒店的不利影响

(1) 占用酒店资金。应收账款的存在无偿占用了酒店的周转资金，酒店需要为此筹集相应的资金，承担筹资费用，甚至可能使酒店承担资金周转不灵的风险。

(2) 增加收款支出。产生应收账款，酒店需要相应发生收款支出，如电话传真费、办公用品费、人员工资费、催款人员的差旅费，甚至可能包括法律诉讼费等。

(3) 承担坏账损失风险。如果酒店收款不及时，或是客户有意拖欠、赖账，尤其是客户破产，酒店就要承担坏账损失的风险。

5.1.3 酒店持有应收账款的成本

酒店持有一定量的应收账款，会产生管理成本、机会成本、坏账损失等，即持有应收账款的成本。

1. 管理成本

管理成本是指从应收账款产生到收回期间，所有与应收账款管理有关的费用总和，包括因制订信用政策产生的费用、对客户资信调查与跟踪费用、信息收集费用、应收账款记录与监督费用、收账费用等。

2. 机会成本

酒店应收账款被客户占用，酒店就会丧失将该笔资金用于投资其他项目获取收益的机会，从而产生机会成本。这是一种隐含的观念成本，酒店不需现实支付，但酒店在进行应收账款决策时需加以考虑。

3. 坏账损失

坏账损失是指应收账款无法收回给酒店带来的损失，坏账成本一般与应收账款余额成正比，而与应收账款的收回时间成反比。

酒店在进行应收账款决策时，需充分考虑各项成本的构成，尽量使应收账款总成本降到最低。

评估练习

正确理解酒店企业应收账款的影响，将下列问题的正确答案选出来。
1. 下面关于应收账款产生的原因，表述正确的是(   )。
   A. 商业竞争   B. 销售与收款的时间差
   C. 员工的不当操作   D. 酒店针对 VIP 客户的优惠政策
2. 酒店企业持有应收账款的成本有(   )。
   A. 管理成本   B. 机会成本   C. 坏账损失   D. 沉没成本

5.2 酒店信用政策及应收账款日常管理

信用政策是旅游企业财务管理的一个重要组成部分，它是指企业为对应收账款投资进行规划与控制而确立的基本原则与行为规范，一般由信用标准、信用条件和收账政策三部分组成。制订合理的信用政策是加强应收账款管理，提高应收账款投资效益的重要前提。

酒店为减少应收账款带来的损失，需要认真、详细地进行信用分析，慎重选择信用对象，合理确定信用条件。

5.2.1　信用标准

信用标准是酒店同意向客户提供商业信用而要求对方必须具备的最低条件，一般以坏账损失率表示。

酒店在制订信用标准时，主要应考虑以下三个方面的因素。

1) 同行业竞争对手的情况

如果竞争对手实力很强，酒店就应考虑采取较低的信用标准，增强对客户的吸引力；反之，则可以考虑制订较严格的信用标准。

2) 酒店承担违约风险的能力

当酒店具有较强的违约风险承担能力时，就可以考虑采用较低的信用标准，以提高酒店产品的竞争能力；反之，如果酒店承担违约风险的能力较弱时，则应制订较严格的信用标准，谨防坏账的发生。

3) 客户的资信程度

酒店应在对客户的资信程度进行调查、分析的基础上，判断客户的信用状况，并决定是否给该客户提供商业信用。客户的信用状况通常可以从以下五个方面来评价，简称"5C"评价法。"5C"评价法是对酒店客户进行定性分析的数学模型，可以进一步分析客户的信用水平。

(1) 品质(Character)。指客户履约或违约的可能性。酒店需要设法了解客户过去的付款记录，评价其以前是否能一贯按期如数付款，客户是否愿意按期支付款项与该客户以往交易过程中所表现出来的品质有很大的关系。因此，品质是评价客户信用的首要因素。

(2) 能力(Capacity)。指客户支付款项的能力。客户支付款项的能力取决于其资产特别是流动资产的数量、质量、流动比率以及现金的持有水平等因素。一般来说，流动资产数量越多，质量越好，流动比率越高，持有现金越多，其支付应付账款的能力就越强；反之，就越弱。对客户偿债能力的评价，主要依据客户的资产负债表、偿债记录以及对客户的实地考察等。

(3) 资本(Capital)。指客户的经济实力和财务状况。该指标主要是根据有关的财务比率来测定客户净资产的大小及其获利的可能性。

(4) 抵押品(Collateral)。指客户拒付款项或无力支付款项时能被用作抵押的资产。当对客户的信用状况有怀疑时，如果客户能够提供足够的抵押品，就可以向其提供商业信用。这不仅对顺利收回款项比较有利，而且一旦客户违约，也可以变卖抵押品，挽回经济损失。

(5) 经济状况(Conditions)。指可能影响客户付款能力的经济环境，包括一般经济发展趋势和某些地区的特殊发展情况。当发现客户的经济状况向不利的方向发展时，给其提供商业信用就应十分谨慎。

5.2.2 信用条件

1. 信用条件的构成

所谓信用条件，就是指企业要求客户支付货款所提出的付款要求和条件，主要包括信用期限、折扣期限及现金折扣等。信用条件的基本表现方式一般是赊销时在信用订单上加以注明，如"2/10，n/30"，就是一项信用条件，它表明的意思是：若客户能够在发票开出后的 10 日内付款可以享受 2%的现金折扣；如果放弃折扣优惠，则全部款项必须在 30 日内付清。在此，30 天为信用期限，10 天为折扣期限，2%为现金折扣率。

信用期限是酒店为客户规定的最长的付款时间界限，并在赊销合同中加以明确。通常越长的信用期限，能给客户越多的优惠，越能吸引更多的客户消费，增加酒店销售。但信用期限过长，会给酒店带来各项相关支出，如应收账款的管理成本、机会成本和坏账损失等。为了在赊销过程中获取收益，酒店需要合理确定信用期限，合理预计收益和相应的成本损失，遵循成本效益原则，使酒店总收益最大。

酒店合理确定信用期限，可以采用边际分析法、净现值流量法进行测算，针对不同客户科学合理地确定不同的期限。边际分析法通过计算应收账款的边际收益和边际成本，比较边际收益与边际成本的大小来确定信用期限。净现值流量法通过计算应收账款带来的现金流入净现值和现金流出净现值，比较现金净流量来确定信用期限。

折扣期限是指客户可享受现金折扣的付款期限。现金折扣是酒店对客户在商品价格上所作的扣减，目的在于通过给客户适当的折扣，以吸引客户提前付款，以缩短酒店收款期。现金折扣通常表示为："2/10，1/20，n/30"，即客户履约最迟付款期为 30 天，如果客户能在 10 天内付清货款，就可享受 2%的现金折扣，只需支付 98%的货款；如果客户能在 20 天内付清货款，就可享受 1%的现金折扣，只需支付 99%的货款。现金折扣期限与现金折扣率的大小成反比关系。

企业提供比较优惠的信用条件往往能增加销售量，但同时也会增加现金折扣成本、收账成本、应收账款的机会成本和管理成本。在进行信用条件决策时，就应综合考虑上述因素，选择可以最大增加企业利润的信用条件。

2. 信用条件的选择

信用期限的长短与企业制订的信用标准是密切相关的，信用标准高，则信用期限短，应收账款的机会成本及坏账损失都会相应降低，但不利于扩大销售；反之，信用标准低，则信用期限长，表明客户享受了更加优越的信用条件，节约了融资成本，对客户有较大的吸引力。信用条件优惠，可以增加销售额，但同时也增加了应收账款的成本。因此，确定信用条件需要进行成本效益分析。

【例 5-1】某旅行社长期从事"桂林山水七日游"的接团工作，现在采用 30 天发票金额付款（即不给折扣），拟将信用期限放宽至 60 天，仍按发票金额付款，该旅行社的最低报酬率要求达到 15%，其他数据如表 5-1 所示。

表 5-1 旅行社部分财务数据

项目 \ 信用期	30 天	60 天
旅行团人数/人	200	300
营业收入/每人 2000 元	400 000	600 000
营业成本/元		
其中：变动成本/每人 1200 元	240 000	360 000
固定成本/元	100 000	100 000
毛利/元	60 000	140 000
可能发生的收款费用/元	5 000	15 000
可能发生的坏账损失/元	2 000	6 000

1) 收益的增加

　　　　　收益的增加=增加游客人数(销售量)×单位边际贡献

　　即　　　　　(300-200)×(2000-1200)=80 000(元)

2) 占用资金的利息增加(应收账款的机会成本)

应收账款的机会成本=应收账款平均占用×资金成本率

　　　　　　=平均每日营业收入×营业收入成本率×平均收款期×资金成本率
(旅行社的报酬率即资金成本率)

30 天信用期机会成本=400 000/360×240 000/400 000×30×15%=3000(元)

60 天信用期机会成本=600 000/360×360 000/600 000×60×15%=9000(元)

机会成本增加：9000-3000=6000(元)

3) 收账费用和坏账费用增加

收账费用和坏账费用增加：(15 000-5 000)+(6000-2000)=14 000(元)

即 80 000-(6000+14 000)=60 000(元)

即实行 60 天的信用期要比 30 天的信用期多付出成本 20 000 元，但收益增加了 80 000 元，两者之差为+60 000 元。由此看来，企业在可能的情况下应该实行 60 天信用期这一方案。

现金折扣是企业为了鼓励客户及早付款而给予客户的折扣优惠，它可以加速账款收回，减少应收账款投资的机会成本和坏账损失，但由于提供现金折扣，企业也付出了代价，即当客户接受现金折扣优惠时，就会导致企业原来计算的销售收入额的相对减少。现金折扣额相当于企业提早收回账款的成本。企业应当采用多长的现金折扣期限以及多大的现金折扣，必须要与信用期限、加速收款所得的收益、付出现金折扣成本结合起来比较分析。

【例 5-2】 根据例 5-1，旅行社选择了 60 天信用期，但为了加速应收账款的回收，决定将赊销条件改为"2/15、1/30、n/60"，估计将有 60%的客户会享受 2%的现金折扣，10%的客户会享受 1%的现金折扣，坏账损失下降一半，收账费用下降一半，试问企业该项决策是否有益？

　　　　应收账款周转期=60%×15+10%×30+30%×60=30(天)

　　　　应收账款周转率=360/30=12(次)

应收账款平均余额=600 000/12=50 000(元)
维持赊销业务所需资金=50 000×60%=30 000(元)
应收账款的机会成本=30 000×15%=4500(元)
现金折扣=600 000×(2%×60%+1%×10%)=7800(元)

各方案信用条件分析如表 5-2 所示。

表 5-2　信用条件分析评价表

项　目	信用期 n/60	(2/15、1/30、n/60)
年赊销款	600 000	600 000
减：现金折扣		7800
年赊销净款	600 000	592 200
减：变动成本	360 000	360 000
信用成本前收益	240 000	23 200
应收账款周转次数/次	6	12
应收账款平均余额	100 000	50 000
维持业务订货资金	60 000	30 000
应收账款机会成本	11 500	4500
坏账损失	6000	3000
收账费用	15 000	7500
信用成本小计	32 500	15 000
信用成本收益	207 500	217 200

由表 5-2 可见，采用现金折扣方案比 n/60 方案增加收益 9700(2 127 000−207 500)元，所以企业改变信用条件的决策是正确的。

3．收账政策

收账政策是指企业对各种逾期应收账款所采取的对策、措施以及准备为此而付出代价的策略。为了加速回收应收账款，酒店财务管理人员必须注意以下两点：

(1) 确保账单能及时寄出。

(2) 注意那些逾期不交款的客户，及时催收账款。

企业可行的收账措施一般有信函和电话催收、派人上门催收、聘请法律顾问协助催收及提起法律诉讼等方式。

收账费用是企业应收账款催收产生的费用，包括通信费、派专人收款的差旅费和不得已时的法律诉讼费等。一般来说，收账费用越大，收账措施越有力，可收回账款的数额越大，坏账损失就越少。因此，制订收款政策，要在收账费用和减少的坏账损失之间作出权衡。制订有效的、恰到好处的收账政策使收账成本最小化，可以通过比较各收账方案成本的大小，选择成本最小的收账方案。

5.2.3 酒店应收账款日常管理

对于已经发生的应收账款,应进一步强化日常管理工作,以有力的措施进行分析控制。这些措施主要包括应收账款的追踪分析、账龄分析、收现率分析以及根据有关会计法规建立应收账款坏账准备金制度。

1．应收账款的追踪分析

一般来说,企业的客户赊销了产品,能否按期偿还主要取决于以下三个因素:①客户的信用品质;②客户的财务状况;③客户是否可以实现该产品的价值转换或增值。赊销企业为了达到按期足额收回账款的目的,就有必要在收账之前对该项应收账款的运行过程进行追踪分析。

在通常情况下,主要应对金额大或信用品质较差的客户的欠款进行重点考察,如果有必要和可能的话,也可对客户的信用品质与偿债能力进行延伸性调查和分析。

2．应收账款的账龄分析

应收账款的账龄是指账款从产生到目前的整个时间。企业已发生的应收账款的账龄有长有短,有的在信用期内,有的已逾期。企业进行应收账款账龄分析的重点是已逾期的应收账款。

应收账款的账龄分析就是对应收账款的账龄结构的分析。所谓应收账款的账龄结构,是指各类不同账龄的应收账款余额占应收账款总额的比重。在应收账款的账龄结构中,可以清楚地看出企业应收账款的分布和被拖欠情况,便于企业加强对应收账款的管理。

3．应收账款收现保证率分析

为了适应企业现金收支匹配关系的需要,企业必须对应收账款的收现水平制订一个必要的控制标准,即应收账款收现保证率。应收账款收现保证率所确定的是有效收现的账款占全部应收账款的百分比,即

$$应收账款收现保证率=(当期必要的现金支付总额-其他稳定现金流入额)÷当期应收账款总额 \qquad (5-1)$$

公式中的其他稳定现金流入额,是指从应收账款收现以外的途径可以取得的各种稳定可靠的现金流入数额,包括短期有价证券变现净额、可随时取得的银行贷款等。

计算应收账款收现保证率的意义在于:应收账款未来是否可能发生坏账损失对企业并非最为重要,更为关键的是实际收现的账款能否满足同期必需的现金支付要求,特别是满足为了适应企业现金收支匹配关系的需要。

4．应收账款坏账准备金制度

只要有应收账款就有发生坏账的可能性。按照权责发生制和谨慎性原则的要求,必须对坏账发生的可能性预先进行评估,并计提相应的坏账准备金。坏账准备金的计提比例与应收账款的账龄存在着密切的关系。应收账款坏账准备金的具体计提比例可由企业根据自己的实际情况和以往的经验加以确定。不过,中国现行的会计制度对股份有限公司计提坏

账准备金作了一些详细的规定，例如，在会计报表附注中说明计提的比例及理由。

1) 对住店客人应收账款管理的措施

(1) 如是 VIP 客人，应由相关部门经理签批。

(2) 如果是信用卡支付，须查看是否超过信用卡限额，如果超过，需要进一步取得授权，记录授权号码。

(3) 如是支票结算，须核查是否超出支票备注内容、金额范围。

(4) 如是现金结算，一般应及时签发催款信或去客人房间催收。

2) 对非住店客户的应收账款收款时需注意的要点

(1) 收账员不办理应收账款的现收。

(2) 应收账款的总账和明细账定期核对。

(3) 现金收入、非现金收入、应收账款的记账分别由不同的人员担任。

(4) 有争议的账款须经财务经理处理。

(5) 无法收回的账款须经财务总监审批后才可转为坏账处理。

正确理解酒店企业应收账款的信用政策及日常管理，将下列问题的正确答案选出来。

1. 酒店在制定信用标准时，不会考虑的因素是(　　)。

  A. 同行业竞争对手的情况   B. 酒店承担违约风险的能力

  C. 客户的资信程度   D. 酒店当前资金的多少

2. 下列属于酒店企业应收账款日常管理的方法的是(　　)。

  A. 应收账款的追踪分析   B. 应收账款的账龄分析

  C. 应收账款收现保证率分析   D. 坏账准备金制度

5.3　餐饮业的应收账款管理策略

5.3.1　餐饮业应收账款管理的现状及原因分析

  随着社会经济的不断发展，有力地促进了酒店餐饮业的繁荣，而且服务标准越来越高，餐饮业始终将为消费者提供一流的菜肴、一流的服务视为永远追求的目标，而消费者在餐饮业消费过程中也十足体验了"上帝"的感受。为搞好服务，餐饮店总是最大限度地为客人着想，尽可能给客人更多的方便、尽最大努力满足客人需求，因此，越来越多的餐饮店特别是高档餐饮店或会所出现了"签单"业务。所谓签单，即客人在消费后无须当场现金结算，只是在消费账单上签名即可，事后由酒店派员凭签单上门结账。这种方式既方便客人不带现金，又象征着客人的身份与地位。然而，就是这种"签单"方式，给酒店带来了不小的麻烦，归纳国内某市餐饮业的综合反映，主要有以下几种表现。

1. 签单容易收款难

这些签单欠款户每到酒店仍会受到热情接待,迎进送出,消费后继续签单,因此,欠款金额总是居高不下。目前某市协会内的酒店应收账款总额已超过 2300 万元,一个酒店的应收账款多则达到 100 万元,少则也有 40 万元。有的因账款无法收回,缺少流动资金而影响正常经营;有的因收不回账款造成亏损局面被迫停业;有的因收不回账款无法与员工兑现工资,给社会带来不和谐因素。有一个政府职能部门的领导从 2007 年春节至 10 月在某酒店共消费 30 多次,消费金额 5 万多元,至今一笔账款也未付。结账难、收款难,已成为当前餐饮业主感到最头疼的事。

2. 找到单位签字难

餐饮店每到收款时,总得事先与该单位的相关人员联系,可到了单位后,总是以这个领导或那个领导不在,以未签字为由不予结账,有时签字的领导的确不在家,这还情有可原,可有时候签字的领导明明在家也说不在,甚至问到机关某领导本人了,他也说该领导不在,存心不给结账。

3. 等批计划付款难

据说,有些政府职能部门的招待费开支是计划控制的,在没有计划的消费后,这就害苦了酒店,今天去,说计划未批,明天去,计划仍然未批,年初就开始消费,到了年底还是以计划未批或计划批得少来搪塞推诿不予付款,所以造成了跨年度欠款,始终难以结清。

4. 字签完了结钱难

有的餐饮店到"签单"单位跑了无数趟,总算把该签的字签完了,可到了出纳员那一关也没有那么顺利,有的出纳员开始还很客气:"对不起,今天没有钱"。问"何时有钱呢?""我也不知道,等有钱了再来结"。餐饮店人员敢怒不敢言只好低头离开。到了第二次、第三次再去"讨钱"时,出纳员就没有那么客气了:"说是没有钱,你来干什么?"有时餐饮店负责人在电话里要求对方结账时,不但得不到满意的答复,甚至遭到对方官员的辱骂。为何出现上述结账难的问题,根据业内人士反映,通过综合分析,主要原因有三:①是单位领导不重视,总是把支付酒店欠款排在最后,能拖则拖;②是兜里无钱赊着吃。碰到"必要"的吃喝,尽管兜里没有钱,还是佯装阔气,先到酒店吃了再说,随便你跑多少遍,反正我没有钱给。就这样他再来吃,你还得照样热情接待;③是无计划吃喝。有些单位"吃喝"是有计划控制的,结果超支了,只好一年一年往下转。

鉴于上述情况,餐饮界业主共同呼吁:清收账款难的问题,希望引起有关部门有关领导的高度重视,及时予以结清欠款。酒店餐饮业属第三服务产业,各级政府十分重视,而目前该市的餐饮业几乎都是民营企业,牵涉人多、涉及面广,业主们诚恳地希望各界领导大力支持餐饮业的健康发展。签单欠款单位的客人:当你在酒店享受美味佳肴时,你曾想到这都是酒店花了大量成本才做出来的,酒店也是企业,也讲究经济效益,请不要久拖欠款导致酒店亏损倒闭,不要因欠款而破坏了城市的社会和谐。

以上这种过多的应收账款发生额,导致了酒店的流动资金周转不灵,影响酒店正常的现金流动,从而导致酒店经营困难。而且坏账的产生,在一定程度上影响着酒店的经营利润。为了最大限度地降低应收账款可能导致的各项风险发生，应在确保酒店正常经营运作的基础上，建立餐饮酒店应收账款全面科学地管理系统。

5.3.2 确定信用战略，制订信用政策

在餐饮酒店的成长阶段，经营管理通常以销售或市场为导向，高风险和宽松的信用政策是其争取客户所必需的，这时酒店的经营特征是期望值大于成果值，酒店经营管理的重心是市场份额的占有及营销对象的拓展。酒店采取的是高风险的信用战略，且信用的范围可以放宽到大部分客户都可以记账消费，收账周期一般应以 1~3 个月为宜(具体指赊账发生后的 1~3 个月)。

而到了酒店的成熟及衰退阶段，酒店经营目标的追求相应地也转向以利润为导向，这时酒店的经营特征是成果值大于期望值，酒店经营管理的重心则由市场份额的占有逐渐转向价值创造及现金流的管理。酒店也应适时采取低风险信用战略，相应的可签单记账单位范围也应缩小，根据信用及消费情况进行合理的筛选。收账周期也应该有所缩短，一般 1 个月以内或 1 个月期限为宜。

根据上述信用战略指导方向，酒店应适时制订并出台相关的信用政策，同时酒店内部应建立赊账消费客户的审批程序以控制信用额度并落实内部担保人及责任人的风险防范等管理控制制度。

确定适当信用标准，谨慎选择客户。首先，按客户群体及性质进行划分，初步确定可签单记账客户范围；其次，为进一步获得客户资信，酒店销售中心及财务部需对初步符合签单要求的客户单位进行信用调查和审核，尤其应侧重于对小型企业单位的信用调查。调查过程中可通过销售中心人员掌握的客户资料、管理人员的实地考察、客户的其他合作商的调查情况和其他公开的信息等多种渠道，了解客户的经营规模、财务状况、发展前景及行业的风险程度等，从而确定出资信较好的单位，批准同意其在酒店记账消费。再次，必须要和需记账消费且资信调查良好的客户签订记账消费协议书，明确允许记账的最高限额和结算期限、有效签单人的亲笔签字、对应的签单卡及双方违约的责任等相关条款，并由双方负责人签字加盖单位公章，履行了以上手续并发放有效签单卡后方可实施记账消费。

根据信用等级，控制好信用额度。酒店对记账消费的行为都应有一个适当的控制范围，过大或过小都会对经营造成影响。酒店应根据消费者的信用状况，为客户按酒店标准信用等级分类，对于信用等级高的协议单位，可给予较高的信用记账额度；对信用等级一般的单位，记账额度应控制在一定的金额范围内。同时须由财务部主导负责与销售部及酒店前厅部门定期(一般 3 个月)对记账消费单位重新进行信用等级评定。

上述信用政策的差别，需要落实和体现在具体的应收账款管理制度中，按照这个设计思路，应收账款管理制度的设计制订应以信用政策的选择为前提。因此，餐饮酒店从实际出发，制订以信用标准、信用条件和收账政策为主要内容的信用政策，就显得十分必要。

5.3.3 加强日常监控管理，严控应收账款余额比重

酒店的应收账款规模不仅要控制在一定的总额之内(一般控制在营业收入的 20%左右)，

还要研究确定最佳应收账款余额水平，以确保酒店的正常现金流量。协议签订数量的控制水平也应视签单记账单位的预计平均年度消费额、收款路程的远近等具体情况进行适当调整。例如，对于信用评定良好但年平均预计或实际消费较低的不能达到预期目标且发生的收账成本(主要指时间成本及差旅成本)较高的客户，酒店销售部门应建议不签订记账协议或取消现有的签单记账而改用现金消费的形式，但由于考虑客户良好的资信状况，可建议吸纳为酒店的贵宾客户并享受酒店提供给贵宾会员的其他服务。

为确保每月应收账款正常回收(通常与应收账款发生额作相应比较，如允许存在一个月的应收额度，原则上超出该限额的，都应全部收回)，酒店通常可从以下两方面着手。

① 酒店应在签订签单协议时，规定收款期限，以从协议条款上确保应收账款的正常回收。

② 对收账员实行收款考核责任制，将款项的正常回收时间及收款金额二要素与绩效奖金、差旅费补助(含油耗、车辆损耗)等直接挂钩，充分调动收款员的积极性。即绩效奖金和差旅费补助的发放比例或档别是基于在规定时间内将款项及时回收的基础上计算的。通过上述措施把风险责任与个人的物质利益有机结合起来进行考核。

对于因客观原因(如经多次催款后，协议单位仍无故拖欠或协议单位破产清理等客观因素)导致挂账款项不能收回的，要视具体情况，确定是否追究相关人员的经济责任，酒店应保留至法院起诉及追讨款项的权力；对于因主观原因(如未及时送账单至客户单位或未及时跟踪收款进度而造成酒店对协议单位信用状况等评定信息不了解，发生更多的应收账款)所造成的坏账损失，则应追究相关人员的管理责任，并承担相应的经济损失。

加强应收账款的内部记录控制。餐饮酒店应指定专门人员负责对酒店发生的记账账单进行及时审核并录入，统一保管消费账单，对于收回的款项，进行及时的核销录入，以便准确反映并分析应收账款的余额信息。根据记账发生及余额等相关信息，跟踪收款进度，同时应及时将收款过程中出现的问题或可能存在的风险反馈至相关部门。

由财务部负责主导并会同相关部门对收款过程中有可能发生的风险，研究解决方案、重点跟踪超过规定结算期的客户，以提高结算速度，尽可能确保资金的安全。同时，有必要对经善意提醒后仍不按记账协议履行条款的签单单位，直接作出单方中止协议的决定，但需保留继续收款的权力。

5.3.4 做好信用跟踪管理，提升经营管理能力

树立应收账款时间观念和风险观念。应收账款是有时间价值的，采用信用政策意味着效益一定的资金时间价值，是有代价的，信用额度越大，期限越长，代价就越高，应收款规模越大，账龄越长，失去的机会成本也就越多。因此，在日常管理工作中，餐饮酒店应安排专部或专人密切关注应收账款账龄分析表，借助应收款管理专用软件，做好对应收账款的即时分析；做好信用跟踪管理工作，定期审核酒店结账单送交记账单位及回执单(用于证明对方单位已取得结账单)回收的情况等。凡是收款期限超过记账协议规定的，应及时告知酒店销售部，经与对方单位了解情况后，再决定是否采取发送催款函或记账消费中止函等措施。如经了解后，对方确需延期付款的，则应尽可能取得对方加盖公章的支付欠款的承诺函件，以备留作最后需通过法律手段解决时必要的证据。总之，时间拖得越长，应收

账款坏账的风险就会越高。为防范信用陷阱,酒店在应收账款收款过程中,应尽量采用银行结算(如汇票、转账等)方式来收取,尽量避免现金的直接收取。目前银行的结算方式有多种,酒店在选择银行结算方式时,首先要考虑的是结算是否快捷、安全、顺利。对于外地消费,如大型团体所携的银行汇票,一定要去银行验证,防止支票使用者采用假挂失手段使用已挂失的支票。更需对采用支票付账的本地客户的支票进行验证,防止由于支票签发单位在银行没有足够存款或印鉴不符等原因,而不能将消费款及时回收。

应收账款是酒店采取信用销售方式所形成的债权性资金,属于酒店的流动资产。应收账款管理的好坏,与酒店的经营目标实现有着直接的关系。为此,对应收账款的管理应设有专门的部门或指定管理人员全面负责,财务部门及销售部门对应收账款进行跟踪管理,两个部门在工作中要互相配合,分清各自在跟踪服务中的职责。只有制度健全,措施得力,才能确保酒店经营的正常进行,经营成果得以实现。

5.3.5 加强企业应收账款管理的对策

1) 完善赊销制度

企业领导首先要端正思想,在扩大销售的同时,还要重视对应收账款的控制和管理工作。具体方法有:

① 在销售业务中,应建立和完善内部权力机制,使销售及财务流程中不同环节的职权互相分离。

② 建立严格的赊销审核制。只有经过严格审核的赊销才能执行,杜绝人情赊销。

③ 对业务人员的赊销权实行限额管理。明确限定业务人员每次最高赊销额、年度赊销总额和货款回笼期限,并且将货款回收状况与有关责任人的工资直接挂钩。

2) 对应收账款采取专人管理的方法

应收账款涉及客户多,而且客户的财务状况各不相同、应收账款的账龄也不相同,因此,必须要设立专人管理。

① 按赊销客户设专账,由专人负责。每个客户的应收账款金额、账龄、财务状况都应清楚记录,并对其发生坏账的可能作出说明。

② 对应收账款定期进行清理,定期向客户送对账单,对超期未付款的客户寄送催交欠款通知书,及时结清欠款。

③ 销售合同要由专人管理。销售合同是销售业务的原始记录,妥善保管有利于及时、足额收回款项,避免呆账的出现。

3) 制订一套可行的收款策略

账款到期后,企业可通过以下程序收款:在较短时间内先通过电话、传真等手段提醒对方还款;超过一定期限,对方仍无意归还欠款,则应措辞严厉地催促对方;若再超过一定期限仍不归还,则必须派人上门催收。以上行动均不奏效就不得不采取法律手段,但必须仔细权衡收账成本。若出现以下几种情况之一,则不必用法律手段解决:法律诉讼费用超过应收账款金额;拍卖客户抵押品可抵消应收账款;即使胜诉,账款收回的可能性极其渺茫等。企业应根据具体情况灵活处理,既要维护企业利益,又要尽可能保持与客户的良好关系。

4) 利用应收账款融资

应收账款发生后,企业除了积极催收以外,还应尽量想办法对其加以利用。目前,西方国家流行一种应收账款转让的方法,其实质就是利用应收账款进行融资,如应收账款抵押借款。即由应收账款的企业与信贷机构或代理订立合同,以应收账款为担保品,在规定的期限内企业有权以一定的额度为限借用资金的一种融资方式。合同明确规定信贷机构或代理商借给企业资金所占应收账款的比率,一般为应收账款的70%～90%不等。借款企业在借款时,除以应收账款外,还需要按实际借款数据出具收据。如果作为担保品的应收账款中某一账款到期收不回来,银行有权向借款企业追收。

课外资料

近几年,在扩大内需的促进下,餐饮行业成为国内消费需求中发展速度最快,增长速度最高的行业。中国烹饪协会和中国社会科学院2007年10月19日发布的《2007中国餐饮产业运行报告》显示:2006年中国餐饮消费实现历史性跨越,全年零售额首次突破1万亿元人民币,达到10 345.5亿元,同比增长16.4%,比上年净增1458亿元,比GDP增速高出5.7个百分点,连续16年实现两位数高速增长。据中国商务部最新消息,2007年全国餐饮业实现零售额1.23万亿元人民币。

餐饮行业繁荣发展,竞争也日益激烈,为了在竞争中求发展,以赊销方式促销已成为我国餐饮行业一种有效的营销策略。但是这种营销方式在扩大收入的同时,也造成了餐饮企业应收账款居高不下的情况。中国统计网的数据表明,2005—2007年我国餐饮企业应收账款占流动资产的比重正逐年增高。2007年中国餐饮百年老店全聚德发布了新股定价报告,报告中指出,公司应收账款金额小,且以大型超市、旅行社为主,付款期限也一般介于30～90天,应收账款周转较快,近三年平均应收账款周转率为45.41次/年。但值得注意的是,比之于存货周转率和净资产周转率的持续上升,应收账款周转率在三年间却时高时低,尤其是2005年,在主营业务收入大幅度提高的同时,应收账款周转率却处于三年中的最低水平。[①]

评估练习

正确理解社会餐饮企业应收账款的现状及管理方法,将下列问题的正确答案选出来。
当今社会餐饮企业产生应收账款管理的现状有(　　)。
  A. 签单容易收款难　　　　　　B. 找到单位签字难
  C. 等批计划付款难　　　　　　D. 字签完了结钱难

---

① 李锐,胡爱荣. 商场现代化[J], 2009-1-10.

第 6 章

有价证券管理

【本章概述】

本章主要介绍酒店有价证券的种类、特点、存在的问题及应对策略。

6.1 主要讲解有价证券的种类、特点、特征及与现金的关系。

6.2 主要讲解酒店有价证券管理中存在的问题及解决方法。

6.3 主要讲解酒店有价证券的管理制度。

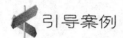 引导案例

2010年汉庭连锁酒店集团公司的IPO融资

2010年3月25日,汉庭连锁酒店集团公司在美国纽约股票交易所上市,股票代码为"HTHT",IPO招股价为10.25~12.25美元,此次IPO共发行900万份ADS。本次汉庭酒店交易的ADS相当于4份普通股股票。

ADS(American Depository Share)美国存托凭证(American Depository Receipts, ADR),是指在一国证券市场流通的代表外国公司有价证券的可转让凭证,此有价证券可以是股票或债券。美国存托股份(American Depository Share, ADS)是根据存托协议发行的股份,代表发行企业在本土上市的股票。

根据美国有关证券法律的规定,在美国上市的企业注册地必须在美国,像7天酒店不在美国注册的企业,就只能采取存托凭证方式进入美国资本市场。另外,在美国一些机构投资者不能购买外国公司股票,如美国退休基金、保险公司,但是它们可以购买在美国上市且向美国证管会登记的美国存托凭证。

一份美国存托凭证代表美国以外国家一家企业若干股份。美国存托凭证在美国市场进行买卖,交易程序与普通美国股票相同。

美国存托凭证可在纽约股票交易所、美国股票交易所或纳斯达克交易所挂牌上市。

(资料来源:新浪财经,http://finance.sina.com.cn/stock)

思考题
1. 汉庭连锁酒店集团公司在美上市的目的何在?
2. 2010年3月25日,汉庭连锁酒店集团公司在美上市筹集到多少资金?

6.1 有价证券概述

6.1.1 有价证券的概念

有价证券是证券本身能给持券人取得一定收入的证券,它可分为三大类,即商品证券、货币证券和资本证券。商品证券是指证券本身就能表明某种财物所有权的证券,如提单、栈单等。货币证券是指证券本身能使持券人或第三者取得货币索取权的书面凭证,主要包括两大类,即商业证券和银行证券。商业证券主要包括商业期票和商业汇票,银行证券主要包括银行汇票、银行本票和支票及其代用品。资本证券是指由金融投资或与金融投资有直接联系的活动而产生的证券,金融投资是为取得收益而将收入转化为股票、债券、债权等金融资产的行为。因此资本证券一般会因持券人对证券本身的拥有而得到一定的权益,是有价证券的主要形式,主要包括股票和债券,这也是目前企业所持有的有价证券的主要种类。当今社会中,股票和债券已经成为筹资的重要渠道和方式,也是投资者投资的基本选择方式。

6.1.2 有价证券的种类和特点

1. 国库券

国库券，其特点是安全性最高，流动性也最好，但收益率相对较低。

2. 债券

债券，其安全性、流动性与收益率要视具体的发行机构而定。

3. 商业票据

商业票据指实力极强、信誉很高的企业发行的一种短期无担保本票。其利率高于国库券，但其流动性不如国库券。

4. 商业汇票

商业汇票指商业承兑汇票与银行承兑汇票，其收益率可观，流动性较低，但当急需资金时，可以到银行贴现。

5. 可转让大额定期存单

可转让大额定期存单指可在短期资金市场上出售，在商业银行存放一定金额和期限的定期存款证明。其利率较高，不记名，可自由转让，流动性较好，期限多在一年以内，但起点金额高，通常只适合较大的投资者。

6. 普通股

上市公司的股票是一种流动性很强的有价证券，其特点是收益率高，但风险很大。它不是企业短期投资的主要选择对象，通常只在进行投资组合是才会考虑到普通股。

6.1.3 有价证券与现金的关系

在经济法学里，现金和有价证券是经济法律关系的客体，是特殊的"物"。经济法律关系的客体是指经济法主体权利和义务所指向的对象，主要包括物、经济行为和非物质财富。"物"是能够为人类控制和支配，具有一定经济价值，可通过具体物质形态表现存在的物品。物包括自然存在的物品和人类劳动生产的产品以及固定充当一般等价物的货币和有价证券等。有价证券是在特别的专有纸单上，通过文字及图形，表明特定民事权利的书面凭证。有价证券是一种与权利结合在一起的法律文书，离开了它，既不能证明该有价证券所具有的权利，也不能将这些权利转移给他人。所以从本质上看，有价证券只是一种权利证明，但由于它本身就代表着一定的财产价值，特别是有价证券的合法转移，即意味着所有权的转移，因此有价证券又具备了物的一些表面特征。有价证券作为物权之外的其他财产，当它在不记名的时候即可视为动产。但是有价证券在记名的时候就不能适用动产的规定。

流动资产指价值周转期不超过一年或一个营业周期的资产，按其流动性强弱主要包括现金、有价证券、应收账款、存货及预付款等。现金和有价证券都属于流动资产的范畴，而现金是流动性最大的一种货币资金。拥有一定量的流动资金是企业进行生产经营活动必不可少的物质条件。现金是立即可以投入流通的交换媒介，它的首要特点是普遍的可接受性，即可以立即用来购买商品、货物、劳务或偿还债务等。因此，现金是企业中流通性最强的资产，有价证券次之。

有价证券是企业现金的一种转换形式。有价证券变现能力非常强，可以随时兑换成现金，所以当一些企业有了多余现金的时候，常将其兑换成有价证券；待企业现金流出量大于流入量，需要补充现金的不足时，再出让有价证券，换回现金使有价证券成了现金的替代品。此外，将现金转换为有价证券，可以获取一定的收益，这是持有有价证券的一个重要原因。现金以及有价证券既有本质区别，又有内在联系。而现金及有价证券的管理就是对现金以及有价证券的收、付、存等各环节进行的管理。

6.1.4 有价证券的特征

有价证券是代表持券人享有某种财产权利的凭证，它具有营利属性、可以自由流通。其特征主要有以下6点。

1. 收益性

持有证券本身可获得一定数额的收益，这是投资者转让资本使用权的回报。证券代表的是对一定数额的某种特定资产的使用权，而资产是一种特殊的价值，它要在社会经济运行中不断运动、不断增值，最终形成高于原始投入价值的价值。由于这种资产的所有权属于证券投资者，投资者持有证券也就同时拥有取得这部分资产增值收益的权利，因此，证券本身具有收益性。证券是持券人进行金融投资或与金融投资有直接联系的经济活动所取得的证明，收益多少通常取决于该资产增值数额的多少和证券市场的供求状况。收益表现形式主要有利息、现金股息红利、股票股份公司红利、财产股利、负债股利、股票股利、配股、公积金转增股本增值收益、买卖差价等。

2. 未来性

未来性也就是不确定性。它是指取得证券收益的时间，不是取得证券的时间，关键在于取得证券后未来一定期限内。证券收益的未来性来自证券本身所代表的资产价值增值的未来性，资产是在运动中增值的，只有证券所代表的资产加入了企业的生产经营活动，它才能在企业的生产经营活动中不断运动、不断增值。在正常条件下，持有证券时间越长，证券本身所代表的资金在企业生产经营活动中运动的次数越多，所取得的证券收益越高。

3. 不等值性

在相同时间内，同等价值量的证券具有不同的证券收益额和不同的价格，它取决于证券本身所代表的资产增值额的不一致性和证券性质的不一致性及证券市场的市场状况。

4. 风险性

持有证券将面临预期投资收益不能实现，甚至本金也受到损失的可能。在正常条件下，持有证券总能取得一定的收益。但这只是对证券持有者总体而言，由于证券收益的未来性和未来经济状况的不确定性，具体到某一投资者的命运却是很难预料的。一般情况下，一个证券投资者至少要冒利率风险、购买力风险、市场能力风险、财务风险、公司经营风险、经济状况风险、政策风险、政治风险、个人能力风险、信息不对称风险、判断能力风险、心理风险等多种风险。

5. 证券的产权性

证券的产权性是指有价证券记载着权利人的财产权内容，代表着一定的财产所有权，拥有证券就意味着享有财产的占有、使用、收益和处置的权利。在现代经济社会里，财产权利和证券已密不可分，财产权利与证券两者合二为一，证券已经成为财产权利的一种形式。虽然证券持有人并不实际占有财产，但可以通过持有证券，拥有有关财产的所有权或者债权。

6. 证券的流通性

又称变现性。证券持有人可以按照自己的需要，灵活地转让证券以换取现金。流通性是证券的生命力所在，流通性不但可以使证券持有人随时把证券转变为现金，而且还可以使持有人根据自己的偏好选择证券的种类。证券的流通是通过承兑、贴现、交易来实现的。

评估练习

正确理解酒店企业有价证券管理的种类及特点，将下列问题的正确答案选出来。
1. 下列不属于有价证券的是(　　)。
   A. 商品证券　　B. 货币证券　　C. 资本证券　　D. 应收票据
2. 下列属于有价证券的特征的是(　　)。
   A. 收益性　　B. 未来性　　C. 不等值性　　D. 无风险性

6.2　有价证券管理存在的问题和解决方法

1. 有价证券管理中存在的问题

目前，企业在管理中存在的问题主要有以下几点。
1) 企业现金和有价证券具有极大的被盗和挪用的风险性

从资产流动性看，现金和有价证券在货币资金中占有举足轻重的地位。它对每个企业或个人来讲，都可以作为购买或支付的工具。任何人都可以用它来换取其所需要的财物或某种服务。因此，货币资金具有极大的诱惑力，使人们对它产生占有的欲望。同时，由于货币资金特别是现金的物质实体较小、便于携带和隐藏、侵占时不易被直接发现，所以货币资金是企业各种资产中最容易被人挪用和侵吞的对象，也是最受企业关注和最需要重点保护的资产。

2）企业财务管理人员素质较差，风险意识不强

市场经济条件下，只要有财务活动，就必然存在着财务风险。但在现实工作中，许多企业的财务管理人员及企业经营者对财务风险缺乏足够了解，风险防范意识不强，不能从根本上认识风险的本质，认为只要管好用好资金就不会产生财务风险。个别企业的财务管理存在着主观臆断现象，管理缺乏科学性和预见性，由于风险意识淡薄，致使财务资金浪费现象严重。

3）企业内部管理不善、财务关系混乱

企业内部管理不善，财务关系混乱也是企业产生财务风险的重要原因。首先，企业资金结构不合理，导致企业财务负担沉重，偿付能力严重不足，由此产生财务风险。其次，企业内部在资金管理及使用等方面存在权责不明、管理混乱的现象，造成资金使用效率低下，资金损失严重，资金的安全性、完整性无法得到保证。

2．有价证券管理办法

认购有价证券，是企业对外投资的一种重要形式。企业用结余的资金、所得税后的正常留存，特别是暂时闲置的资金，从理财的角度考虑应该进行有价证券投资。通常来说有价证券收益要比银行存款利息高。企业可以认购的有价证券，从总体上讲种类很多，如国库券、特种国债、国家重点建设债券、地方债券、金融债券、企业债券和股票等。但就某个具体企业而言，不可能什么有价证券都买，要有所选择，要尽量选择投资风险小而收益率相对较高的证券进行投资。从投资的期限看，可以分为两大类，一类是准备随时变现、持有时间不超过一年的有价证券的投资，会计上称其为短期投资；另一类是不准备在一年内变现的有价证券的投资，会计上叫长期投资。一个企业是进行长期投资，还是进行短期投资，需从企业的资金周转情况和投资收益情况等多方面进行分析论证后再作选择。会计部门对有价证券分长期投资和短期投资两大类进行管理与核算。

投资有价证券的潜在报酬率比其他投资更高，但是风险也最大。影响证券价格变动的因素主要有宏观经济因素、政治因素和市场本身因素。宏观经济因素包括公司的经营状况与盈利水平，公司的股利政策，经济发展的周期，利率水平，物价水平，国家的金融、财政、税收政策。政治因素是影响股价变动的敏感因素，国家领导人的变更、政局的变化、战争、国际政治形势的变化以及国家重大方针政策的变动调整等都会引起股价的变动。市场本身的因素主要有股市的供求状况、投机和人为操纵以及社会心理等。

企业进行有价证券投资的动机有许多，一是为了获得投资收益，收益包括利息、股息等。二是决策和控制动机。有一些资产雄厚的投资者，参与投资的动机是为了控制某一公司，参与公司的经营决策，体现自己的意志，以达到控制和操纵某一公司的目的。三是分散风险动机。也就是将自己的投资活动安排在不同的投资市场和投资对象上，以降低和控制风险。四是增加资产的流动性。使资产迅速变现，而又不会蒙受损失。五是自我表现动机，少数投资者的动机是为了显示自己，从中得到一种心理上的满足。

企业对有价证券的投资，按其风险的承受能力将其分为偏好稳健的投资、激进的投资、温和的投资三类。

稳健的投资以资金安全为主，追求稳定的收益，这些收益一般是在投资决策时已经获知，除非有特殊的情况，收益是比较固定的。企业以投资者的身份而非投机者的身份出现，

最大限度地避免投资风险,保证企业资金的安全。此类企业一般购买收益比较稳定、风险较小的投资型证券,如政府债券、金融债券、优先股票等。

激进的投资往往追求高风险、高收益。因为风险与收益是相伴随的,投资的风险越大,投资的收益越大。一些企业为了获取较高的利益而自愿去投资高风险的证券。具有成长型的普通股票是此类投资者的首选,特别是证券市场价格波动不定时,投资的热情更高,以图在价格波动中获得差价收益。

温和的投资介于稳健投资和激进投资之间,此类投资追求较高的投资收益,但对风险的承受能力虽高于稳健的投资者,却低于激进的投资者。在经济发展不景气,公司的利益水平较低时,他们会投资于有固定收益的证券,如政府债券、金融债券和优良公司债券,在经济发展状况比较好,公司盈利丰厚时,他们会投资公司的股票,特别是普通股,去获得丰厚的利益。

企业购入证券,要基于企业投资有价证券的动机、对风险的承受能力及自身的经济状况等选择适合的证券。购入时证券要对其竞争能力,销售额的增长率,销售额的稳定性,公司的盈利能力,公司的财务状况,公司的管理水平等多方面综合考虑权衡利弊,从而选择合适的有价证券。

对付证券风险最普遍的方法是投资的分散化,就是选择若干种证券加以搭配,建立证券组合。即通过多种证券的报酬高低,风险大小的相互抵消,使证券组合在保持特定收益水平的条件下把总风险减少到最低程度,或者将风险限制在愿意承受的特定水平之下,尽可能使收益最大化。目前对证券组合的研究可以分为定性分析和定量分析两种分析方法。定性分析就是从投资者对证券投资的目标出发,选择若干证券,进行证券组合,以最终确定投资目标。债券比股票收入稳定,资信好的大公司和公用事业类的股票股利支付也比较稳定。选择证券的基础是了解每种证券的特点,进行必要的分类,包括按风险的大小分类,按长短期分类,按收入型和增长型分类。然后,确定证券组合的风险水平,高中低风险组合相互搭配。购入后要监测证券组合实施后的情况,是否达到了市场平均收益水平,若某种证券有异常,就应该及时考虑更换证券品种或搭配比例,改变原有组合。定量分析是采用精确的科学计算方法,选择适当证券购入以实现投资目标。"当代证券组合理论"是重要的证券组合定量分析方法,其内容主要包括风险分散理论、贝塔系数分析、资本资产定价模式。

购入后的管理类似于企业出纳人员对现金的管理与核算。具体来说包括以下几方面内容。

(1) 应由出纳人员按货币资金的管理要求进行管理。首先建立有价证券登记簿,按证券种类分设户头,所记金额应与总账会计相一致,详细记载有价证券的名称、券别、购买日期、号码、数量和金额。由于除法人认购的股票外,一般是不记名的,所以在保管上难度较大。出纳人员有保管现金的经验并具有保护其安全的客观条件,是保管本企业有价证券的最佳人选。此类有价证券必须由出纳人员放入保险柜保管,不能由经办人自行保管。

(2) 出纳人员对自己负责保管的各种有价证券,要专门设立出纳账户进行详细核算,并由总账会计的总分类账进行控制,并定期出具收、付、存报告单。对到期的各种有价证券,应做到及时兑付,对取得的利息收入(投资收益),应及时入账。

(3) 业务人员提取有价证券外出办理有关事项时,应办理类似于现金借据的正规手续交给出纳人员作为支付凭证,交还有价证券时再由出纳人员在借据上加盖注销章后退还业务人员。

(4) 出纳人员对自己保管的各种有价证券的面额和号码应保守秘密。有价证券的保管人员在工作调换办理交接手续时,交接双方必须当面核对。

(5) 对按中签号码还本付息,业务经办人和出纳保管人要特别注意经常核对有关部门公布的中签号码。

(6) 年度终了应将明细账或有价证券登记簿视同会计档案一同存档保存。

为提高酒店企业的现金收益率,当现金金额超过其目标金额后,应将多余部分用于投资。但考虑现金净流入量的随机性,多余现金只宜用于风险小、变现力强的短期有价证券的投资。

3. 投资有价证券应考虑的主要因素

购买有价证券时应考虑的因素有以下五点。

1) 违约风险

即证券发行人不能按期支付本金和利息的风险。所以,在投资证券时,应该选择信誉好的证券种类。

2) 利率风险

由于市场利率上升而引起证券价格下跌,从而使证券投资者遭受经济损失的可能性,即为证券利率风险。因此,若预期市场利率上升,进行证券投资就要极为小心。

3) 购买力风险

指由于通货膨胀使得出售证券后所获得的货币购买力降低的可能性。因此,若在通货膨胀期间,应选择收益可望增加的证券进行投资。一般情况下,投资于房地产和普通股比投资于固定利率的债券能更好地避免购买力风险。

4) 流动性风险

指不能立即出售债券而获得企业所需现金的风险。我们知道,当企业现金金额降低到一定程度时,必须将证券出售、换回现金,以保证企业的正常运转。若企业需要现金,而证券又不能立即出售,则极有可能给企业带来损失。因此,在选择证券时,其流动性是一个重要的因素。

5) 证券的收益

通常证券的风险与其要求的收益率是成正比的。选择证券进行投资时,要明确收益高的有价证券往往要承担较大的风险。若投资于作为现金的临时替代物的短期有价证券,首先要考虑的是其安全性与流动性。因此,财务人员常常选择安全性与流动性好而收益并不一定很高的有价证券进行投资。

评估练习

正确理解酒店企业有价证券管理的问题及解决方法,将下列问题的正确答案选出来。

1. 下列属于有价证券管理存在的问题的是( )。

A. 企业现金和有价证券具有极大的被盗和挪用的风险性
B. 企业财务管理人员素质较差，风险意识不强
C. 企业内部管理不善、财务关系混乱
D. 企业资金过多投资于有价证券

2. 投资有价证券应考虑的因素有(　　)。
A. 违约风险　　B. 利率风险　　C. 购买力风险　　D. 流动性风险

6.3　酒店有价证券管理制度

酒店所持有的有价证券，是指在酒店内部流通的可以替代货币的一种票据，主要包括免费早餐券、自助餐晚餐券、鱼疗券、自行车券、桌球棋牌券、会员卡、温泉消费体验券、温泉门票、自助烧烤券、养生自助晚餐券、业主现金抵用券等。对这些证券如果不妥善管理，将为酒店带来不同程度的损失。

为加强有价证券的管理，酒店可以制订如下管理制度。

(1) 有价证券由设计部统一设计版本，设计完后交总经办及财务部审核，审核通过后交由采购部统一印刷(印刷时需要印刷连续的编号)。

(2) 有价证券印刷完后必须办理入库手续。

(3) 所有入库的有价证券只能由财务部在仓库统一申领，任何其他部门不得直接到仓库领用各种有价证券；各部门需用时，只能到财务部领取，同时办理相关领用和登记手续。

(4) 各种有价证券需盖酒店财务章或经财务激活才能生效，未盖酒店财务章或未经酒店财务部激活的各种有价证券无效(特殊有价证券需董事长签字方可生效)。

(5) 财务部做好各种有价证券的登记和核销工作。

(6) 可以出售的有价证券在相关部门按面值出售，款项次日交财务部。

(7) 有价证券的发放或销售情况要及时上报财务部，对于不再使用的有价证券在5天内退还财务部，办理注销手续。

(8) 各种会议、旅行社及团队消费不得使用酒店的各种有面值现金抵用券结账；应收账款结算不受理各种现金抵用券。

(9) 酒店员工不得使用酒店赠送的各种有价证券在酒店消费(酒店奖励给员工消费的感谢信及相关福利券消费除外)。

(10) 办事人员因业务关系赠送客户有价证券的，当事人需要出具书面申请提交部门负责人审核后报营业副总审批(金额或数量较大的须提交董事长签字)方可办理领用手续；赠送出去的各种赠券，当事人需要做好相关登记手续报财务部备案，未赠送完的赠券需及时退还财务部。

评估练习

正确理解酒店企业有价证券的管理制度，将下列问题中的正确答案选出来。

下列关于有价证券管理制度的是(　　)。

A. 酒店员工不得使用酒店赠送的各种有价证券在酒店消费
B. 可以出售的有价证券在相关部门按面值出售,款项次日交财务部
C. 有价证券印刷完后必须办理入库手续
D. 办事人员因业务关系赠送客户有价证券的,当事人需要出具书面申请提交部门负责人审核后报营业副总审批(金额或数量较大的须提交董事长签字)方可办理领用手续

第 7 章

采购与库存管理

【本章概述】

本章主要介绍酒店的采购与库存管理。

7.1 主要讲解酒店的采购管理。

7.2 主要讲解酒店库存管理。

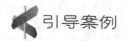

酒店食品安全问题

食品安全问题再一次挑动了消费者的神经。

2012年,据媒体报道,端午节期间,上海市质监局对已关停的食品生产企业开展了明察暗访,发现位于闵行区的上海佳宝食品有限公司(简称上海佳宝),在今年5月被注销生产许可证后仍在开工,涉嫌违法生产,所产糕点或流向沪上多家知名宾馆酒店。

流通台账单据显示,该企业一直处在发货状态,点心制品分别发往希尔顿、和平饭店、福朋喜来登等五星级酒店以及香港丽源茶餐厅、王朝静安店等知名餐饮门店。此外,其米面点心制品还销往上海麦德龙等知名超市卖场。

对此,和平饭店公关部门相关负责人对《每日经济新闻(微博)》记者表示,公司已经在第一时间展开调查,但和平饭店是否与上海佳宝有合作关系以及是否采购其食品还没有确切的答案。"网上的单据是由上海佳宝出具的,不是我们酒店的收货单,采购部门在订单等方面还在核查中,调查结束后将给出说法。"

同时,记者曾多次联系希尔顿酒店集团公关部门,但截至发稿件时,尚未收到回复。

据质检人员介绍,上海佳宝已于今年5月7日注销了食品生产许可证,并因生产环境不达标而没有续证。目前执法人员查处的企业仓库内的点心包装上同时印有生产制造商"海门佳宝"和"上海佳宝"字样,无法明确究竟是在哪里生产的。

对于此次"黑点心"事件,北京志起未来营销咨询集团董事长李志起在接受《每日经济新闻》记者采访时表示,通常情况下,酒店应该对供应商有一定的考察,包括合格证、企业的资质、合格的证明等。此事件的发生,存在两种可能:"一是上游企业有意欺骗酒店,采取违法手段,伪造合格证明等;二是酒店的采购人员存在渎职行为,导致产品品质要求被降低。"

李志起进一步表示,"一般来讲,好一点的酒店还是非常看重供应商的品牌,因为酒店的利润空间比较大。但是现在有些酒店出于成本方面的考虑,采购上存在品质要求降低的情况,比如只看采购价格等"。

此外,李志起认为,这也显示出酒店对上游产业链质量管控的漏洞。下游企业必须加强对供应商资质的审查和管理,采取风险金等手段来强化上游企业的违约责任。"酒店作为终端品牌,有必要投资一些检测设备,在最大程度上保证产品质量,从而将风险降到最低。"

上海质监局相关工作人员告诉《每日经济新闻》记者,因为上海佳宝同时涉及海门生产厂家,因此已有执法人员和海门当地质监部门取得联系,会到海门核实一下相关情况等,具体的原因在几天后应该会有结果。

(资料来源:中国EMBA企业家网, http://www.embasoul.net/news/)

思考题

1. 不合规的点心制品分别发往希尔顿、和平饭店、福朋喜来登等五星级酒店的原因可能有哪些?

2. 酒店应从哪些环节杜绝这类事件的发生?

7.1 采购管理

酒店采购是最难控制的难点之一。由于酒店物品质量要求高、储存周期短、采购批次多、所用采购人员多，加之部分物品需从境外采购，这就决定了酒店采购的内部控制有别于其他行业的内部控制。此外，酒店采购职位较有吸引力，个别专司此职者利用职权，容易徇私舞弊、中饱私囊。

酒店采购控制的主要目的是：始终保证供应足够数量的物品，各种物品的重量应适于使用并按最有利的价格购买。

7.1.1 酒店采购控制程序

酒店采购控制程序分为下面几个步骤。

1．请购

请购可以由使用部门提出，也可以由仓库提出。使用部门根据自己的需求提出物品采购申请，填写"请购单"；仓库在各种物品库存量到达最低界限(采购线)时填写"请购单"。

2．报批

填好的请购单经请购部门主管经理签字后须交仓库核签。仓库人员主要核查仓库里有无该种物品或有无可以代用的物品，把好采购关。如果可以直接在仓库领取的，就无须再申报采购，申报程序就此结束。

属于仓库自己申请采购的，仓库主管也应该认真复核该物品的储存量并在"请购单"上"请购部门主管"处签字。

请购单经仓库核签后，按照酒店规定的审批程序报财务总监和总经理审批。一般来说，日常经营需要的，采购金额不超过某一限额的物品，由财务总监行使审批权；非日常经营需要的、金额较大的采购项目，除财务总监审批外，还需总经理审批。

3．订货

(1) 批准的请购单分别送交采购部和财务部的应付账款处。

(2) 采购部根据请购单的要求，选择适合的供应商，签订订购单或订货合同，安排采购事宜。

(3) 订货单或订货合同也要报财务总监和总经理审批。此次审批，实际上是对订货的认可，主要是对订货价格的控制。

(4) 如果采购部门订购不到请购单上需求的物品，应及时通知请购部门；如果购的是此种物品的代用品，也应事先征得请购部门同意。

(5) 批准的订货单或订货合同，采购部门除了自己留存一份外，递交请购部门一份，以便了解订货时间、安排相应工作；递交仓库一份，以便核对验收、安排仓位；递交财务部应付账款处一份，以便准备资金付款。

4. 验货

(1) 仓库根据发货订单或订单合同提供的进货信息，安排仓位和验收人员。

(2) 货品到后，验收人员根据订货单或订货合同的内容做好盘点数量、检查质量的工作。

(3) 填制验收单。验收工作完成后，将验收单和发票订在一起，送交财务部。

5. 付款

核准付款是采购控制的最后一个环节，也是采购控制的关键，要求负责核准付款的会计人员必须严格把好最后审核关。核准付款人员的工作准则是核对请购单、订购单、验收单、发票券四种单据，四单核对一致，准确无误后付款。付款之前应检查货品是否已预付定金或预付款。已经预付了定金或预付了部分货款，应计算出本次应付货款的金额。

7.1.2 采购控制的其他方式

1. 双重验收控制

酒店日常所需的鲜活货品大部分是不经仓库而直接送到厨房的。这部分货品由于每天耗用的品种多、数量大，涉及的小供应商又较多，加之他们多是个体和私人商户，人员比较复杂，很容易发生欺骗或有关人员私通作弊的问题。所以，许多酒店采用双重验收制度，对这类货品进行控制。

双重验收的控制程序有以下几点。

(1) 供应商送来鲜活商品时，由仓库验收部门作第一次验收，填制"验收单"一式四联，把供应商那联留下，其他三联由供应商拿着把货品送到厨房。

(2) 厨房主管根据仓库验收部门填制的验收单上的品名、规格、数量、质量等，逐一复验供应商送来的货品。复验无误后，分别在三联验收单上签字并加盖厨房验收章。留下一联验收单，其余两联由供应商带给仓库验收部门或由厨房直接送交验收部门。在复验过程中，若发现货品质量等级不符或数量、重量短缺，则在三联验收单上用红笔作修改，并在修改处签名。若供应商对此有异议，则需请行政总厨或饮食总监决定处理。

(3) 仓库验收部门检查两联验收单有无厨房验收的印章及厨房主管的签名，取出先前供应商留下的那联验收单，与这两联核对，检查这两联验收单上有无改动。如没有什么问题，在供应商那联验收单上加盖验收部门印章，交还供应商；如厨房验收做了修改，必须在供应商那联验收单上作相应的改动，再加盖验收部门印章，交还供应商。

(4) 有厨房印章及厨房主管签名的那两联验收单，一联留存仓库验收部门，一联同其他单据一起送交财务部核准付款的人审核付款。

2. 集中采购方式

所谓集中采购，是指多家酒店联合成立一个采购中心，统一采购各家酒店所需的物品。目前，世界上有许多著名的联号酒店采用这种方法。有时，若干个非联号酒店也合作采用这种方法。使用集中采购方式的各个酒店将物品采购需求送到采购中心，由采购中心根据各个酒店的需求数量，汇总后集中采购，要求供应单位将物品送到各个酒店或集中交货再分发给各个酒店。

采用集中采购制，有以下优点。
(1) 批量采购，能够以较低的价格购买所需的物品，降低采购成本。
(2) 买方有较多选择供应单位的机会，因此更能采购到符合质量要求的物品。
(3) 可保持较多存货，更能保证对各个酒店的经常供应。
(4) 可以加强对采购人员的集中控制，减少各个酒店在采购上的费用和在内部控制上的花费。

采用集中采购方式，也有以下缺点。
(1) 各个酒店必须接受现有的标准商品，而无法根据本酒店的特殊需要自主采购。
(2) 各个酒店无法在当地供应单位降价时利用特殊的采购机会。
(3) 各个酒店餐饮都必须编制比较标准化的菜单，酒店有关人员改变菜单方面的自由受到了限制。

此外，许多酒店还采用三方报价控制方式，主动要求供应商报价。

评估练习

正确理解酒店企业采购的控制方法，将下列问题的正确答案选出来。
1. 酒店采购控制程序包括的步骤有(　　)。
 　A. 请购　　　　B. 报批　　　　C. 订货　　　　D. 讨论
2. 采用集中采购制的优点是(　　)。
 　A. 可以较低的价格购买所需的物品，降低采购成本
 　B. 买方有较多选择供应单位的机会，因此更能采购到符合质量要求的物品
 　C. 可保持较多存货，更能保证对各个酒店的经常供应
 　D. 可以加强对采购人员的集中控制，减少各个酒店在采购上的费用和在内部控制上的花费

7.2　库　存　管　理

存货在许多企业都是一笔非常庞大的投资。对于典型的制造型企业，其存货经常超过资产的 15%；对于零售商，存货则可能超过资产的 25%。对于酒店来说，既有制造型企业的属性也有零售企业的属性，因此在管理上更加复杂。酒店的货物一般存于酒店的总仓，这里主要是储存酒水、客房用品、管理人员用品的地方，而菜品则在厨房保存，除了总仓和厨房仓库之外，酒店的客房中心、酒吧、餐厅还会有各自的一些库存。所以要想面面俱到展开论述很困难。因此，我们先将存货管理的基本原理阐述清楚，并在此基础上对餐饮部的库房管理进行阐述。

7.2.1　存货的类型

存货是指酒店在生产经营过程中为销售或者耗用而储备的物资，包括各种原材料、燃

料、物料用品、低值易耗品、商品等。

原材料主要包括食品原材料，即食品原料、调料、配料。

燃料主要指酒店消耗的各种固体、液体、气体燃料。

物料用品是指酒店用于服务、办公及日常管理等方面的用品，包括为旅游者备用的物品、各种办公用品、营业部门的日常用品、针棉织品、包装物品、其他物品等。

低值易耗品是指酒店中不够固定资产标准的各种工具、用品及家具等，如家具用具、办公用具、工具、劳保用品、仪器仪表、金属餐具、玻璃器皿、摆设挂饰等。

商品是指酒店为销售而储存的各种商品。

7.2.2 储存存货的原因

如果酒店能在生产需要时随时购入所需的原材料，或者能在销售时随时购入该项商品，就不需要存货，因为有了存货就要占用资金。但实际上，凡酒店都有存货的需要。酒店企业这种对存货的需要出自以下几个原因，或者说是由于考虑了以下一些因素，酒店必须保有一定量的存货。

(1) 可以保证生产或销售的经营需要。实际上，酒店很少能做到随时购入生产或销售所需的各种物资，即使是市场供应量充足的物资也是如此。这不仅因为不时会出现某种材料的市场断档，还可能因为酒店距供货点较远的途中运输及可能出现故障等各种原因。一旦生产或销售所需物资短缺，生产经营将被迫停顿，从而造成损失。为了避免出现停工待料、停业待货等事故，酒店就需要经常保持一定量储存存货。

(2) 出自价格上的考虑。零购物资的价格往往较高，而整批购买在价格上常有优惠。出于购买价格的考虑，酒店也会整批购入某些物资，分期分批使用，这样也会出现存货。此外，市场的价格波动也使酒店有必要在价格尚低时购入较大量物资，以减少价格上涨造成的损失。

7.2.3 存货的成本

要想持有一定数量的存货，必定会发生一定的成本支出。存货成本有以下几项。

(1) 采购成本。采购成本是由买价、运杂费等构成的。采购成本一般与采购数量成正比。为降低采购成本，酒店应研究材料的供应情况，货比三家，价比三家，争取采购质量好、价格低的物资。

(2) 订货成本。订货成本是指为订购材料物资、商品而发生的成本。订货成本一般与订货的数量无关，而与订货次数有关。酒店要想降低订货成本，则需要大批量采购以减少订货次数。

(3) 储存成本。储存成本是指在物资储存过程中发生的仓储费、搬运费、保险费、占用资金支付的利息费等。一定时期内的储存成本总额，等于该期内平均存货量与单位储存成本之积。酒店要想降低储存成本，就需要小批量采购，减少储存数量。

此外，酒店还应考虑由于物资储存过多、时间过长而发生的变质与过期的损失，还有由于物资储存过少不能满足生产和销售需要而造成的损失。

总之,进行存货管理的主要目的就是要控制存货水平,在充分发挥存货作用的基础上降低存货成本。

7.2.4 存货的规划

存货规划是指在确定酒店存货占用资金数额的基础上,编制存货资金计划,以便合理确定存货资金的占用数量,节约使用资金。

1. 核定存货资金占用额的基本方法

酒店存货资金占用额的核定方法,主要有以下几种。

1) 周转期法

周转期法,又称定额日数法。是根据各种存货平均每天的周转额和资金周转天数来确定资金占用额的一种方法。其计算公式如下:

$$资金占用额 = 平均每天周转额 \times 资金周转天数 \tag{7-1}$$

式中:平均每天周转额——每日平均垫支的资金数额;

资金周转天数——资金完成一次循环所需要的天数。

这种计算方法是核定存货资金占用额的基本方法,适用于原材料、物料用品、低值易耗品、商品等资金中主要项目资金占用额的计算。

2) 因素分析法

因素分析法是以上年资金实际占用额为基础,分析计划年度各项变动因素,加以调整后核定资金占用额的方法。其计算公式如下:

$$资金占用额 = (上年资金实际平均占用额 - 不合理占用额) \times (1 \pm 计划年度营业额增减百分比) \times (下计划年度资金加速周转百分比) \tag{7-2}$$

这种方法适用于品种繁多、规格复杂、价格较低的物资金占用额的计算。

3) 比例计算法

比例计算法是根据存货资金和相关因素之间的比例关系,来测定资金占用额的方法。如备品用件、工具、刀具等的储备量,常与设备台数、工人人数有内在联系。现以修理用备件为例来进行说明,其计算公式如下:

修理用备件资金占用额=计划年度使用的机器设备的价值×查定期修理用备件平均

库存额占使用的机器设备价值的百分比×(1-修理用备件压缩百分比)

2. 餐饮食品原材料资金占用额的测算

酒店的餐饮食品原材料按其存放地点分类,可分为不入库管理的原材料和入库管理的原材料两类。

不入库管理的原材料,是指酒店中购进量少,且不能长时间储存的材料,如水产品、蔬菜等鲜活原材料。这些原材料当日采购当日入厨房进行加工,储备量不多,通常可单独制订业务周转金定额进行控制。

入库管理的原材料,是指酒店中购进量大、能较长时间储存的材料,如粮食、干货、调味品等。对这些原材料应以核定资金占用额进行管理。

酒店餐饮食品原材料资金占用额,在一般情况下按照原材料品种核定;对于那些数量大、价格高的主要原材料还要按照规格核定;而对那些数量较小、品种繁多的原材料,则可按照类别核定,通常采用周转期法核定。

采用周转期法核定食品原材料资金占用额,首先,要按照正常经营所必须储备的各种原材料来确定实物储备数量,使它们都有一个合理的库存,然后,在这个基础上确定资金占用额。采用周转期法制定食品原材料资金占用额的公式如下:

$$食品原材料资金占用额 = 计划期食品原材料每日平均耗用量 \times 食品原材料资金周转日数 \times 食品原材料计划价格 \tag{7-3}$$

假定某酒店在确定食品原材料中的牛肉资金占用额,如表 7-1 所示。

表 7-1 某酒店牛肉资金占用额

品名	全年计划用量/kg	每日平均耗用量/kg	保证供应天数/天	储备量/kg	单价/(元/kg)	金额/元
牛肉	2700	7.5	3	22.5	16	360

酒店应分别对每一种或一类食品原材料进行预计,加总计算得出食品原材料全部储备量和资金占用额。

3. 在用棉织品周转资金占用额的测算

涉外酒店在一般情况下,需要每天撤换洗涤棉织品。为此,许多酒店专门设置了洗衣房,负责棉织品的洗涤工作,以保证每天有干净卫生的棉织品满足客房、餐饮服务的需要。有的酒店没有设置洗衣房,就得将棉织品送到社会上的洗衣店去洗涤。这样,酒店在经营过程中,就要配备几套备用棉织品,以便周转使用。酒店究竟要配备几套棉织品,这要根据各个酒店的具体情况而定。

假定某酒店拥有客房 200 间,每间客房设置两张床位,每张床位铺放两条床单。该酒店拥有自己的洗衣房,每天可以洗涤出所有棉织品以保证供应。可以看出该酒店客房内需要配备床单(800 条),服务员清扫房间,需要用干净床单更换脏床单,这样楼层工作间(布草间)需要配备一套床单(800 条),洗衣房当日要洗涤昨日更换下来的脏床单,需要配备一套床单,因此该酒店至少需要配备三套在用床单,一共 2400 条。如果每条床单的购进价为 200 元,则床单周转金额为 480 000 元(200×2400)。

用此方法,可以分别计算毛巾、地巾、浴巾等纺织品的资金占用量,加总即可得出客房在用棉织品资金占用额。它可用以下公式计算:

$$客房在用棉织品资金占用额 = 固定房间数 \times 每间标准配备数 \times 周转套数 \times 该棉织品价格 \tag{7-4}$$

4. 在用餐具周转资金占用额的测算

酒店的餐厅为了保证营业需要,必须加强在用餐具的管理,一般通过核定一定数量的餐具作为配备数,交给餐厅主管或各餐组负责管理。餐厅使用的餐具包括不锈钢餐具、银器、陶器、玻璃器皿、塑料制品等。如果在用餐具每餐周转一次,其周转资金占用额一般根据餐厅座位数、营业餐次指标进行计算。其计算公式如下：

在用餐具周转数量=餐厅座位数×每位配备数×翻台次数 (7-5)

在用餐具周转资金占用额=在用餐具周转数量×计划价格 (7-6)

5．酒店特别物品资金占用额的测算

酒店的很多物品都是特别定制的，例如，客房用的宾客用品(卫生纸、香皂、圆珠笔、信纸信封、茶杯、烟灰缸)、棉织品(毛巾、浴巾、地巾)、餐厅用的瓷器等，都标有店徽、店名。所以，测算酒店特别物品的资金占用额，必须根据各自的特殊情况，作出特殊的处理。

酒店特制物品资金占用额的大小取决于三个因素：计划期某种物品每日平均耗用量、该物品计划价格、该物品资金周转日数。其计算公式如下：

某种特制物品资金占用额=计划期某种物品每日平均耗用量×该物品计划价格
×该物品资金周转日数 (7-7)

1) 客房宾客用品资金占用额

从上面的公式可以看出，客房客人用品资金占用额主要是由计划期客人用品每日平均耗用量和资金周转日数决定的。

(1) 客房客人用品每日平均耗用量。酒店客房客人用品是一次性消耗的物品，每日平均耗用量主要取决于固定客房数、计划期客房出租率、每间客房标准配备数量、客人用品耗用比例。其计算公式如下：

客人用品每日平均耗用量=固定客房数×计划期客房出租率×每间客房标准配备数量
×客人用品耗用比例 (7-8)

客人用品耗用比例是指每间客房标准配备数量中实际耗用数量所占的比例。

假设某酒店拥有客房 200 间，计划期客房出租率为 60%，每间客房配备香皂 3 块，耗用比率为 70%，则：

香皂每日平均耗用量=200 间×60%×3 块/间×70%=252(块)

(2) 客人用品资金周转日数。客人用品资金周转日数包括在途日数、验收整理日数、保险日数和供应间隔日数。

由于客房客人用品需要特别制作，这就必须根据生产厂家的生产情况确定最合理的生产数量，在此基础上确定供应间隔日数。其计算公式如下：

某种客人用品供应间隔日数=最合理生产批量/每日平均耗用量 (7-9)

如该酒店客房客人使用的香皂由制皂厂特制，而制皂厂每批生产的最低批量为 6000 块，则：

香皂的供应间隔日数：6000÷252=23.8(天)

假定通过综合计算，香皂的资金周转日数为 35 天，每块香皂价格为 1.20 元，则：

香皂的资金占用额=252×1.20×35=10 584(元)

2) 客房棉织品库存资金占用额

客房棉织品与客人用品不同，客人用品是一次性消耗用品，而棉织品是多次使用品。棉织品多次使用的次数，在不同星级的酒店有不同的标准。在五星级酒店棉织品如果有一点点斑迹、变色就不再使用，而在一星级酒店则可能继续使用。

棉织品每日平均耗用量的计算公式如下：

$$\text{棉织品每日平均耗用量}=(\text{固定客房数}\times\text{计划期出租率}\times\text{每间客房标准洗浴量})$$
$$/\text{棉织品平均使用次数} \qquad (7\text{-}10)$$

仍以上例，该酒店每间客房配备地巾 2 条，每条地巾可洗涤 50 次，则：
地巾每日平均耗用量=(200×60%×2)÷50=4.8(条)
棉织品供应间隔日数可以参照宾客用品的计算公式计算。

假设地巾每条价格 15 元，周转日数为 160 天，则：
地巾库存资金占用额=4.8×15×160=11 520(元)

6. 商品资金占用额的测算

由于各个酒店商品部门的经营规模、管理水平和具体条件不同，对商品资金管理的要求也不相同。这就要求各个酒店必须根据具体情况，选择适当的计算方法，测算商品资金的占用额。

(1) 在测算商品库存量数额的基础上测算商品资金占用额。运用这种方法测算商品资金占用额，首先，要确定商品库存量数额，然后，再根据商品库存量数额以及该种商品的平均购进价确定商品资金占用额。

商品库存量数额就是库存的商品够多少天销售之用。它根据每种商品从购进到销售，在各个环节流转过程所需的全部时间以及该种商品的平均每日销售量来确定。其计算公式如下：

$$\text{商品库存量数额}=\text{计划期每日平均销售量}\times\text{商品库存周转日数} \qquad (7\text{-}11)$$

计划期每日平均销售量，可根据计划期该种商品的计划销售量除以计划期天数来计算。商品库存周转日数一般是由进货在途日数、销售准备日数、商品陈列日数、保险日数和进货间隔日数几个部分组成。

进货在途日数，是指酒店商品部向外地购进商品承付货款时起，至商品运到酒店商品部所在地址所需的天数。在途日数的长短由商品价款的结算方式、运输条件、采购地点远近等因素决定。

销货准备日数，是指商品到达酒店商品部后，办理卸车搬运、验收入库、整理装配、作价入账以及商店柜台向仓库提货直到陈列货架具备出售条件时，为一系列销售准备工作所需的天数。

商品陈列日数，是指商品陈列在货架、柜台、橱窗上的数量，除以平均每日销售量后折合成的天数。

保险日数，是指为了防止发生特殊情况，或未能预见到的发展趋势(如市场需求量的骤增等)，需要有保险库存而占用资金的天数。

进货间隔日数，是指前后两次进货之间间隔的天数。进货间隔日数的长短取决于每日销售量和每次进货量的多少。

在确定各种商品库存量数额的基础上，根据该种商品的进货单价可以测算出各种商品资金占用额，进而测算出各类商品资金占用额和酒店商品部的商品资金占用额。

(2) 按报告期商品周转率分析推算商品资金占用额。这种方法是以计划期商品周转率(次数)除计划期商品销售额，计算平均商品资金占用额。因为这种计算方法是用商品周转率倒求商品资金平均占用额，所以，也叫"倒算法"。

7．存货资金占用计划

根据以上方法测定资金数额以后，便可汇总填制存货资金计划表，确定酒店存货占用资金的总额。

7.2.5 存货的日常控制

存货的日常控制是指在日常生产经营过程中，按照存货计划的要求，对存货的使用和周转情况进行的组织、调节和监督。存货控制的方法主要有以下几种。

1．存货的分级分口控制

存货的分级分口控制是加强存货日常管理的一种重要方法。这一管理方法包括如下三项内容。

1) 在总经理、财务总监领导下，财务部门对存货资金进行统一管理

酒店必须加强对存货资金的集中、统一管理，以促进供、产、销互相协调，实现资金使用的综合平衡，加速资金周转。财务部门的统一管理主要包括以下几个方面的工作。

(1) 根据国家财务制度和酒店具体情况制定酒店资金管理的各种制度。

(2) 认真测算各种资金占用数额，汇总编制存货资金计划。

(3) 把有关计划指标进行分解，落实到有关部门和个人。

(4) 对各部门的资金运用情况进行检查和分析，统一考核资金的使用情况。

2) 实行资金的归口管理

根据使用资金和管理资金相结合、物资管理和资金管理相结合的原则，每项资金由哪个部门使用，就归哪个部门管理。

酒店存货资金归口管理的分工，一般如表 7-2 所示。

表 7-2　酒店存货资金归口管理的分工

资金项目	管理部门
原材料、物料用品	采购供应部门
修理用备件	工程设备部门
在用棉织品	洗涤部门
在用餐具	餐饮部门
客房家具、电器	客房部门

3) 实行资金的分级管理

各归口的管理部门要根据具体情况，将资金计划指标进行分解，分配给所属单位或个人，层层落实，实行分级管理。现以原材料资金为例，来说明具体分解过程。

酒店原材料资金在采购供应管理部门归口管理基础上，还应按组织分工进一步分解，实行分级管理。具体有以下几种形式。

(1) 按业务性质由采购供应部门的计划组、采购组和仓库分别掌握采购限额、在途资金占用额和库存资金占用额。

(2) 在采购供应部门内部按物资大类设立供应线,分别进行计划、采购和仓库管理工作,并相应地管理该供应线的有关资金指标。

(3) 按物资类别分设仓库,分别进行采购和保管工作。

不论采用哪一种分解形式都应将资金指标具体落实到基层人员,并且加强计划、购运、仓库和财务人员之间的联系。

2. 经济批量控制

经济批量法是一种控制存货收发采购的方法。经济批量是指一定时期储存成本和订货成本总和最低的采购批量。从前述存货成本构成中可知,这两种成本高低与订货批量多少的关系是相反的。订购的批量大,储存的存货就多,会使储存成本上升,但由于订货次数减少,会使订货成本降低;反之,如果降低订货批量,可降低储存成本,但由于订货次数增加,会使订货成本上升。也就是说,随着订购批量大小的变化,这两种成本是互为消长的关系。存货控制的目的,就是要寻找这两种成本合计数最低的订购批量,即经济订购批量。

经济订购批量,也就是储存成本曲线与订货成本曲线相交点的订货量,如图 7-1 所示。

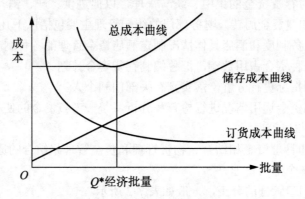

图 7-1 经济订货批量

经济批量用公式表示为

$$Q = \sqrt{\frac{2AF}{C}} \tag{7-12}$$

式中:Q——每批订货量(经济批量);

A——全年需要量;

F——每批订货成本;

C——每单位存货年储存成本。

$$\text{经济批数}\left(\frac{A}{Q}\right) = \sqrt{\frac{2C}{2F}} \tag{7-13}$$

$$\text{最低年成本合计}(T) = \sqrt{2AFC} \tag{7-14}$$

【例 7-1】 某酒店全年需要某修理用备件 2 400 件,每订购一次的订货成本为 600 元,每件年储存成本为 8 元,问最优经济订购批量是多少?

$$\text{最优经济批量}(Q) = \sqrt{\frac{2AF}{C}} = \sqrt{\frac{2 \times 2400 \times 600}{8}} = 600(件)$$

由此可以计算出：

最优经济批量 $\left(\dfrac{A}{Q}\right) = \sqrt{\dfrac{AC}{2F}} = \sqrt{\dfrac{2400 \times 8}{2 \times 600}} = 4$（批）

最低年成本 $(T) = \sqrt{2AFC} = \sqrt{2 \times 2400 \times 600 \times 8} = 4800$（元）

运用经济批量控制，对酒店的物资进行管理可起到事半功倍的作用，酒店就可以用最小的消耗取得最大的经济效果。

3．订货点控制

为了保证生产和销售正常进行，酒店必须在存货用完之前订货。那么，究竟在上一批购入的存货还有多少时，订购下一批货物呢?这就是订货点的控制问题。所谓订货点，就是订购下一批存货时本批存货的储存量，即为备运期间物资需要量加上保险储备量，用公式表示为：

$$\text{订货点} = \text{平均需要量} \times \text{平均备运期} + \text{保险储备量} \tag{7-15}$$

对于每一种存货而言，其库存变化情况如图 7-2 所示。

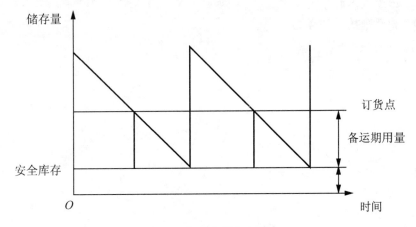

图 7-2　每种存货库存变化

当酒店的存货库存量一旦下降到订货点水准，就应该发出订货通知，并按最优价批量购货。

确定订货点必须考虑如下因素。

(1) 平均每天的正常耗用量，用 n 来表示。

(2) 预计每天的最大耗用量，用 m 来表示。

(3) 提前时间或备运时间，指从发出订单到货物验收完毕所用的时间，用 t 来表示。

(4) 预计最长提前时间，用 r 来表示。

(5) 保险储备是指为了防止耗用量突然增加或交货期延误等进行的储备，用 S 来表示。保险储备 S 可用下式计算：

$$S = \dfrac{1}{2}(mr - nt) \tag{7-16}$$

订货点 R 可用下式计算：

$$R=nt+S=nt+\frac{1}{2}(mr-nt)=\frac{1}{2}(mr+nt) \tag{7-17}$$

【例 7-2】 某酒店每天正常耗用某零件为 15 件,订货的提前期为 30 天,预计最大耗用量为每天 18 件,预计最长提前期为 38 天,则:

保险储备 $S=\frac{1}{2}(mr-nt)=\frac{1}{2}(18\times38-15\times30)=117$(件)

订货点 $R=nt+S=15\times30+117=567$(件)

评估练习

正确理解酒店企业库存管理的方法,将下列问题的正确答案选出来。

酒店企业储存存货的原因有(　　)。

  A. 可以保证生产或销售的经营需要

  B. 出于价格的考虑

  C. 出于成本的考虑

  D. 出于采购员的考虑

第 8 章

融资环境与融资渠道

【本章概述】

本章主要介绍酒店的融资环境和融资渠道。
8.1 主要讲解金融体系的结构和作用。
8.2 主要讲解直接融资的渠道和方法。
8.3 主要讲解间接融资的渠道和方法。
8.4 主要讲解证券市场的类型和特点。
8.5 主要讲解债务资本在融资中的地位和作用。
8.6 主要讲解权益资本在融资中的地位和作用。

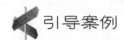引导案例

中航地产旗下酒店申请3亿信贷，利率不超过10.5%

中航地产6月27日晚间公告称，公司将为全资子公司深圳格兰云天大酒店有限公司向平安信托申请3亿元信托贷款提供担保，该笔贷款期限2年，利率不超过10.5%。

中航地产表示，对格兰云天酒店提供担保是为了支持其业务发展，满足经营资金需求，目前格兰云天大酒店有限公司经营状况良好，业务规模持续快速扩展，具备持续经营能力和偿还债务能力。

公告还显示，深圳市格兰云天大酒店有限公司注册资本为人民币1500万元，截至2012年3月31日，其未经审计的总资产为81 228万元，净资产为26 975万元，营业总收入为257万元，净利润为-434万元。

资料显示，2012年5月15日，中航地产曾发布公告称，为解决公司资金需求，满足公司发展需要，拟通过银行向深圳格兰云天酒店管理有限公司借款不超过人民币5000万元。该笔借款期限不超过1年，借款利率不超过8%，借款利息不超过人民币400万元。

(资料来源：和讯房产，http://house.hexun.com)

思考题

1. 中航地产向平安信托申请3亿元信托贷款属于哪种融资渠道？
2. 中航通过银行向深圳格兰云天酒店管理有限公司借款不超过人民币5000万元。该笔借款期限不超过1年，借款利率不超过8%，借款利息不超过人民币400万元。这种融资方式属于哪种渠道？

8.1 金融体系——结构和作用

金融体系的基本作用是充当一个通道，"储备者"多余的现金通过它就会到达需要它们的酒店企业。一个金融体系可以有效地，也即便捷、迅速、安全地执行转移者的任务，它是酒店企业持续增长的主要驱动力量。如果没有金融体系，企业家们将不得不完全用他们自己的储蓄和酒店企业内生资金来为其经营行为提供资金。金融体系允许现金短缺的酒店企业通过去开发经济生活中有现金溢余的部门，从而为现金短缺的酒店企业融资提供另一种选择。大多数多余的资金由个体经济单位(Household Sector)提供，总的来说，个体积累的资金比消费掉的要多。除此之外，有暂时超量现金的酒店企业可以在短期内将超量现金借给出现现金缺口的酒店企业。然而，全部个体经济单位的存款不能满足极缺现金酒店企业需求。这些酒店企业通常还会与需要资金来弥补预算赤字的政府进行竞争。

金融体系的各个组成部分及它们内部相互作用的方式在图8-1中进行了概括。出现了现金赤字而想筹集资金的酒店企业在右边(我们已经将出现现金赤字的政府排除出去了，因为我们的目标是酒店企业的资金筹措行为)，资本的供给者，绝大多数是个体经济单位，在左边。为了方便资金在这两类集团中转移而建立的机构和过程就是金融体系。为了弄清楚金

融体系是如何工作的，可以来考察两个替代性融资渠道，直接融资(Direct Financing)和间接融资(Indirect Financing)，通过这两个渠道，资金过剩的经济部门就将多余的资金转移到资金短缺的酒店企业手中。

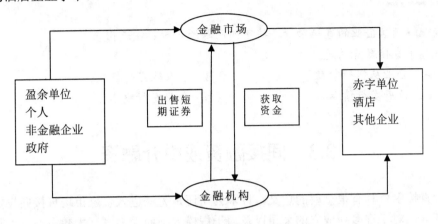

图 8-1　金融体系的各个组成部分

评估练习

正确理解酒店企业面临的融资环境，将下列问题的正确答案选出来。

下面关于金融体系作用的说法，错误的是(　　)。

　　A. 金融体系的基本作用是充当一个通道

　　B. 一个金融体系可以有效地，也即便宜、迅速、安全地执行转移者的角色

　　C. 金融体系通过允许现金短缺的酒店企业去开发经济生活中有现金溢余的部门，从而为现金短缺的酒店企业提供了另一种选择

　　D. 金融体系是酒店企业持续增长的主要驱动力量

8.2　直接融资

对要筹集资金的公司来说，最简单的方式就是通过直接向资金储备者出售证券来获取资金。证券(Security)是一个公司发行的一种证明书，它详细地规定了一些条件，在这些条件的约束下，公司收到其对应的资金。权益证券，又称为股份，是一种确认购买者在公司的所有者地位的证明书，它给持有者提供了对公司的收益和资产的一种剩余索偿权(毕竟，索偿权合同已经签订了)，并使持有者享有在股东大会上对所提出事件的表决权，例如，公司董事会的选举等类事件。债务证券，又称为债券(Bond)，是一种确认购买者对公司的债权人身份的证明书，它提供给持有者对公司的收益和资产的一种优先索偿权(在股东之前)。债券证书规定了条件和条款，包括借款数量、贷款的延续时间、公司必须支付的利息率，对资金使用的一些限制，当公司不履行其义务时贷款人可享有的权利，在这些条件和条款的约束下，公司才能够借到资金。当证券是可转让证券(Negotiable Security)时，它就能在证券

市场(Securities Markets)上参与交易。

评估练习

正确理解酒店企业的直接融资,将下列问题的正确答案选出来。

以下属于直接融资的是(　　)。

　　A. 企业从银行贷款　　　　　B. 个人从银行贷款
　　C. 政府发行债券　　　　　　D. 企业发行股票

8.3　间接融资或中介融资

尽管直接融资具有很重要的意义,许多公司还是无法进入金融市场直接向投资者出售它们的证券。对于许多新成立的公司以及由于规模太小而无力发行大数量的、可吸引投资者的证券的公司,这是很常见的情况。投资者一般不愿意购买不知名的公司或具有相对较少数量股份的公司发行的证券。或是因为很难评估证券发行人的风险,或是因为证券的流动性(liquidity)不好,流动性差意味着这些证券不能被迅速地以接近于他们所认为的公平价格出售。这些公司必须依靠间接或中介融资来筹集权益资本或债务资本。有时候,大的、信誉良好的公司也会求助于间接融资,特别是利用其筹集短期资金。

间接融资是指通过金融中介机构(Financial Intermediaries),如通过商业银行、保险公司和风险投资公司来筹集资本,这些中介机构充当最终的资金接受者(资金短缺的公司)和最终的资金供给者(拥有多余现金的个体经济单位)之间的代理人。商业银行是典型的提供短期贷款和中期贷款(从一天到十年)的中介机构。长期债务资本和权益资本可以通过证券私募(Private Placement)方式获得,通常是经保险公司、养老基金或风险投资公司完成,后者是近期成立的,专门为只有有限的可考察记录的公司提供权益资本。

为了弄明白金融中介如何运作,举一个商业银行为例。如图8-1底部所显示的,一个银行可以以支票账户和储蓄账户的形式,从盈余单位处和由出售短期证券方式从投资人处获得现金,后者又称为可转换存单(Negotiable Certificates of Deposit)或CDs,然后,银行把资金出借给要求短期或中期贷款的酒店。

储备者收到保险单、退休计划以及投资基金中的份额,非银行中介机构向储户提供保险和养老金服务。例如,投资基金,就是方便而便捷地进入证券市场的方式,它可以分散风险和管理投资。

注意直接融资和间接融资的根本区别。直接融资,最终的资金储备者持有公司发行的证券(债券或股票);间接融资,最终的资金储备者持有银行发行的证券,如支票、储蓄账户和 CDs。银行的中介融资非常重要,因为它为最终资金储备者和现金短缺公司之间资金的流动提供了方便,也增加了二者之间的资金流动额。个体储备者可能不愿意把他们多余的现金直接出借给公司(他们能再把钱收回来吗),但是发现把钱存入银行很方便,银行又能把资金出借给公司。银行提供间接证券(indirect securities),如银行存单,它们对储备者很具吸引力,因为它们只需相对较少数量的资金就能开户,安全而且一般有政府担保,想要收回时一般也能够收回。银行向公司提供贷款很方便，因为这些贷款所包含的资金数量相对较大，能够迅速地借到并使用多年，当公司遇到一些困难时还可以重新签订协议。当然，银行必须为它们执行这一中介功能获得补偿，它们的回报是它们提供给存款者的利率与它们向接受贷款的公司索要更高利率之间的差额或价差。

由中介机构进行筹资是占主导地位的筹资渠道，通过这条渠道公司可筹集到资金。表8-1显示了美国由不同金融机构持有的资产的相对份额。注意：①尽管没有依照通货膨胀加以调整，由金融机构持有的金融资产美元价值的上升；②银行持有的金融资产份额的降低及由保险公司、养老基金和投资基金持有的份额的相应上升。从20世纪80年代初期以来，非银行金融机构已经持有了大量的公司发行的证券。它们用从最终储备者手中收到的现金从公司直接购得这些证券或到证券市场上购买。如图8-1靠上部分显示，这些储备者收到保险单、退休计划以及投资基金中的份额。非银行中介机构向储户提供保险和养老金服务，例如投资基金，就是方便而便捷地进入证券市场的方式，它可以分散风险和管理投资。

如果一个公司能把债务证券出售给非银行金融机构和个体投资者，它为什么还愿意从银行借钱呢？问题涉及银行执行的一项很微妙的功能——监控。为了弄明白这项功能可取得怎样的效果，想一想当投资者考虑购买债券时面临的问题。他们想知道发行公司是否已经告诉了他们有关公司解决债务能力的任何信息。如果公司已经隐瞒了它在偿还借入资金上存在一些潜在的困难的信息，又该怎么办呢？投资者可尽量通过在债券发行者与资金出借者之间签订的书面合同中，加进限制性条款来保护自己，这种书面性合同通常被认为是契约(indenture)。举例来说，这些限制性条款的内容会有：要求公司保持一个最低的营运资本量以及限制它出售资产支付股利或发行债券的能力。但是，一个内部人士可以直接监督管理者行为，制止他们采取可能对债券持有者有害的行动，限制性条款就不如这个效用好。一个银行就有可能充当这样一个内部人士。在执行这项任务时，银行起一个监控作用，提供给债券购买者额外的保护。换句话说，尽管大公司能直接向投资者出售债务证券，它们还是愿意支付更高的利率从银行借入资金，使购买它们债券的潜在购买者放心。在这种情况下，公司就不是在从银行借入资金和发行债务证券之间选择了。一些银行借款可能为公司进入债务市场提供方便。

与直接融资相比较，间接融资具有其自身的优点，包括灵活便利、安全性高、规模经济。间接融资的局限性主要有两点：①割断了资金供求双方的直接联系，减少了投资者对资金使用的关注和筹资者的压力；②金融机构要从经营者的利润中收取一定的利息，从而减少了投资者的收益。

评估练习

正确理解酒店企业的间接融资，将下列问题的正确答案选出来。

与直接融资相比，间接融资的局限性有(　　)。

A. 灵活便利　　　　　　　　B. 安全性高

C. 规模经济　　　　　　　　D. 割断了资金供求双方的直接联系

8.4 证券市场

债务证券和权益证券都是在证券市场中发行,又通过它在投资者之间进行交易的证券。如图 8-1 所示,证券市场可以根据多个维度加以分类:它们是初级市场还是二级市场,是交易权益证券的市场还是交易债务证券的市场以及是场内交易市场还是场外交易市场,是国内市场(范围限于一个国家内)还是国际市场(超出国内规定的范围)。

1. 初级市场与二级市场的对比

初级市场是新发行的证券第一次出售给投资者所在的市场。当一个公司第一次向一般公众出售权益证券时,这种发行被称作首次公开发行(Initial Public Offering, IPO)。当公司再次回到市场上进行另一次权益证券的公开发行时,通常是在几年以后了,这个过程被称作是二次发行(Seconded Issue)。二次发行并不等同于二次公开发行(Secondary Public Offering)或二次分销(Secondary Distribution),后面一种情况指的是一位投资者公开出售所持有的以前从公司中直接获得的数量相对比较庞大的权益证券。一个二次公开发行的例子是 Ford Foundation 将它最初从福特汽车公司得到的大量股份公开销售。

当证券被发行出去之后,它们会在二级市场(Secondary Market)中进行交易,投资者在二级市场中买卖这些证券,这些交易不再向发行公司提供现金,并且按照供求关系的内部作用所确立的价格在投资者之间相互交换。在这个过程中,市场执行两个重要功能:它使证券的报价能够反映所有公开可获得的信息以及提供为方便交易所需的流动性条件。这些功能是通过证券以公允价格(Fair Price)在投资者手中连续不断地交易而执行的,公允价格是在开市期间从市场上能观察到的价格,它可以使潜在的买者和卖者迅速地进行证券买卖,以相对较低的成本完成交易。

确切地说公允价格究竟是什么?这个问题的答案很容易写出一章内容来。为了满足这一要求,可以这样说明:有大量的累计经验证据表明,发达的市场经济具有合理的有效证券市场(Efficient Securities Markets),这意味着市场上的证券价格反映了所有可获得的与发行证券的公司有关的公开信息。换句话说,公允价格从某种意义上来讲是最好的估计公司证券真实价值的方法,这些价值是不能观察到的。二级市场的存在对公司发行的证券的交易至关重要,因为当投资者知道他们不久以后就能将证券在一个活跃而又有效的二级市场中卖出时,他们更愿意在初级市场中购买这些证券。

2. 权益市场与债务市场的对比

权益证券或公司股本的份额,在权益市场或股票市场(Stock Market)上进行交易。这些市场既可以是场内交易市场(Organized Stock Exchanges Markets),也可以是场外交易市场(Over The-Counter, Markets)。前者是有明确规定的市场,只有当公司满足了一系列严格的条件时才被允许在此发行证券。在场内交易中,股票是由交易所会员(Members of The Exchange)进行的,交易所会员以证券商(Dealers)或经纪人(Brokers)的身份出现。证券商买卖他们自己拥有的股票,经纪人代表一个第三方的利益,他们本身不拥有被交易的股票。不记名证券(Unlisted Securities)通常是小公司的股票,在场外交易市场进行交易。这些市场不要求公司满足场内交易的一系列要求。在一个场外交易市场，股票的交易通过一部电话和一个计算机网络联系起来，而不是由站在一个场内交易市场的地板上的证券商完成。

在大多数发达国家，股票市场上的绝大多数交易是由机构投资者(Institutional Investors)完成的。机构投资者的行为提供了另一类金融中介的例子，显示在图8-2的顶部：一个保险公司或养老基金向最终储备者发行金融证券；前者以保险单形式，后者以养老合同形式。集中起来的资金再投入到资金短缺公司发行的证券上。这些证券既可以在金融市场上买到，也可以直接从发行公司处购得。后一种渠道称为私募，显示在图8-2上部的右侧，有关这个问题将在下一部分讨论。

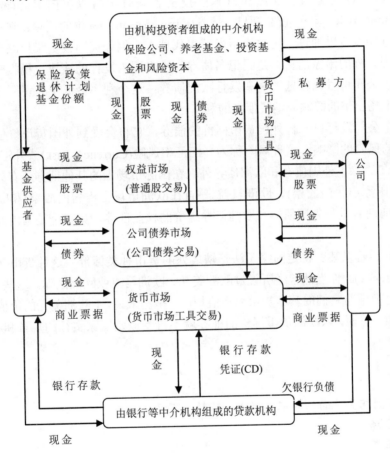

图8-2 金融体系

债务证券在债务市场或信贷市场上交易。信贷市场(Credit Markets)通常是由在其中交易的债务证券的到期时间来识别。持有期(Original Maturity)不超过一年的债务证券称为金融市场票据(Money Market Instruments)，它在货币市场(Money Market)上发行和交易。中期公司债券(Corporatenotes)持有期从一年到十年，长期公司债券(Corporate Bonds)持有期超过十年，这些证券在债券市场(Bond Market)中交易。两种金融市场票据如图8-1所示，银行发行的存款单以及商业票据(Commercial Paper)，这是由享有很高信誉的公司发行的从市场上筹借短期债务的一种票据，是作为从银行借入短期资本的一种替代性方式。

3. 国内市场与国际市场的对比

大型而且经营良好的公司可以通过在其他国家的市场上出售公司证券，从本国之外的金融市场上筹集资金。这些外国证券既可以以外国国家的货币标明价值，也可以用发行国的货币标明价值。

举例来说，一个美国公司可以在日本公司债券市场上出售外国债券(Foreign Bonds)，既可以用日元标价又可以用美元标价。相应地，一个公司也可以在欧洲市场(Euro Market)上出售债券，欧洲市场指的是不受最初发行者所在国直接控制和司法管辖的市场。举例来说，一个美国公司可以向德国、法国和日本的投资者同时出售以美国美元(欧洲美元债券)(Eurodollar Bonds))和日本日元(欧洲日元债券(Earoyen Bond))标价的债券。在这种情况下，一个国际银行团就可以通过一定渠道担当销售代理人，例如英国投资账户欧洲债券可以在持有人居住国之外的国家出售，是无记名债券，不受国内发行的法律、税收政策和规章的约束。结果，公司可以以较低的利率发行欧洲债券，这个利率会低于公司所在国市场或其他国家国内市场出售的等额应纳税债券的利率。

如果一个公司发行以一种外国货币标价的债券，它将会受到外国货币价值不可预料的波动所造成的风险的影响，这种风险称为外汇汇率风险(Currency Risk)或外汇风险(Foreign Exchange Risk)。除了外国债券和欧洲债券外，在国际市场上的其他证券还有外国权益证券(在一个外国国家出售的股票)、欧洲权益证券(在欧洲市场上出售的股票)和欧洲商业票据(Euro Cp)。前两者是与外国债券和欧洲债券等价的权益证券，第三个是国内商业票据在欧洲市场的变形。

已发行证券若以某一特定国家司法管辖之外的货币种类标价，这种货币就被看作欧洲货币(Eurocurrency)。你当然曾经听说过欧洲美元、欧洲马克或欧洲法郎。这些不是新币种，它们之间的兑换值与它们的基本货币兑换值相同。举例来说，1 欧洲美元的价值就等于 1 美国美元的价值。然而，以欧洲货币标价的证券就不再受原始国家实行的规章和税收的约束。

评估练习

正确理解酒店企业面临的证券市场，解释以下名词。
1. 二级市场
2. 债务市场
3. 国内市场
4. 国际市场

8.5 债务资本

我们现在来考察公司可行的替代性债务筹资的来源，并且说明怎样对公司发行的债务证券的价值进行准确估价。对大多数公司来说，借入资金的最基本来源是银行贷款。这些贷款之外可以由抵押合同做补充，对相对较大型的有很高资信的公司来说，还可以发行商业票据和公司债券。

8.5.1 通过银行借入资金

银行贷款，尤其是短期贷款，是债务资本的主要来源。如果一个公司无法进入公司债券市场，银行贷款(短期、中期和长期)就是借入资金的唯一来源了。

1. 短期银行贷款

需要为营运资本需求的季节性增长筹集资本的公司，通常会求助于短期银行贷款。这些贷款被看成是自我清偿贷款(Self-liquidating Loans)，因为银行希望公司用现金偿还贷款，由于营运资本需求的不断减少，这笔资金会存留下来。举例来说，一个销售玩具的公司会借入资金，以满足节假日季节前公司库存的增加对资金的需求。在产品销售出去之后，一些存集起来的现金就会被用于偿还银行贷款。这些贷款可以被延展几个月，在这几个月之后这些贷款必须偿还，也可再续借一个时期。为了确保贷款不被用于长期投资项目，银行通常会加上一条清偿条款(Cleanup Clause)，这项条款要求，在这一年中公司至少有一个月没有债务。

短期银行贷款通常是无抵押贷款(Unsecured Loans)，意味着在发生违约的情况下公司不需要提供任何资产作担保或保证(Collateral)。当短期贷款是一项抵押贷款时，像应收账款和存货这类资产就要被抵押作为担保。通常无抵押贷款有三种形式：①专项贷款(Transaction Loan)，是一期贷款，用于为一个特定的非经常性需求提供资金；②信贷限额(Line of Credit)，是一种非约束性信贷，在限额之内，银行在一个固定的时期内，通常是一年，借给公司一笔固定数额的款项，这个期限还可以再延续；③周转信贷协定(Revolving Credit Agreement)，是和信贷限额相似的一种形式，除了法律上要求银行承诺借出这笔钱，作为担保，银行要对未使用的信贷限额部分索要一笔承诺费。

所有的这些贷款都可以在一定的利率水平下提供，这一利率是银行优惠利率(银行向它们信誉最好的客户要求的利率)再加上一个反映某一特定公司特有的信贷风险的上浮额。举例来说，如果优惠利率是7%，一个信誉不是很高的公司可能在9%的利率水平上才能借到钱，上浮了2%。

2. 中期和长期贷款

中期到长期贷款可由银行和保险公司提供，被看成是分期贷款(Term Loans)。它们的延续时间在1~10年，通常以等量的周期性分期付款方式偿还，分期偿还额里包括贷款补偿及贷款利息，这项偿还计划被认为是一笔年金(Annuity)。与大多数短期贷款正相反，分期贷款必须要有担保支持，也就是说，公司必须提供给贷方一定量的资产以保证贷款的安全性。举例来说，一笔房屋抵押贷款(Mortgage Loan)要用房地产做担保，而一笔设备融资贷款(Equipment Financing Loan)通常由设备制造公司所辖的财务公司(Captive Finance Subsidiary)提供设备做抵押。这些贷款类型也被认为是资产抵押贷款(Asset Based Borrowing)，对分期贷款的一种通用替代方式是租赁融资。

8.5.2 通过租赁合同借入资金

租赁是债务资本的一项替代性来源，允许公司为如计算机、复印机、卡车、实用运载工具或飞行器材等资产使用的融资，而不必实际拥有它们。据估计，通过租赁方式进行的设备融资与通过任何其他资本来源进行的融资差不多是等量的。

一项融资是在被称为出租人(Lesser)的资产所有者和被称为承租人(Lessee)的资产使用者之间签订的契约性协议，协议规定承租人有使用资产的权利，作为补偿，要定期支付给出租人租赁费。出租人可以是制造商、金融机构，也可以是独立的租赁公司。当出租人不是制造商时，资产由制造商出售给出租人，出租人转而再将其租赁给承租人。当合同到期时，资产再转回给出租人，或者，如果合同中赋予了承租人购买这项资产的选择权，承租人也可以决定将其买下。

这一部分讲述了两种最常见的租赁方式：营业租赁(Operating Leases)和融资租赁(Financial Leases)。然后说明一项长期租赁正好是借入资金的另一种方式，而且还可以使用贷款收入购买已租入的资产。在这之后，我们用一个长期设备租赁为例展示一个租赁还是借款决策的分析过程。

1. 营业租赁

营业租赁是一种短期租赁方式，一般具有如下特征。

(1) 合同规定的期限短于资产的有效寿命期，这意味着出租人必须将资产再出租出去或在合同到期时将它卖掉才能收回它的全部成本。

(2) 虽然资产出租出去了，出租人也要承担资产的维修费和保险费。

(3) 承租人有在租赁合同到期之前将其撤销的权利。当租赁的资产是单件设备，由于技术的飞速发展很快就会淘汰时，这项选择权对承租人来讲就尤为有用。然而，为撤销合同，承租人也不得不支付一笔注销费。

2. 融资租赁

融资租赁是一种长期租赁方式，与营业租赁有很大区别。它通常要求覆盖大部分资产的有效寿命期，承租人要支付维修费和保险费，而且，一般它不能被撤销。大多数融资租赁是指：直接租赁(Direct Lease)、售后租回租赁(Sale and Lease Back)或杠杆租赁(Leveraged Lease)。直接租赁是承租人和资产所有者之间的一份合同。所有者可以是这项资产的制造商，或为了租赁资产的目的而向制造商购置该资产的租赁公司。在售后租回的情况下，拥有资产的公司把它出售给租赁公司，租赁公司立刻又把它回租给该公司。当杠杆租赁时，租赁公司在承担大笔债务的条件下为该资产的购置提供资金，以租赁合同和资产的残值作为担保。资产的剩余价值(Salvage Value)是指在租赁合同末期资产的价值。

3. 租赁作为一种替代性的借入资金的方式

假设一个公司已经决定更换它工厂里正在使用的 10 台铲车，正考虑租些新车而不购买它们。因为工厂还将经营许多年，这次租赁一定是长期的，或者说是融资租赁。是租赁还是购买的决策不会影响这些工具车的用途和它们的有效寿命或对它们进行维修和保险的费用。这样租赁和购买之间的差距就只是财务上的问题了。如果公司决定租赁,它就不会发生购买设备的初期大笔现金流出。然而,它将不得不每年支付给租赁公司一笔租赁费。如果公司决定购买这些铲车,它将会有一大笔的初始现金流出,相当于这些新铲车的购买价。在这种情况下,如果这笔投资是靠权益来融资的,公司还将支付给股东股利,如果它是靠负债融资的,就要向银行和债权人支付利息。

租赁费如同利息费一样,是固定的义务。因此,相关的比较就是在租赁融资与债务融资之间进行,而不是与权益融资进行。换句话说,一项融资租赁只是借入资金及使用贷款购买这些(已租赁的)资产的一种替代性方式。这就是为什么在财务分析中把租赁看作一种负债,用以计算一个公司的负债比例的原因。

4. 决定是租赁还是贷款

最好的管理决策是那些具有最高的净现值(NPV)的决策,因为这些决策将会使公司权益价值最大化。一种把净现值法应用到是租赁还是借入资金再购买的决策中的方法是,计算租赁和购买之间现金流差额的净现值。这个净现值被认为是租赁净收益(Net Advantage Toleasing, NAL)。如果租赁净收益是正的,就应该采用租赁方式;如果这个值是负的,就应该采取购买方式。

为了证明这一结论,我们仍以更换10台铲车的公司为例说明。这项替代性决策有一个正的净现值。公司是应该租赁这些设备还是借入资金再购买。如果购置,成本是每台铲车10 000美元,总金额100 000美元。这笔支出将靠在设备的五年有效寿命期内贷款100 000美元来支付,贷款期也将是5年。这笔贷款的利率是8%,出于财政目的,这些铲车折旧期也将为5年,采用直线折旧法。

换句话说,每年的折旧费将为每台铲车2 000美元(10 000÷5),或全部车辆20 000美元(2 000×10)。每辆铲车的税后余料或残值估计是1 000美元,这意味着5年之后,公司应该从这些铲车的出售中获得10 000美元(1 000×10)。公司税率是40%。

如果公司租用这些铲车,租赁条款要求每年每辆车的租赁费为1 500美元或所有的车15 000美元。租赁费将在年初支付。不管公司是租赁还是购买,都要承担这些铲车的维修费和保险费。表8-1所示总结了租赁产生的现金流和购买产生的现金流之间的差额。这些现金流在四个地方有差距。首先,在税后年租赁费中,第一个是立即支付的(在表中"现在"一列中),税率为40%,所以这些税后年租赁费总共有9 000美元(15 000×60%);第二,因为这些铲车是租赁来的,公司不能为了纳税的目的进行折旧,因此将会失去在它自己拥有这些设备的情况下可以得到的税金节约额。每年来源由于扣除年折旧费而可节约的税金额共可达8 000美元(20 000×40%);第三,公司在第五年年末不会得到这些铲车10 000美元的税后残值,因为它并不拥有这些车辆;第四,如果这些车辆是租赁来的,公司也将不必支付100 000美元去购买它们。

初始差异现金流是正的,而从第一年到第五年的差是负的。这反映了这样一个事实,即通过租赁这些铲车,公司用其后5年的现金流出交换了100 000美元的购买价。因为是拿租赁和借款相比较,相关的折现率就只是税后负债成本,也就是说,为4.8%[8%×(1−0.40)]。用4.8%对差异现金流总和折现,我们可得出一个正的净现值,或者说正的租赁净收益,为16 199美元。结论是:租赁比借款"便宜",公司应该租用这些铲车而不是借款去购买它们。

评估练习

正确理解债务资本的融资方式,解释以下名词。
1. 融资租赁
2. 营业租赁

8.6 权益资本

外部权益资本有两个来源:普通股(Common Stock)和优先股(Preferred Stock)。普通股(Ordinary Share,Common Stock)是指在公司的经营管理和盈利及财产的分配上享有普通权利的股份,代表满足所有债权偿付要求及优先股东的收益权与求偿权要求后,对企业盈利和剩余财产的索取权,它构成公司资本的基础,是股票的一种基本形式,也是发行量最大、最为重要的股票。目前在上海和深圳证券交易所中交易的股票,都是普通股。

普通股股票持有者按其所持有股份比例享有以下基本权利。

(1) 参与公司经营管理的表决权。普通股股东一般有出席股东大会的权利,有表决权和选举权、被选举权,可以间接地参与公司的经营管理。

(2) 参与股息红利的分配权。普通股的股利收益没有上下限,视公司经营状况好坏、利润大小而定,公司税后利润在按一定的比例提取了公积金并支付优先股股息后,再按股份比例分配给普通股股东。但如果公司亏损,则得不到股息。

(3) 优先认购新股的权利。当公司资产增值,增发新股时,普通股股东有按其原有持股比例认购新股的优先权。

(4) 请求召开临时股东大会的权利。

(5) 公司破产后依法分配剩余财产的权利。不过这种权利要等债权人和优先股股东权利满足后才轮到普通股。

优先股是相对于普通股 (Ordinary Share)而言的,主要指在利润分红及剩余财产分配的权利方面优先于普通股。优先股股东在股利支付上较普通股股东优先,当公司破产发生清算时,对公司资产的索偿权也先于普通股股东(如果清偿债券持有者和债权人债务后还有公司资产留下来)。优先股股东通常没有表决权,但是如果公司已经误过了几次该支付股利的季度,他们可能会有应变表决权(Contingent Voting Rights),譬如选举董事会成员的权利。优先股股票如同债券一样,也可能会有偿债基金,可赎回,并能被转换成普通股。

评估练习

正确理解权益资本融资方式,回答以下问题。
优先股和普通股的区别。

第 9 章

资本结构及资本成本

【本章概述】

本章主要介绍酒店的资本结构及资本成本。

9.1 主要讲解酒店的资本结构。

9.2 主要讲解酒店资本成本的概念、性质、种类和作用。

9.3 主要讲解酒店不同资本成本的计算。

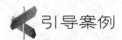引导案例

华天酒店：2010年上半年营业收入6.49亿元

华天酒店2010年上半年实现营业收入6.49亿元，比上年同期增长16.19%；实现净利润8116.74万元，增长10.27%。扣除非经常性损益后，公司上半年实现经常性损益4349.39万元，增长29.34%，上半年每股收益为0.147元，基本符合中报预览报告中0.15元的预期。

经营分析：

酒店业务主导上半年业绩增长：酒店业实现收入增长60.52%，利润增长60.52%。在房地产及其他业务利润下降的情况下，保障了上半年业绩的增长。这在一定程度上是对公司近几年活跃酒店收购活动的肯定，外延扩张与内生成长模式的良性循环有助于保证酒店业务的稳步增长。省内旅游资源的整合：华天集团开始逐步清晰定位于旅游主业的发展。

华天酒店强于资本运作与省内资源的获取，在目前各地政府加快发展旅游业的思路指引下，华天酒店在区域内的资本运作平台地位将显著提升，尽管主业的经营性盈利增长暂未有亮点，但当前相对合理的估值水平以及下半年可能触发的以旅游资源整合为主要方向的催化剂事件将成为公司的最大看点。

(资料来源：顶点传媒，http://www.topcj.com)

思考题

以华天酒店为例，谈谈资本运作在酒店业发展中的作用。

9.1 资本结构

资本结构系指长期负债与权益(普通股、特别股、保留盈余)的分配情况。最佳资本结构便是使股东财富化最大或股价最大化的资本结构，也即使公司资金成本最小化的资本结构。资本结构是指企业各种资本的价值构成及其比例。企业资本结构，或称融资结构，反映的是企业债务与股权的比例关系，它在很大程度上决定着企业的偿债和再融资能力，也决定着企业未来的盈利能力，是企业财务状况的一项重要指标。合理的融资结构可以降低融资成本，发挥财务杠杆的调节作用，使企业获得更大的自有资金收益率。

公司应如何选择负债-权益比呢？我们称资本结构问题的研究方法为圆饼模型(Pie Model)。如果你奇怪为什么我们选择这个名称，如图9-1所示。问题中的圆饼为公司筹资权之和：即负债和所有者权益。我们定义公司的价值为负债和所有者权益之和。因此，公司的价值V为

$$V=B+S$$

这里的B为负债的市场价值，S为所有者权益的市场价值。图9-1表示了两种在股票和债务之间划分圆饼的可能方式：40%~60%和60%~40%。如果企业管理当局的目标是尽可能地使企业增值，那么企业应选择使圆饼——公司总价值尽可能大的负债-权益比。

本节讨论提出两个重要问题。

(1) 为什么企业的股东关注整个企业价值的最大化？毕竟根据定义，企业的价值是负债和所有者权益之和，然而，为什么股东并不偏爱仅仅使他们的利益最大化的战略？

(2) 使股东利益最大化的负债-权益比是多少？

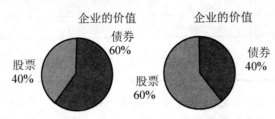

图 9-1　资本结构的两个圆饼模型

9.1.1　企业价值的最大化和股东利益的最大化

下面例子说明了使企业价值最大化的资本结构是财务经理们应为股东选择的资本结构。

【例 9-1】　假设某酒店的市场价值是 1000 万元，目前公司没有负债，酒店有 100 万股股票，每股市价为 10 元。类似这个酒店这样无任何债务的公司被称为无财务杠杆。进一步假设这家酒店计划借入 500 万元作为每股 5 元的额外现金股利支付给股东。债务发行之后，公司变为有财务杠杆的企业。公司的投资将不因这项交易而改变。在重新调整计划之后，酒店的价值将是多少？

根据定义，管理层认识到重新调整只会产生三种结果中的一种：重新调整后的公司价值或者高于初始的 1000 万元的企业价值；或者等于 1000 万元；或者低于 1000 万元。与投资银行家们商议之后，管理层相信无论出现哪种结果，重新调整不会使公司价值的变化超过 250 万元。因此，他们把 1250 万元、1000 万元和 750 万元视为公司价值的适宜范围。初始的资本结构和在新资本结构下的三种可能如表 9-1 所示。

表 9-1　调整前后酒店资本结构表　　　　　　　　　　　　单位：万元

项　目	无债务 (初始的资本结构)	股利支付之后的债务与权益价值		
		I	II	III
债务	0	500	500	500
所有者权益	1000	750	500	250
酒店价值	1000	1250	1600	750

注意，权益的价值在三种可能情况下都低于 1000 元，这可以从两个方面来解释。首先，表 9-1 表明了在额外的现金股利支付之后的权益价值。由于现金的支付，股利代表了公司的部分清算值。因此，股利支付之后股东可拥有的公司价值将减少。其次，当未来公司清算发生时，只有在清偿所有债权人的债权后，股东才能得到偿还。因此，债务是公司的一种负担，它减少了权益的价值。

当然，管理层意识到有无数种可能的结果。上述三种仅被视为具有代表性的结果。现在我们确定在这三种可能情况下股东的盈利(Pay Off)，如表 9-2 所示。

表 9-2　调整后股东盈利表

项目	重新调整后股东的盈利		
	I	II	III
资本利得	-250	-500	-750
股利	500	500	500
股东的净收入或净损失	250	0	-250

没有人能预先确知会出现这三种结果中的哪一种。然而，假设管理者认为结果 I 的可能性最大，毫无疑问他们将重新调整公司的资本结构。因为股东们可赚得 250 元，也即是说，尽管股票价格跌落到 750 元，下降了 250 元，股东们仍可获得 500 元的股利，他们的净收益是 250 元(-250+500)。同时也要注意到公司的价值将提高 250 元(1250-1000)。

或者假设管理者认为结果III最有可能发生，预期这种情况下股东将有 250 元的净损失。他们将不调整公司的资本结构。也即是，股票价格跌落了 750 元，仅为 250 元。股东获得 500 元的股利，净损失是-250 元(-750+500)。同时也要注意到公司的价值下降了-250 元(750-1000)。

最后，假设管理者认为结果 II 最有可能发生。资本结构的调整将不影响股东的利益，因为在这种情况下，股东的净收入为 0。同时注意到如果结果 II 发生，公司的价值保持不变。

这个例子说明了为什么管理者努力使公司价值最大化。换言之，它回答了资本结构刚开始中的问题。

在这个例子中我们发现，当且仅当企业的价值上升时资本结构的变化对股东有利。相反地，当且仅当企业的价值减少时资本结构的变化不利于股东。对许多不同种类的资本结构变化，这个结论仍然成立。作为一个推论，我们可以说，管理者会选择他们相信可使企业价值最高的资本结构，因为该资本结构将对企业的股东最有利。

注意这个例子并未告知我们三种结果中的哪一种最有可能发生，即它未告知我们是否应在某酒店的资本结构中加入债务。

9.1.2　财务杠杆和企业价值

假设企业正在考虑一个一年期的项目，该项目需要投资 300 万元，其中 2/3 是权益(200 万元)，1/3 是负债(100 万元)。如果这个项目的风险与该企业的风险等价，那么股东要求从这个项目投资中获得与该企业的权益成本相等的期望回报率，债权人要求获得与企业的负债成本相等的期望回报率。如果企业的负债成本是 6%，权益成本是 12%，那么企业下一年预计要向债权人支付 106 万元(100 万元初始投资加 6 万元的利息)，向股东支付 224 万元(200 万元初始投资加 24 万元股息)。

不难看出这个项目必须创造至少 330 万元(106 万元+224 万元)的净现金流，才能够满足债权人和股东的要求。这意味着这个项目的回报率应为 10%，我们称这个回报率为项目的资本成本或项目的加权平均资本成本(Weighted Average Cost of Capital，WACC)，这是项目为了满足资金供给者的要求而必须产生的最低回报率。而且因为我们假设项目的风险同企业的风险等价,所以这一比率也是企业的资本成本(Firm's Cost of Capital)或加权平均资本成本。总而言之,根据这个例子,如果公司融资水平为 E 美元权益和 D 美元负债,那么项目的加权平均资本成本应为

$$(E+D)\times(1+\text{WACC})=D\times(1+\text{负债成本})+E\times(1+\text{权益成本})$$

这个等式还可以写成:

$$\text{WACC}=\text{负债成本}\times\frac{D}{D+E}+\text{权益成本}\times\frac{E}{D+E} \quad (9\text{-}1)$$

如果将利息税考虑进去,那么负债成本必须为税后成本。根据式税后负债成本=税前负债成本×(1-公司边际税率),负债的税后成本为 $K_D(1-T_C)$,这里 K_D 是负债的税前成本, T_C 是公司的边际税率。我们仍用 K_E 代表权益成本,那么任何一个同时采用权益融资和负债融资的企业的加权平均资本成本为

$$\text{WACC}=K_D(1-T_C)\frac{D}{D+E}+K_E\frac{E}{D+E} \quad (9\text{-}2)$$

上面的公式只考虑了权益融资和负债融资,我们还可很容易地加以推广到企业采用了其他来源,如优先股方式的情况。若 P 为优先股总额,K_P 为优先股成本,则这一式可写成

$$\text{WACC}=K_D(1-T_C)\frac{D}{D+E+P}+K_E\frac{E}{D+E+P}+K_P\frac{P}{D+E+P} \quad (9\text{-}3)$$

加权平均资本成本公式还适用于只用权益或负债进行投资的情况。如果只用权益进行投资,那么加权平均资本成本就是权益 K_E,如果只用借款进行投资,那么WACC就是税后负债成本 $K_D(1-T_C)$。在以后几节中,我们只考虑企业用负债和权益进行投资的情况。根据式(9-2),如果我们要估算企业的加权平均资本成本,需要得到以下数据。

(1) 负债-权益比 $\dfrac{D}{D+E}$,$\dfrac{E}{D+E}$。

(2) 负债成本 K_D。

(3) 公司边际税率 T_C。

(4) 权益成本 K_E。

如果企业用权益和负债进行项目投资,那么企业的加权平均资本成本一定会反映出企业权益和负债的相对比例。我们称这一比例为企业的目标资本结构(Target Capital Structure)。在这一章中,企业的目标资本结构是给定的,在第 11 章我们将继续讨论企业如何确定目标资本结构。然而,在使用加权平均资本成本式(9-2)时,估算负债和权益比有两个条件。

首先,企业当前的资本结构可能不是它的目标资本结构。因为发行证券的费用很大,所以企业一般不会同时发行债券和股票。例如,一个企业可能近期发行债券,这会使企业的资本结构偏离它的目标资本结构。为了重新达到目标资本结构,它必须在以后一段时间内发行股票。由于这一现象的存在,企业的资本结构就会不时地发生变动,我们在某一时点测得的资本结构可能不是企业的目标资本结构,因此在计算企业加权平均资本成本时,我们必须用长期目标资本结构。

其次,加权平均资本成本公式中使用的负债比和权益比必须是按照它们的市场价值而不是会计价值或账面价值来计算。企业发行债券和股票是按负债和权益的市场价值,而不是它们的账面价值,所以它们的账面价值是不可取的。

> **评估练习**
>
> 正确理解酒店企业的资本结构概念，对以下名词进行解释：
> 1. 资本结构；
> 2. 财务杠杆。

9.2 资本成本

9.2.1 资本成本的概念

酒店从各种筹资渠道，通过各种方式取得的资金都不是无偿使用的。所谓资本成本，是指酒店为取得和长期占有资本而付出的代价，它包括资本的取得成本和使用成本。其中，资本的使用成本是资本成本的主体部分，也是降低资本成本的主要方向。

资本筹集成本是指酒店在筹措过程中所发生的各种费用，如证券的印刷费、发行手续费、行政费用、律师费、资信评估费和公证费等。取得成本与筹资的次数相关，与所筹资本数量关系不大，一般属于一次性支付项目，可以看作固定成本。取得成本，又称为筹资费用。

资本的使用成本是指酒店因占用资本而向资本提供者支付的代价，如长期借款的利息、长期债券的债息、优先股的股息、普通股的红利等。资本占用成本具有经常性、定期性支付的特征，它与筹资金额、使用期限呈同向变动关系，可视为变动成本。

应当注意的是，在资本结构决策中，资本成本中的资本一般不包括短期负债，因为资本成本主要用于长期筹资决策和长期投资决策等领域，而短期负债的数额较少，融资成本较低，往往忽略不计。

9.2.2 资本成本的性质

资本成本是商品经济条件下资本所有权和使用权分离的必然结果，它具有特定的经济性质。

首先，资本成本是资本取得和使用者向资本所有者支付的费用，是资本所用权和使用权相分离的结果。当资本所有者有充裕的资本而被闲置时，可以直接或者通过中介机构将其控制的资本使用权转让给急需资本的筹资者。这时，对资本所有者而言，由于让渡了资本使用权，必然要求获得一定的回报，筹资成本表现为让渡资本使用权所带来的报酬；对筹资者来说，由于取得资本的使用权，也必须支付一定的代价，资本成本便表现为取得资本使用权所付出的代价。可见资本成本是资本所有权和使用权分离的必然结果。

其次，资本成本具有一般产品成本的基本属性。资本成本是酒店耗费，酒店要为使用资金付出代价，而这些代价或费用最终也要作为收益的扣除额得到补偿。但是资本成本中，只有一部分具有产品成本的性质，即这部分耗费计入产品成本，而另一部分作为利润的分配，一旦从酒店收益中扣除，就退出了酒店的经营过程，体现了一种利益分配关系。

最后，资本成本与资金时间价值既有联系，又有区别。资金时间价值是资本成本的基础，资金时间价值越大资本成本也就越高；反之，资金时间价值越小，资本成本也就越低。但是，资金时间价值和资本成本在数量上并不一致。资本成本不仅包括时间价值，而且包括风险价值、筹资费用等因素，同时，还受到资金供求、通货膨胀等因素的影响。此外，资金时间价值除了用于确定资本成本外，还广泛用于其他方面。

9.2.3 资本成本的种类

为了全面了解资本成本，对资本成本可从不同角度进行分类。

1．按所筹资金使用期限的长短不同，可分为短期资本成本和长期资本成本

短期资本成本是指筹集可使用各种短期资金所付出的代价，由于短期资金容易筹集，筹资费发生较少、使用期限较短、使用成本水平较低，因此，在财务决策中，一般不计算短期资本成本。长期资本成本是指为筹集一定数量的长期借入资金或自有资金所付出的代价，长期资本成本可用于考核筹集长期资金的效益，更主要的还可用于酒店资本结构的决策。

2．按资本成本用途不同，可分为个别资本成本、综合资本成本和边际资本成本

个别资本成本是单种筹资方式的资本成本，包括长期借款成本、长期债券成本、优先股成本、普通股成本和留存收益成本。其中，前两种称为债务资本成本，后三种称为权益资本成本或自有资本成本。个别资本成本一般用于比较和评价各种筹资方式。

综合资本成本是筹措所有资金所发生的加权平均资本成本。综合资本成本是对各种个别资本成本进行加权平均而得的结果，其权数可以在账面价值、市场价值和目标价值之中选择。综合资本成本一般用于资本结构决策。边际资本成本是指追加单位筹资额所付出的代价。边际资本成本主要用于选择各不同追加筹资方案。

上述三种资本成本之间存在着密切的关系。个别资本成本是综合资本成本和边际资本成本的基础，综合资本成本和边际资本成本都是对个别资本成本的加权平均。三者都与资本结构紧密相关，但具体关系有所不同。个别资本成本高低与资本性质关系很大，债务资本成本一般低于自有资本成本；综合资本成本主要用于评价和选择资本结构；而边际资本成本主要用于已经确定目标资本结构的情况下，考察资本成本随筹资规模变动而变动的情况。当然，三种资本成本在实务中往往同时运用，缺一不可。

9.2.4 资本成本的作用

资本成本在财务管理中处于至关重要的地位。资本成本不仅是资本预算决策的依据，而且是许多其他决策包括租赁决策、债券偿还决策以及制订有关营运资本管理政策的直接依据。

1. **资本成本是选择筹资方式、进行资本结构决策的依据**

首先,个别资本成本是比较各种筹资方式的依据。随着我国金融市场的逐步完善,酒店的筹资方式日益多元化。评价各种筹资方式的标准是多种多样的,如对酒店控制权的影响、对投资者的吸引力大小、取得资本的难易、财务风险的大小、资本成本的高低等。其中,资本成本是一个极为重要的因素。在其他条件基本相同或对酒店影响不大时,应选择资本成本最低的筹资方式。

其次,综合资本成本是衡量资本结构合理性的依据。衡量资本结构是否最佳的标准主要是资本成本最小化和企业价值最大化。西方财务理论认为,综合资本成本最低时的资本结构才是最佳资本结构,这时企业价值可达到最大化。

最后,边际资本成本是选择追加筹资方案的依据。酒店有时为了扩大生产规模,需要增大资本投入量。这时,酒店不论维持原有资本结构还是希望实现新的目标资本结构,都可以通过计算边际资本成本的大小来选择是否追加筹资。

2. **资本成本是评价投资方案、进行投资决策的重要标准**

在对相容的多个投资项目进行评价时,只要预期投资报酬率大于资本成本,投资项目就具有经济上的可行性。在多个投资项目不相容时,可以将各自的投资报酬率与其资本成本相比,如果其中正差额最大的项目效益最高,应成为首选。当然,投资评价还涉及技术的可行性、社会效益等方面的考虑,但资本成本无疑是综合评价的一个重要方面。

3. **资本成本是评价酒店经营业绩的重要依据**

资本成本是酒店使用资本应获得收益的最低界限。一定时期资本成本的高低不仅可反映财务经理的管理水平,还可用于衡量企业整体的经营业绩。更进一步,资本成本还可以促使酒店管理者转变观念,充分挖掘资本的潜力,节约资本的占用,提高资本的使用效益。

评估练习

正确理解酒店企业的资本成本概念,对以下名词进行解释及回答问题:
1. 资本成本。
2. 资本成本的作用有哪些?

9.3 资本成本的计算

在财务管理中,为了便于分析和比较筹资额的资本成本,通常不用绝对金额表示资本成本而用资本成本率来表示。在计算时,通常将资本的取得成本作为筹资总额的一项扣除,扣除取得成本后的金额称为实际筹资额或筹资净额。人们一般将资本成本率简称为资本成本。通用计算公式是:

$$K = \frac{D}{P - F} \tag{9-4}$$

$$K = \frac{D}{P(1-f)} \tag{9-5}$$

式中：K——资本成本率；
　　　D——资本使用成本；
　　　P——筹资总额；
　　　F——资本筹集成本；
　　　f——筹资费用率，即资本筹集成本占筹资总额的比率。

由于债务资本的资本使用成本在缴纳所得税之前列支，而自有资本成本的资本使用成本在缴纳所得税之后列支，因此，在实际计算资本成本时还要考虑所得税因素，以使债务资本的资本成本率与自有资本的资本成本率具有可比性。通常，对于债务资本成本率在上述公式的基础上还要乘以(1-所得税税率)。

9.3.1　个别资本成本的计算

如前文所述，个别资本成本是指各种长期资本的成本，主要有长期借款、长期债券、优先股、普通股和留用利润等。长期借款和长期债券一般被称为债务资本；而将优先股、普通股和留用利润等称为权益资本。两种资本成本的计算有较大的差别。

1．债务资本成本的计算

债务资本的使用成本主要是利息费用。其特点是：①资本成本的具体表现形式是利息，其利率的高低是预先确定的，不受酒店经营业绩的影响；②在长期债务有效期内，一般利息率固定不变，并且应按期支付；③利息费用是税前的扣除项目；④债务本金需按期归还。由于债务资本成本的基本内容是利息费用，而利息费用一般允许在企业所得税前支付，因此，酒店实际负担的利息为：利息×(1-所得税税率)。

(1) 长期借款的资本成本率。长期借款的使用成本一般是借款利息，筹集成本是手续费。在分期付息、到期一次还本的普通贷款方式下，资本成本率为通用公式乘以(1-所得税税率)。由于借款手续费的数额相对较小，为简化计算，也可忽略不计。这样，长期借款的资本成本率可以简化为利息率×(1-所得税税率)。

如果长期借款有附加的补偿性余额条款，那么长期借款的筹资额应扣除补偿性余额，从而其资本成本将会增加。

【例9-2】 某酒店向银行取得1 000万元的长期借款，年利率为6%，期限为5年，每年付息一次，到期一次还本。假定筹资费率为0.2%，所得税税率为33%，则该笔长期借款的资本成本率可计算如下：

$$\text{长期借款的资本成本率}(K) = \frac{1000 \times 6\% \times (1-33\%)}{1000 \times (1-33\%)} \approx 4.03\%$$

上例中，若不考虑筹资费率，长期借款的资本成本率为：

$$\text{长期借款的资本成本率}(K_L) = 6\% \times (1-33\%) \approx 4.02\%$$

(2) 公司长期债券的资本成本率。相对于长期借款而言，长期债券的取得成本往往高得多，因而不能忽略不计。而且，长期债券可以溢价或折价发行，但使用成本只能按面值计

算。在不考虑货币时间价值的情况下,一次还本、分期付息的长期债券的资本成本率公式如下:

$$K_b = \frac{I_b(1-T)}{B(1-f_b)} \tag{9-6}$$

式中:K_b——长期债券的资本成本率;
　　　I_b——债券按票面价值计算的年利息额;
　　　B——债券按发行价格计算的筹资额;
　　　T——所得税税率;
　　　f_b——债权筹资费用率。

【例 9-3】某酒店发行总面额 2000 万元的债券,票面利率为 10%,期限为 5 年,发行费用占发行价格总额的 3%,酒店所得税税率为 33%。

若该债券溢价发行,其发行价格总额为 2500 万元,则其资本成本率为

$$K_b = \frac{2000 \times 10\% \times (1-33\%)}{2500 \times (1-3\%)} \approx 5.53\%$$

若该债券平价发行,则其资本成本率为

$$K_b = \frac{2000 \times 10\% \times (1-33\%)}{2000 \times (1-3\%)} \approx 6.91\%$$

若该债券折价发行,其发行价格总额为 1600 万元,则其资本成本率为

$$K_b = \frac{2000 \times 10\% \times (1-33\%)}{1600 \times (1-3\%)} \approx 8.63\%$$

由于债券利率水平通常高于长期借款利率,同时债券的发行费用较高,所以,在一般情况下债券的成本要高于长期借款成本。

2. 自有资本成本的计算

自有资本成本有两个特点是:第一,除优先股以外,向所有者支付的投资报酬不是事先规定的,它是由酒店的经营成果和股利政策决定的,因而在计算上具有较大的不确定性。第二,股利是以税后利润支付的,不会减少酒店上交的所得税,因而自有资本成本通常高于债务资本成本。

(1) 优先股资本成本率。一般而言,优先股的筹集成本也比较高,此点不能忽略。优先股使用成本的表现形式是股息,一般按年支付。其计算公式如下:

$$K_p = \frac{D_p}{P_p(1-f_p)} \tag{9-7}$$

式中:K_p——优先股资本成本率;
　　　D_p——优先股年股利;
　　　P_p——优先股筹资额;
　　　f_p——优先股筹资费用率。

【例 9-4】某酒店发行优先股总面额为 1000 万元,总价为 1500 万元,筹资费用率为 5%,预定年股利率为 12%。则其资本成本率计算如下:

$$K_\text{p} = \frac{1000 \times 12\%}{1500 \times (1-5\%)} \approx 8.42\%$$

(2) 普通股资本成本率。普通股的使用成本具有很大的不确定性。从理论上讲，普通股的资本成本是普通股股东在一定的风险条件下所要求的最低投资报酬，而且在正常条件下，这种最低投资报酬应该表现为逐年增长的趋势。普通股的投资风险大，其资本成本率也最高。普通股资本成本率的计算公式如下：

$$K_\text{c} = \frac{D_\text{c}}{P_\text{c}(1-f_\text{c})} + G \tag{9-8}$$

式中：K_c——普通股资本成本率；

D_c——普通股预期年股利；

P_c——普通股筹资额；

f_c——普通股筹资费用率；

G——股利增长率。

【例 9-5】 某酒店发行普通股股票发行价为 8 元的普通股 1000 万股，筹资费用率为发行所得的 5%，第一年股利率为 15%，以后每年以 3% 的速度增长，则其资本成本率计算如下：

$$K_\text{c} = \frac{8000 \times 15\%}{8000 \times (1-15\%)} + 3\% \approx 18.79\%$$

(3) 留存收益资本成本率。留存收益是酒店税后净利在扣除当年股利后形成的，它属于普通股股东所有。从表面上看，留存收益不需要现金流出，似乎不用计算其资本成本，其实不然。留存收益的资本成本率是一种机会成本，体现为股东追加投资要求的报酬率。因此，留存收益也必须计算资本成本率，其计算方法与普通股相似，唯一的区别是留存收益没有资本筹集成本。

9.3.2 综合资本成本的计算

由于受法律、风险等多种因素的制约，酒店不可能只使用某种单一的筹资方式。虽然债务资本成本一般低于自有资本成本，但负债率超过一定范围将导致财务风险剧增，从而抬高债务资本成本。因此，除了计算个别资本成本外，还须从酒店整体的角度出发，计算综合资本成本，以便进行科学的筹资决策、确定理想的资本结构。

综合资本成本是指酒店全部长期资本的总成本。它一般是以各项个别资本在酒店总资本中所占比重为权数，对各项个别资本成本进行加权平均而得的资本成本，又称加权平均资本成本。其计算公式如下：

$$K_\text{w} = \sum_{i=1}^{n} W_i K_i \tag{9-9}$$

式中：K_w——综合资本成本率；

W_i——第 i 种个别资本占全部资本的比重；

K_i——第 i 种个别资本的资本成本率。

【例 9-6】 某酒店综合资本成本率的计算如表 9-3 所示。

表 9-3　某酒店的综合资本成本率

筹资方式	金额/万元	比重	个别资本成本率/%	综合资本成本率/%
银行借款	1600	0.182	8	1.46
长期债券	1800	0.205	10	2.05
优先股	600	0.068	12	0.82
普通股	2900	0.330	14	4.62
留存收益	1900	0.215	13	2.79
合计	8800	1		11.74

综合资本成本的计算存在着一个权数价值的选择问题，即各个个别资本成本按什么价值确定的问题。可供选择的价值形式有以下四种。

(1) 账面价值。即以各个个别资本的账面价值来计算权数。其优点是资料容易取得，可以直接从资产负债表的右方得到。其缺点是，当债券和股票的市价脱离账面价值较大时，影响准确性；同时，账面价值反映的是过去的资本结构，不适合未来的筹资决策。

(2) 现行市价。即以各个个别资本的现行市价来计算权数。其优点是能够反映实际的资本成本，但现行市价处于经常变动之中，不容易取得；而且现行市价反映的只是现实的资本结构，也同样不适用未来的筹资决策。

(3) 目标价值。即以未来预计的目标市场价值来确定权数。对于公司筹措新资、反映期望的资本结构来说，目标价值是有益的，但目标价值的确定难免具有主观性。

(4) 修正账面价值。即以各个个别资本的账面价值为基础，根据债券和股票的市价脱离账面价值的程度，适当地对账面价值予以修正，据以计算权数。这种方法能够比较好地反映实际资本成本和资本结构。

9.3.3　边际资本成本

前述的个别资本成本与综合资本成本是酒店过去筹集的或目前使用的资本的成本。酒店在追加筹资和追加投资的决策时必须考虑边际资本成本的高低。酒店在追加筹资时又有两种情况。一是改变现行的资本结构。如认为现行资本结构中债务比重过高，应降低资产负债率，可以选择发行普通股，也可以选择发行优先股或将二者组合进行追加筹资。二是不改变现行资本结构。即认为现行资本结构为理想资本结构，按现行资本结构进行追加筹资。在追加筹资时还有一个基本约定，即追加筹资规模不同，个别资本成本率也不同。

一般随着追加筹资规模的扩大，个别资本成本率会逐步抬高。换言之，酒店不可能以一个固定的资本成本率筹集到无限的资本。边际资本成本在计算时需要按加权平均法来计算，期权数必须为市场价值权数，不应采用账面价值权数。

评估练习

正确理解酒店企业的资本成本的计算方法，对试题进行解答。

1. 某企业拟发行一笔期限为3年的债券,债券面值为100元,债券的票面利率为8%,每年付息一次,企业发行这笔债券的费用为其债券发行价格的5%。由于企业发行债券的利率比市场利率高,因而实际发行价格为120元。假设企业的所得税税率为15%,则企业发行的债券成本为( )。

  A. 5.96%   B. 7.16%   C. 7.02%   D. 7.26%

2. 在个别资本成本的计算中,不必考虑筹资费用影响因素的是( )。

  A. 长期借款成本   B. 债券成本

  C. 保留盈余成本   D. 普通股成本

第 10 章

项目评估

【本章概述】

本章主要介绍酒店投资决策时对项目的评估方法。

10.1 主要讲解酒店的资本投资过程。

10.2 主要讲解净现值方法的原理。

10.3 主要讲解净现值方法的运用。

10.4 主要讲解净现值投资决策方法的优势。

10.5 主要讲解资本预算的特例。

10.6 主要讲解净现值准则的局限。

10.7 主要讲解其他投资决策准则。

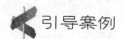 引导案例

资金——酒店扩张的动力

汉庭酒店创始人季琦在2012年5月份的一次媒体访谈中就表示："中国酒店市场的发展已经到了中档酒店发力的时候。"与之对应的，汉庭正在着力打造旗下的标准化中档酒店"全季"和特色中档酒店"星程"，甚至决定改掉"汉庭"这个名字，以摆脱经济型酒店固有的社会形象。同样地，如家、锦江之星、格林豪泰等经济型酒店集团，也纷纷朝中高端领域挺进。

2004年至今，深圳的维也纳酒店一直保持95%以上的综合出租率(明显超过同期经济型和四星级以上酒店)以及单个直营店25%以上的现金回报率。维也纳酒店老板黄德满的判断也赢得了外部资本的认同。2007年软银赛富、2010年奇力资本，先后分别投资1500万美元、2000万美元，维也纳酒店的扩张明显提速。截至2012年5月，维也纳酒店已签约开店160多家，已开业80多家。更重要的是，通过多年积累，维也纳酒店已拥有800万会员——对一个倚重口碑营销和"回头客"的行业来说，该数字的价值不难想象。

(资料来源：易铺网，http://yipu.com.cn)

思考题
深圳维也纳酒店迅速扩张的原因是什么？

酒店企业管理者能够作出的最重要的决策之一是项目投资决策。这项关键的决策要求当期支出现金，以获得能够成为未来现金流来源的长期资产。成功的资本投资方案将会对公司未来许多年的财务业绩作出积极的贡献。酒店企业的管理者由于他们确定有潜力取得成功的项目并付诸实施取得成功的技能也会受到嘉奖(我们使用项目、投资和计划这几个可互相交换的术语)。然而，如果这笔资金投资失败，公司的绩效也会因此而在之后很多年受到不利的影响。除此之外，公司的资金提供者——股东和债权人——也会对公司管理者的投资决策能力失去信心，而可能不愿意在将来再提供额外的资金。

怎样才算是一个好的投资决策？从财务管理的角度看，一项好的投资决策就是一个能提高目前酒店企业权益的市场价值，即在未来能够给业主方、股东带来可预见收益的决策。投资决策也可以有其他目标，但是管理者若是忽视了价值创造目标，就会危及公司未来发展及雇员们的前程。创造价值的投资决策必须能够提高企业市场价值，带来收益。

项目的评估涉及现在投资支付的现金数量与项目未来期望的现金流入量之比。然而，未来的现金流跨越好几个时期(可能是10年以上)，由于现在收入1元人民币比未来收入1元人民币价值高的时间差异，不能够对二者进行直接比较。造成这个差异的原因之一是酒店企业能够从较早收回的现金中获得利息收入。"先期现金"优势称为货币的时间价值。

折现就是将未来现金流转换为现在的等量价值的方法，转换后的价值称为现值或折现价值。换句话说，折现就是根据货币的时间价值对未来现金流进行调整。举例来说，如果酒店企业能够从无风险储蓄中获得10%的存款收益，那么从现在起一年后得到的1100元人民币无风险现金流入量的当前价值就是1000元人民币。这1000元人民币就是现值，或称折现价值，是1100元人民币的未来现金流入以10%的折现率折现得来的。本章讲述如何计

算在未来任何时间上产生的现金流量序列的折现价值。

与未来现金流有关的因素除了时间外,还有风险。未来现金流具有风险,是因为极大地存在着未来可实现的现金流并不是预期数值的可能性。

既考虑货币的时间价值,又考虑投资现金流量风险的决策模型称为折现现金流模型(DCF)。这一章阐述净现值(NPV)模型,并简要地介绍一个有用的变动指标——获利指数(PI)。

用折现现金流法评价时有两个关键的组成要素,一是项目预期现金流的确认和衡量,二是估计项目净现值计算所要求的适当的折现率。在本章中,我们假定投资的预期现金流序列和适当的折现率都是已知的,在此基础上说明如何计算投资的净现值。我们也会解释净现值测量什么,它是怎样得出的,又应该如何理解。

显而易见,项目评估是资本投资过程中的一个关键部分,但不是唯一部分。

10.1 资本投资过程

资本投资决策(Capital Investment Decision),又称为资本预算决策(Capital Budgeting Decision)或资本支出决策(Capital Expenditure Decision),其包括几个步骤,图 10-1 对此进行了总结。首先识别具有潜在投资价值的商业机会,这是最重要的一步。因此,酒店企业的管理层必须在公司内部营造出一种气氛,这种气氛应有助于引导成功的长期投资观念的产生和机会的开发。

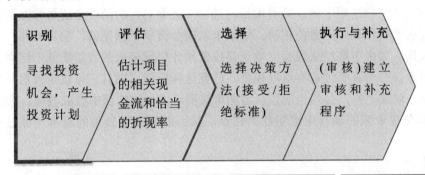

图 10-1 资本投资过程

其次,对已确认的投资建议必须进行财务评价。对项目财务评价需要的投入变量有:

项目寿命期的估计，项目预期产生的现金流以及用来计算项目预期现金流量序列的现值所需要的恰当的折现率。这是在资本支出决策中第二个极具挑战性的步骤，对建议的投资进行财务分析所需要的各个参变量的估计并不是件容易的工作。

通常根据财务评估所需关键变量的难易程度估计对项目分类。必要投资(Required Investments)是公司为适应安全、兴旺和环境规定所需的投资。公司应知道为适应这些规定所需支出现金的现值是否会高于公司倒闭应支付的成本。估计这类支出的大小不应该是非常复杂的，因为在大多数情况下，它们已由制订各项规章的权力机关限定。替代性投资(Replacement Investments)是最主要的成本节约型投资项目，它们不会产生额外的现金流入。它们未来的现金收益(基本上是现金节约)来源于预期成本的削减，这些预期成本管理者可相对较容易地确定下来。对扩张性投资(Expansion Investments)的财务评估更富于挑战性，因为这些项目要求公司估计扩张预期可产生的额外的销售收入、毛利和营运资金。

再次，对多元化投资(Diversification Investments)的财务评估通常是最困难的。这些计划预期可产生的现金流是最难预测的，因为酒店企业将要进入的很可能是一个非常陌生的行业。

在这些财务变量值估计出来之后，需要用投资标准来决定项目是被接受还是拒绝。这一章详细地介绍净现值法(Net Present Value Rule)以及其他常见的投资决策准则，譬如内部回报率法、投资回收期法等。

最后，被采纳的计划必须付诸实施。但是，资本投资过程到此并没有结束。在项目整个寿命期内还应对其进行定期审核。随着项目的进行，必须对它们的现金流量和发生时间进行监控，确定它们和预算中的数值相符。如果未来现金流少于预期值，项目的获利性很显然地就不如预期。如果审核结果表明一项现存投资预计仍可带来的收益要低于结束这项投资所花费的成本，公司就必须放弃这项投资。放弃这项投资比拥有它可以给公司所有者带来更大的收益。除此之外，公司也应该从定期审核揭示出来的错误中吸取教训，这些信息有助于公司避免在未来的项目中重犯此类错误，从而能够改进公司的资本预算过程。

评估练习

正确理解资本投资过程，将下列问题的正确答案选出来。

资本投资过程的步骤包括(　　)。

  A. 识别   B. 评估   C. 选择   D. 执行

10.2　净现值的计算

10.2.1　土地的购买

假设你的住所附近有一块土地要出售，售价为10 000元。如果这块地今天卖不掉，就会从市场上撤销。这块地将是一个理想的家用住宅地点。不幸的是，地方当局严令禁止在这块土地上进行任何建设。但是你刚刚获悉，下一年他们就会改变主张。如果你现在买下这块地，你预期明年在这块地上可以进行建筑，就能以 11 000 元的价格售出，这两笔现金流的先后顺序如图 10-2 所示，现金流出由一个向下的箭头表示，现金流入由一个向上的箭头表示。假定现金流正如图 10-2 所示的模式，你能很轻易地计算出你预期可在这项投资上获得的回报率。这个回报率是 10%，即一项 10 000 元的投资，预期可获得 1 000 元的收益。

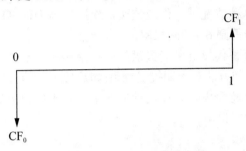

图 10-2　土地的现金流时间

假设今天是你的幸运日，你刚刚收到了你已经继承 10 000 元遗产的通知，立即生效。你应该买下这块土地吗？在不具备额外的信息之前你不应该作这项决策。一个有价值的信息是你能够从可比投资中获得的最高回报率是多少。如果你能从一项实实在在的可比投资或可替代投资(Alternative Investment)中获得比 10% 还高的收益，你就不应该买这块地。

10.2.2　可替代投资

将可替代投资与眼下正考虑的投资进行必要的比较，以辨别它们是否具有相同的属性。最重要的属性是风险。这块土地是一项风险投资，因为你不能确切地知道明年它一定会卖出 11 000 元。这样，存在许多比你预计的未来价格更高或更低的售价的可能性。实际现金流量背离其预期价值的可能性越高，预期现金流序列的风险也就越高。可替代投资必须具有和这块土地相同的风险特征。用财务术语来说，就是它们应该属于同一个风险等级(Risk Class)。另一相关的投资特性是对投资预期收益的税务处理。这两项投资的税务处理必须一样，因为投资者只对税后的投资回报率感兴趣。眼下，为了简便起见，我们假定你所居住的国家不对投资收益课税。这样，可替代投资就与这块土地具有相同的税务处理方式。

投资的流动性，也就是在当前市场价格条件下进行交易的能力，仍然是需要考虑的可替代投资必须与这块土地相似的另外一个属性。然而，风险与税收是这两项投资必须保持相同的最重要的特性。

10.2.3　资本的机会成本

为了估计与这块土地具有相同风险等级的可替代投资的回报率，我们要考虑市场上其他可比土地投资的回报情况。为了把这一段分析再简单化，我们假定建议的投资对你来说是无风险的。如果明年你以低于 11 000 元的价格卖掉这块地，我们会付给你差额；如果你以高于 11 000 元的价格出售，你要付给我们这个差额。这笔交易确保你能得到 11 000 元而不管明年这块土地的市场价格是多少。

因为这个项目现在是无风险的,可代替投资是将你继承的 10 000 元存入政府作保的银行账户中,目前可提供 6%的回报率,这是从任何一个无风险的项目中可获得的预期回报率。这也是当你买这块土地时所放弃的收入,所以它被称为项目资本机会成本(Project's Opportunity Cost of Capital),或简单地称为项目资本成本(Project's Cost of Capital)。现在,你应该买这块地吗? 在这种情况下,你应该买这块地,因为你可以从这块土地获得 10%的回报率,而从储蓄中只能得到 6%的回报率。

将项目的回报率与可替代投资所能提供的回报率相较,是进行投资分析的一种十分简单又直接的方法。尽管这种方法对一期投资项目(如这块土地的投资)很奏效,但当现金流涉及好几期时,它有时可能就会失效。在这种情况下,对于现金流的特殊模式,我们就不能计算出一个明确而唯一的回报率。

10.2.4 净现值法

前文所讲述的投资分析方法是将两项投资的回报率进行比较——一块土地和储蓄。也就是说,为获得这块土地现在需要支付的 10 000 元与为了从现在算起一年后获得 11 000 元而现在需要投资于储蓄的金额相较。这个对比就是净现值准则的基础,可以首先通过一期投资加以解释。

1. 一年期投资

如果想一年后收到 11 000 元,现在的利率是 6%,那么现在应该在银行中存入多少钱? 答案是 10 377 元。因为如果现在在 6%的回报率水平下投资 10 377 元,一年后就会得到 11 000 元,即初始存入本金(10 377 元)和一年后获得的利息(623 元)之和。

$$10\,377 + 10\,377 \times 6\% = 10\,377 + 623 = 11\,000(元)$$

等式也可以写为

$$10\,377 + 10\,377 \times 6\% = 10\,377 \times (1+0.06) = 11\,000(元)$$

10 377 元在 6%回报率水平下存一年的复利终值(Compounded Value)或未来值(Future Value)为 11 000 元,(1+0.06)项称为利率为 6%的一年期复利系数(Compound Factor),它等于 1.06(1 加上 6%的利率)。

起初我们是如何得出 10 377 美元的? 我们简单地用未来现金流 11 000 美元除以一年期复利系数(1+0.06):

$$\frac{11\,000}{1+0.06} = 10\,377(元)$$

等式也可以写为

$$11\,000 \times \frac{1}{1+0.06} = 11\,000 \times 0.9434 = 10\,377(元)$$

11 000 元在利率为 6%的条件下一年的折现价值(Discounted Value)或现值(Present Value)为 10 377 元。1/(1+0.06)项为 6%的一年期折现系数(Discount Factor, DF)。它等于 0.9434,即在 6%的折现率下,一年后收入 1 元的现值。也就是说,若折现率为 6%,一年后的 1 美元现在大约只值 94 角。折现使得 1 元价值"缩小"了大约 6%。

折现系数是复利系数的倒数,折现是复利的反面。复利是给出现值(10 377 元)计算未来的现金流量(11 000 元),而折现则是给定未来值(11 000 元)计算现在的现金流量(10 377 元)。换句话说,在 6% 的利率水平上,现在的 10 377 元与一年后的 11 000 元没什么区别。在这个利率水平上,两个现金流是等价的。

让我们接着来比较土地和储蓄之间的投资。土地的成本是 10 000 元,一年后得到 11 000 元。为了在一年后得到 11 000 元,储蓄要求现在存入 10 377 元。你更倾向于哪个?明显地,你会更青睐于投资土地,因为这两项投资一年后可产生相同的现金流入,但土地要求的初始投资更少。

10 377 元(土地一年后产生的 11 000 元未来现金流量在 6% 的利率水平下的现值)与初始的 10 000 元现金流出(土地的成本)之间的差额称为土地的净现值(Net Present Value, NPV)。通常表达为

NPV(土地)=-(初始现金支出)+(资本支出可获得的未来现金流的现值)　　(10-1)

NPV(土地,利率为 6%)=-10 000 +10 377=+377(元)

净现值为正,所以你应该购买这块土地。它未来现金流的现值高于现在的成本。如果净现值是负值,你就应该投资于储蓄。总的来说,如果净现值是正值,就应该接受这项投资,如果是负值,就应该拒绝。这就是净现值准则,如果净现值是零,购买这块土地还是把钱进行储蓄就没有区别。

在图 10-3 中,CF_0 代表初始现金支出(时间为 0 时的现金流),CF_1 代表一期后项目的现金流(时间为 1 时的现金流)。如果 k 代表资本的机会成本,那么一期投资的净现值就可以写成

$$\text{NPV}(投资) = -CF_0 + CF_1 \times \frac{1}{1+k} = -CF_0 + CF_1 \times DF_1 \qquad (10\text{-}2)$$

这里 $DF_1 = \dfrac{1}{1+k}$ 是指资本成本为 k 时一年期的折现系数。对土地项目,我们可以得到

NPV(土地,利率为 6%)=-10 000+11 000×DF_1
　　　　　　　　　　　=-10 000+11 000×[1/(1+0.06)]
　　　　　　　　　　　=-10 000+11 000×0.9434
　　　　　　　　　　　=-10 000+10 377
　　　　　　　　　　　=+377(元)

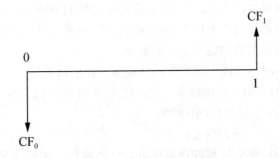

图 10-3　一年期投资的时间

2. 不存在中间现金流的两期投资

假设你能从这块土地上获得 11 000 元的未来现金流不是在一年后而是两年后,其他的条件都不变。这个现金流的先后顺序如图 10-4 所示。你仍然应该再买这块土地吗?在你作出决定之前,你需要考虑货币的时间价值(Time Value of Money):两年后的 11 000 元不如一年后的 11 000 元的价值高。当利率为 6%时,为了在从现在算起两年后获得 11 000 元,你现在必须得在账户中存入多少钱?换句话说,如果资本的机会成本是 6%,两年后能够获得 11 000 元的一块土地的现值是多少?

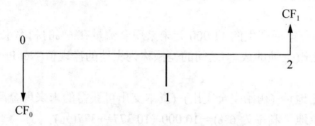

图 10-4 两期投资的时间(无中间现金流)

这个值是 9790 元,因为在年利率 6%的情况下,9790 元的投资将会在两年后获得 11000 元。一年后,9790 元会增长到 9790×(1+0.06)元。到第二年后又增长(1+0.06)倍。我们可以得到

$$[9790\times(1+0.06)]\times(1+0.06)=9790\times(1+0.06)^2$$
$$=9790\times1.1236$$
$$=11\,000(元)$$

在这里,$(1+0.06)^2$ 等于 1.123 6,是利率 6%的水平下两年期的复利系数。9790 元的现值是将未来值的 11 000 元简单地以 6%利率折现两次得到的,即

$$PV(11\,000\,元,折现率为\,6\%)=11\,000\times\{1/[(1+0.06)\times(1+0.06)]\}$$
$$=11\,000\times[1/(1+0.06)^2]$$
$$=11\,000\times0.8900$$
$$=9790(元)$$

在这里,0.8900 是利率 6%水平下两年期的折现系数,即

$$CF_2=[1/(1+0.06)^2]=0.8900$$

你在储蓄上现在只要投资 9790 元,两年后就可获得 11 000 元,而你在相同的时间要获得同等数额的回报却需要在土地上投资 10 000 元,储蓄显然是更好的投资,因为能在两年后产生相同的回报,而要求的初始现金支出更少。

现在,考虑这种情况下这块土地产生的净现值。我们可得出:

NPV(土地,利率为 6%)=-初始现金支出+ 6%利率水平下 11 000 元的现值
$$=-11\,000+9790$$
$$=-210(元)$$

净现值是负值,所以前面提到的净现值准则仍然有效:如果净现值为正就接受这项投资,如果为负就拒绝。

3．存在中间现金流的两期投资

前述为期两年的土地投资中,假设你能在这两年中出租这块土地。这块土地很肥沃,你应该能把它出租给一位从事种植业的园丁或农夫,每年租金1000元,在每年年末支付。现在,投资于这块土地的现金流模式就如图10-5所示。这项投资需要10 000元的初始现金支出(CF_0),产生1000元的首期现金流入(CF_1)和12 000元的末期现金流入(CF_2),即第二年1000元的租金和11 000元的土地转卖价值之和。在这种情况下,你应该购买这块土地吗?在资本成本为6%的情况下,这块土地未来现金流序列(CF_1=1000元和CF_2=12 000元)的现值为

$$PV(CF_1,CF_2,利率为6\%) = CF_1 \times DF_1 + CF_2 \times DF_2 \qquad (10\text{-}3)$$
$$= 10\,000 \times 0.9434 + 12\,000 \times 0.8900$$
$$= 943 + 10\,680$$
$$= 11\,623(元)$$

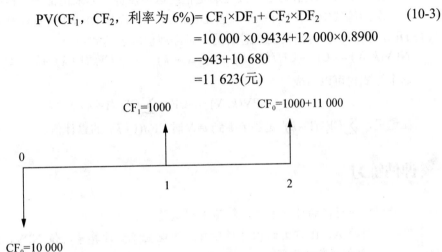

图10-5 两期投资的时间(存在中间现金流)

在这里,DF_1=0.9434是利率为6%的一年期折现系数,DF_2=0.8900是利率为6%的两年期折现系数。这块土地未来现金流序列(11 623元)的现值高于它的成本(10 000元),所以你应该购买这块土地。这块土地投资的净现值就是11 623元和10 000元之间的差额:

$$NPV(土地) = -10\,000 + 11\,623$$
$$= 1623(元)$$

差额是正的,表明投资应该接受。净现值准则继续成立:当净现值为正时接受投资,为负时拒绝。

4．多期投资

由两期投资情况的分析很容易地延伸到存在许多中间现金流的多期投资上。预期现金流序列持续的时间越长,计算期就越长,但净现值准则仍然有效。企业的投资项目总能转化为预期的周期性现金流序列,所以净现值法可以直接用于对资本支出的分析。

我们称需要初始现金支出为CF_0的投资项目在t年底的预计现金流为CF_t。假设这项投资将产生延续年限为N年的现金流。如上所述,这项投资的净现值为它预计现金流序列的现值与投资初始现金支出之间的差额。在时间为t、资本成本为k时产生的现金流的现值,即$PV(CF_t)$为

$$PV(CF_t) = CF_t \times [1/(1+k)^t] = CF_t \times DF_t \qquad (10\text{-}4)$$

在这里，$DF_t = [1/(1+k)^t]$ 是资本成本为 k 时的 t 期折现系数。DF_t 也就是在资本成本为 k、时间为 t 时所产生的 1 元现金流的现值。由此得出，现金流大小为 CF_t 的现值一定等于 CF_t 乘以 DF_t 所得的值。

我们可以用一个延续 N 年的现金流序列和资本成本 k 来表示一项投资的净现值，如下所示：

$$NPV(k,N) = -CF_0 + CF_1 \times DF_1 + CF_2 \times DF_2 + \cdots + CF_t \times DF_t + \cdots + CF_n \times DF_n \qquad (10\text{-}5)$$

前述的决策准则仍然有效：如果净现值是正值，该项投资就可以采纳，如果其值为负，就应该拒绝。如果净现值为零，接受还是拒绝这项投资对你来说都是一样的。

在上面的等式中，用 $1/(1+k)^1$ 代替 DF_1，$1/(1+k)^2$ 代替 DF_2，$1/(1+k)^t$ 代替 DF_t，$1/(1+k)^N$ 代替 DF_n，我们就会得到我们熟悉的另一种净现值的表达式：

$$NPV(k,N) = -CF_0 + CF_1/(1+k)_1 + CF_2/(1+k)_2 + \cdots + CF_t/(1+k)_t + \cdots + CF_n/(1+k)_N \qquad (10\text{-}6)$$

这个等式也可以写成

$$NPV(k,N) = -CF_0 + \sum CF_t/(1+k)^t$$

在这里，$\sum CF_t/(1+k)^t$ 是当 $t=1$ 到 $t=N$ 时 $CF_t/(1+k)^t$ 的累计值。

评估练习

正确理解净现值的计算方法，解答下列试题。

根据下面的 A、B 方案的预计税后营业净现金流量计算净现值 NPV，假设资本成本为 5%，并比较两个方案的优劣。

单位：元

方案	第 0 年	第 1 年	第 2 年
A 方案	−20 000	6500	6500
B 方案	−30 000	7500	7500

10.3 资本投资决策中净现值法的应用

当假定所有相关的投入变量都已预计出来，我们就能很容易用净现值法进行资本支出决策。投入变量即为考虑的项目在预计寿命期内的预期现金流量序列和用于投资的资本成本。在这些投入变量被预计出来之后，项目预期现金流量序列的现值就可以通过将现金流按项目资本成本折现计算得来。然后，这个现值再减去项目初始现金支出就可以得出项目的净现值。如果净现值是正值，这个项目就可以接受；如果净现值是负值，就应该拒绝。我们用一个例子来解释这个过程。

阳光制造公司(Sunlight Manufacturing Company，SM 公司)在过去的 20 年里一直成功地生产并出售各种各样的电子设备，目前正在考虑给现有的产品线再上一款新产品。公司现在为此需要支出 2 360 000 元开发制图桌灯，这个产品预计五年后淘汰。这项投资预计每年可产生的净现金流量为：第一年年底 832 000 元，第二年年底 822 000 元，第三年年底 692 000 元，第四年年底 554 000 元，第五年年底末期净现金流量为 466 000 元。末期现金流量包括了用于生产该产品的设备转卖价值、变现成本的净值。这个项目的预计资本成本为 10%。SM 公司应该上马该新产品吗？为回答这个问题，我们要找出项目的净现值。首先，要将每年的预期现金流与其对应年限下资本成本为 10%时的折现率相乘。然后，用项目预期现金流序列的现值之和减去初始现金支出 2 360 000 元，就可以得出项目的净现值：

NPV(新产品，资本成本为 10%)=-2 360 000+2 623 293=263 293(元)

项目的净现值是正的，所以 SM 公司应该上马这种制图桌灯。

就像你可能已经注意到的，多期投资项目的净现值计算是冗长烦琐的。幸运的是，大多数电子财务计算器具有多项财务功能，其中就包括计算净现值的功能。使用这种功能，只需简单地输入初始现金支出直至第五年现金流这几个数值，然后输入项目投资的资本成本，按下 NPV 键即可。计算器会算出预期现金流的现值，并且提供项目的净现值，这个过程与在一台计算机上应用一张棋盘式对照表相似。比这更复杂更富于挑战性的工作是估计为执行该项计算而应输入的变量，即项目的预期现金流序列和相应的资本成本。

评估练习

选择一台计算器，试着用计算器计算 10.2 节评估练习的净现值。

10.4 净现值投资决策法的优势

净现值法是比较理想的投资决策方法，正如本节内容所述，因为它有如下特性。

(1) 它是价值创造的一个衡量标准：当项目净现值是正值时，项目能够创造价值，当它为负值时，项目会损害价值。

(2) 它调整了项目预期现金流的时间性。

(3) 它调整了项目预期现金流的风险。

(4) 它具有可加性。

前三个特性对任何一个用于决定是接受或拒绝资本投资的选择准则来讲都是至关重要的，将净现值法与其他替代性选择准则进行对比就是基于这些重要的特性。净现值法的可加性只是意味着如果一个项目的净现值为 100 000 元，另一个项目有 50 000 元的净现值，假设这两个项目是相互独立的，那么这两个项目合并到一起，就可以产生总共 150 000 元的净现值。这一特性有许多有价值的意义。

10.4.1 价值创造的衡量标准

在本章的开头，我们把一个好的投资决策定义为能够增加公司权益和市场价值的决策。一个净现值为正的项目就是这样一个决策吗？

再来考虑那个只有一期的地产投资的例子。回想一下，它的初始现金流出是 10 000 元，预期的 11 000 元现金流入在折现率为 6%时的现值为 10 377 元。假设你要进行这项投资，而且当你刚开始，一位也对此有兴趣的投资者就想从你手中把那块地买走。

你最少该向他要价多少？你不应该接受任何低于 10 377 元的价格。如果你把它贱卖了，比如说 10 200 元，最好的可替代投资是把 10 200 元存入你的银行户头。一年之后，你会得到 10 812 元(10 200 元加上 10 200 元的 6%，或 612 元)。这比你一年后可以从这块土地中得到的收益 11 000 元要少。明显地，你不会同意以低于 10 377 元的价格卖掉这块地。这位有兴趣的投资者最高愿意为这块地支付的价钱是多少？对这位投资者来说最高的价钱也是 10 377 元。这是这位投资者现在愿意花在一年后可以得到与这块土地同等回报的可替代投资(储蓄)上的金额。如果支付更高的买价，这位投资者就会比把钱投入可替代投资上更"贫穷"。如果有一个价钱可以使你和那位有兴趣的投资者都满意，那就是 10 377 元。这也是你在一个活跃的地产市场里把你的新财产出售给任一其他买者所得到的价格，这样 10 377 元就是这块地的市场价值。换句话说，它的现值也就是市场价值。扩展开来，这对任何投资来讲都是正确的。实际上，一个项目预期现金流序列在一定的资本成本水平下的现值实际上就是在一个现存的市场中将此项目出售所能得到的数额。换句话说，任何投资的市场价值都是由该项投资预期未来能产生的现金流的现值确定的。

你只用 10 000 元购买的这块土地的市场价值为 10 377 元。这样，你的财富就因此增加 377 元(10 377 元减去 10 000 元)，这恰好与这项投资的净现值相同。扩展开来讲，一个投资项目的净现值代表了一接受该项投资公司所有者财富立刻所能发生的变动。如果是正值，该项目能为公司所有者创造价值；如果是负值，就减少价值。从所有者的角度看，一个可以获得正的净现值的投资决策显然是一个好的投资决策，它会增加他们现有的财富。虽然，如果采纳一个净现值为正的项目预期可以创造价值，但是净现值本身不会提供有关价值创造来源的任何迹象。公司产生净现值为正的项目以及为股东创造价值有许多原因，公司可能会有高工作动力的富有创造性的管理者团队；可能在产品或服务市场上具有强大的地位，使得新的进入者很难在一个平等的立足点上与其竞争。更为重要的是，一些项目不可能轻易地被后进入的竞争者复制，因为项目需要公司的专有技术，或者是因为它们受到专利保护。由于这些原因，公司就可能有许多投资产生的现金流的现值要高于投资成本的项目。

10.4.2 调整项目现金流的时间性

一个好的投资决策必须考虑投资预期现金流的产生时间。净现值法能够做到这一点吗？项目的净现值是它预期现金流的现值与当前成本的差额，这些现金流量的现值可以通过将各期的现金流按照项目的资本机会成本进行折现得来。现金流获得时间距现在越远，它们对投资现值的贡献就越少，这是由于折现系数 $(1+k)^t$ 的作用，因为在净现值计算公式中，现金流要与折现系数相乘，而折现系数由于时间 t 的增加变小。这样，净现值法调整了项目预期现金流的时间性。

为了进一步说明，考虑两个五年期投资项目 A 和 B。这两项投资都需要 100 万元的初始现金支出，资本成本均为 10%。两项投资预期的现金流如表 10-1 所示。

第10章 项目评估

表10-1 CF_0=100万元和k=0.10的两项投资的现金流　　　　　单位：元

年　　末	投资A	投资B
1	CF_1=800 000	CF_1=100 000
2	CF_2=600 000	CF_2=200 000
3	CF_3=400 000	CF_3=400 000
4	CF_4=200 000	CF_4=600 000
5	CF_5=100 000	CF_5=800 000
现金流总和	2 100 000	2 100 000

假设这两项投资是互斥的，也就意味着一个项目被选中，另一个就必须放弃(例如为了跨越一条河，选择是采取架桥的方法还是挖条隧道的方法)。面对这种选择，公司应该优先选择项目A，因为它可以比项目B更快地回收现金。净现值法能得出同样的结论吗？为得出结论，我们先计算两个投资项目预期现金流的现值，如表10-2所示。两个方案的初始现金流出量均为100万元。这样：

NPV(A，折现率10%)=-1 000 000+1 722 361=722 361(元)
NPV(B，折现率10%)=-1 000 000+1 463 269=463 269(元)

表10-2 两个项目的现金流的现值　　　　　单位：元

年　　末	投资A，资本机会成本=10%
1	PV(800 000)=800 000×0.9091=727 273
2	PV(600 000)=600 000×0.8264=495 868
3	PV(400 000)=400 000×0.7513=300 526
4	PV(200 000)=200 000×0.6830=136 602
5	PV(100 000)=100 000×0.6209=62 092
现值总和	1 722 361
年　　末	投资B，资本机会成本=10%
1	PV(100 000)=100 000×0.9091=90 909
2	PV(200 000)=200 000×0.8264=165 289
3	PV(400 000)=400 000×0.7513=300 526
4	PV(600 000)=600 000×0.6830=409 808
5	PV(800 000)=800 000×0.6209=497 737
现值总和	1 464 269

两个项目都值得投资，因为二者都具有正的净现值。但是，项目A的净现值大于项目B的净现值。因此，净现值法能够更快地选择现金回收的投资项目。

评估练习

正确理解净现值法在决策中的优势，回答以下问题。
净现值投资决策方法的优势在哪里？

10.5 资本预算的特例

我们已经讨论了在相同规模和使用年限下,预期现金流的发生时间和风险对净现值产生的影响。然而,通常情况下项目规模和寿命期都是不同的。例如,公司的投资预算可能没有大到能够投资于所有具有正的净现值的投资计划。当这些计划在规模上有很大差异时(通过初始现金流出量来衡量),管理者必须决定哪个具有正的净现值的项目应该被采纳,哪个应该放弃,这一过程称为资本限额(Capital Rationing)下的预算。管理者可能也有几种替代一台老化机器的选择,每一种可能性都有各自不同的预期寿命期。下面分析如何用净现值法选择不同规模或不同寿命期的投资。

10.5.1 比较不同规模的项目

假设公司正在考虑三种投资方案,如表 10-3 所示。根据净现值法,三个项目都应该接受,因为它们都有正的净现值,也就是三个都创造价值。然而,只有当①项目之间是互相独立的;②公司能够筹集到开发三个项目所需要的 200 万元人民币资金(三个项目初始现金支出之和)时,公司才能够同时投资于这三个项目。

如果公司只能筹集到 100 万元呢?在这种情况下,选择范围就缩小到要么投资于项目 E,要么投资于项目 F 和项目 G。投资项目 F 和项目 G 明显是较优的选择,因为它们具有创造 272 727 元(它们的净现值之和)价值的潜力,而投资项目 E 只有 140 496 元。这样,如果可用于投资的资本总额有限,公司就不能只根据最高的净现值选择项目。必须首先找出能从每元的初始现金支出中获得最高未来现金流现值的投资组合。这可以通过使用项目的获利指数(Profitability Index)来达到。投资的获利指数定义为投资预期现金流序列的现值与投资初始现金支出的比率。投资项目 E、项目 F 和项目 G 的获利指数如表 10-4 所示。

表 10-3 资本成本 k=0.10 时,三个规模不同的投资的现金流、现值和净现值　　单位:元

项　目	投资 E	投资 F	投资 G
(1) 初始现金支出(CF_0)	100 000	500 000	500 000
第一年现金流(CF_1)	800 000	200 000	100 000
第二年现金流(CF_2)	500 000	510 000	700 000
(2) 折现率为 10%时的 CF_1 和 CF_2 的现值	1 140 496	603 306	669 421
净现值=(2)-(1)	140 496	103 306	169 421

投资的获利指数等于收益除以成本比率。如果投资的净现值为正,那么它的收益(表 10-4 的第 2 行)就一定超过它的成本(表中第 1 行),它的获利指数也就大于 1。如果它的净现值是负值,那么它的成本一定超过收益,获利指数也会小于 1。投资项目 E、项目 F、项目 G 都具有正的净现值,所以它们的获利指数均大于 1。

表 10-4　不同规模的三项投资的获利指数

项　目	投资 E	投资 F	投资 G
(1) 初始现金支出/元	100 000	500 000	500 000
(2) 未来现金流序列的现值/元	1 140 496	603 306	669 421
(3) 获利指数=(2)/(1)	1.14	1.21	1.34

项目 E 可以从每元的初始投资中获得 14 分的净现值，项目 F 获得 21 分的净现值而项目 G 获得 34 分的净现值。

如果公司只有有限的资金用于投资，它应该首先根据获利指数将三个项目降序排列(首先是 G，其次是 F，最后是 E)。那么，公司应该选择获利指数最高的项目，直到它已经根据每个项目所需的初始投资分配完所有的资金。在这个例子中，分配方法是先选择项目 G，然后是项目 F，这样，全部投资额即为 100 万元。

但是，在获利指数基础上将有限的资本分配给一系列项目并不能完全解决规模问题，因为这种方法所能处理的是当前考虑的这一年中有限的资本支出对项目的分配情况。在这个例子中，100 万元的有限资金只用于第一年。下一年情况又会怎样呢？

假设 100 万元资本限额还能应用于下一年，那么成本为 180 万元，净现值为 40 万元的项目 H 就值得考虑。公司能够为项目 H 提供资金吗？公司将有最多 130 万元的资金用于投资：100 万元资本预算加上项目 F 和项目 G 在一年后产生的 30 万元的现金流(回顾公司去年选择的项目 F 和项目 G，它们第一年共同创造的现金流是 30 万元)。项目 H 需要 180 万元，所以 130 万元的资金不够投资于它。项目只好放弃。结论：因为公司去年投资于项目 F 和项目 G，它现在就必须放弃一个可以带来 40 万元净现值的项目。

如果公司去年选择了项目 E，它就有能力为投资项目 H 提供资金。投资项目 E 在第一年年底能够产生 80 万元，再加上 100 万元的资本预算，就能够提供投资项目 H 要求的资金。投资项目 E 和项目 H 共同可创造的净现值为 540 496 元(140 496 元加上 400 000 元)，高于投资项目 F 和项目 G 共同创造的价值(103 306 元加上 169 421 元)，甚至在对于项目 H，由于其实际能产生的现金流在一年以后这一因素进行了调整后，情况依然如此。

这样，当公司在资本受限情况下进行经营时，就不应该在不考虑未来可实现的投资情况下作出现在的投资决策。然而，实践中这么做是很困难的，因为关于未来的投资信息现在可能是不容易获得的。

如果公司没有充分了解未来的潜在项目，那么用获利指数法在现有可得到信息的基础上所作的最优决策很可能是次优的结果。

10.5.2　不同寿命期的项目

我们现在来考虑公司必须在两个不同寿命期的投资中作出选择。假设公司必须决定是购买机器 A 还是机器 B。机器 A 成本为 80 000 元，有效寿命是两年，每年的维护成本是 4000 元，假定运营两年后设备无残值。机器 B 成本 120 000 元，有效寿命是四年，每年的维护成本是 3000 元，四年之后也无残值。机器 B 比机器 A 贵 50%，但有效寿命是其 2 倍，每年的维护成本也较低。预计两台机器能产生等量的年现金流。公司管理者想弄清楚公司应该购买哪台机器。

如果这两台机器能产生等量的未来现金流入量，那么全部成本现值较低的一个就应优先选择，因为它的净现值也较低。问题在于这两台机器有不同的寿命期，机器 A 可使用两年而机器 B 可维持四年。除非两台机器运营的时间相同，否则它们之间的比较就是毫无意义的。这样，我们假定第二年年末公司将重购一台新的机器 A，可使用两年。通过这种方法，我们就能够将两台总共可延续四年的机器 A 与一台机器 B 进行对比。

假定这种类型的成本分析适用的恰当的资本成本为 10%。与两台机器 A 和一台机器 B 有关的现金流出序列及它们在资本成本为 10%情况下的现值如表 10-5 所示。在跨越相同使用年限下，两台机器 A 连续使用的总成本的现值(158 795 元)高于单独一台机器 B 全部成本的现值(129 509 元)，公司应该购买机器 B，尽管它更贵。现在单独购买一台机器 A 所用成本总和的现值为 86 942 元(表中并未给出)。如果公司将这个成本与机器 B 的成本(129 509 元)相比较，就会发现机器 A 更便宜，从而会作出错误的购买决策。

表 10-5 两个具有不同寿命期投资的现金流出和成本现值　　　　　　　单位：元

年末	两台机器 A 连续使用				一台机器 B	
	现金流出			现 值	现金流出	现 值
	机器 1	机器 2	总　计	资本成本为 10%		资本成本为 10%
现在	-80 000		-80 000	-80 000	-120 000	-120 000
1	-4000		-4000	-3636	-3000	-2727
2	-4000	-80 000	-84 000	-69 422	-3000	-2479
3		-4000	-4000	-3005	-3000	-2254
4		-4000	-4000	-2732	-3000	-2049
	成本的现值		-158 795		成本的现值	-129 509

刚刚讨论过，连续使用两台机器 A 等价于一台机器 B。举例来说，如果机器 B 有效寿命为 5 年，机器 A 只有 3 年的寿命期，我们就需要将 5 台机器 A 连续使用与 3 台机器 B 连续使用使其都具有 15 年使用年限的情况下进行对比。幸运的是，有一条捷径可以使我们避免这些烦琐的计算。我们将每台机器的现金流出序列总和转换为与其具有相同现值的等量年现金流序列(称为固定年等量现金流(Constant Annual Equivalent Cash Flow)或等量年金现金流)。然后，我们只要简单地比较年金大小。公司应该选择等量年金现金流最低的机器。上述例子的现金流状况如表 10-6 所示。

机器 A 产生的现金流出序列总额的 2 年期等量年金流出额为 50 096 元，机器 B 产生的现金流出序列总额的 4 年期等量年金流出额为 40 855 元。因为 40 855 元要少于 50 096 元，所以应该选择机器 B。机器 B 可以由年成本为 40 855 元的一无穷系列的机器 B 代替，而机器 A 也可以由年成本为 50 096 元的一无穷系列的机器 A 代替。

表 10-6　两个具有不同寿命期的投资项目的最初和等量年金现金流　　　单位：元

年　末	机器 A		机器 B	
	最初现金流	等量年现金流	最初现金流	等量年现金流
现在	-80 000		-120 000	
1	-4000	-50 096	-3000	-40 855
2	-4000	-50 096	-3000	-40 855
3			-3000	-40 855
4			-3000	-40 855
现值(10%)	-86 942	-86 942	-129 509	-129 509

评估练习

正确理解资本预算的特例，回答以下问题。

请简要阐述资本预算的特例。

10.6　净现值准则的局限

尽管净现值准则可以对许多情况进行调整，比如比较不同规模或不同寿命期的两个项目，但在其他情况下，要求净现值准则所做的调整是相当复杂的，没那么容易完成。因为净现值准则是一种要么采纳要么放弃的方法，它仅基于净现值被估计出来时所能得到的信息。因此，净现值准则忽略了随着时间的流逝和更多的信息的获得导致项目发生变化的那些机会。

净现值是根据项目产生的预期现金流序列经项目资本成本折现得来的，项目资本成本是项目风险的一个衡量标准。现金流和相对应的资本成本的估计都依赖于净现值计算时所能获得的信息。这些信息包括产品的市场能力、售价、被淘汰的风险、生产应用的技术以及经济环境、规章制度和税收环境等诸如此类的因素。在这些因素发生了重大变化时，能以较低成本比较容易地进行调整的项目，可以给公司创造比它的净现值所显示出来的更多的价值。它也比具有相同的净现值但不能轻易地而且低成本地更改的可替代项目更有价值。项目的柔性，也就是根据变化的环境对项目进行调整的能力，通常描述为管理选择权(Managerial Options)，即是在寿命期内可以用于改变项目的选择权。

评估练习

正确理解净现值准则的局限性，回答以下问题。

请简要阐述净现值准则在评估项目时的局限性。

10.7 其他投资决策准则

净现值(NPV)准则并不是评价资本投资方案唯一可行的准则，类似的还有回收期准则、内部回报率(IRR)准则或其他准则，企业可以使用其中一个或几个准则。本节研究和讨论了如何使用回收期准则、内部回报率准则，并使其适应于净现值准则。

一个好的投资决策准则必须考虑项目预期的现金流序列和项目风险的大小。除此之外，选择的项目应有助于提高公司股票的市场价值。在对四个投资决策准则的分析过程中，我们通过一些具体案例，运用四个理论做出投资决策，并与净现值准则得出的结论比较，看是否一致。进而我们又解释了为什么会得出一些冲突性的结论，为什么一些公司仍然应用这些方法进行投资方案的选择。我们用六个不同的项目来具体说明，四个投资决策准则是如何和净现值准则一起进行投资决策和项目的绩效评估的。

10.7.1 回收期

项目的回收期(Payback Period)是指项目预期的现金流量总额等于项目初始现金流出所需要的时间(通常用几年来表示)。换句话说，回收期是公司收回初始投资所需要的时间。考虑项目 A，其资料如表 10-7 所示，项目预期和累计现金流如表 10-8 所示，投资回收期是公司收回初始投资 100 万元时的时间跨度。

表 10-7 可选择投资建议的预期现金流序列和资本成本

年末	投资 A 和 B	
	投资 A	投资 B
1	600 000	100 000
2	300 000	300 000
3	100 000	600 000
4	200 000	200 000
5	300 000	300 000
现金总流量	1 500 000	1 500 000
资本成本	10%	10%
净现值	191 399	112 511
年末	投资 C 和 D	
	投资 C	投资 D
1	250 000	250 000
2	250 000	250 000
3	250 000	250 000
4	250 000	250 000

续表

投资 C 和 D		
年末	投资 C	投资 D
5	250 000	250 000
现金总流量	1 250 000	1 250 000
资本成本	5%	10%
净现值	82 369	−52 303

投资 E 和 F		
年末	投资 E	投资 F
1	325 000	325 000
2	325 000	325 000
3	325 000	325 000
4	325 000	325 000
5	325 000	975 000
现金总流量	1 625 000	2 275 000
资本成本	10%	10%
净现值	232 006	635 605

注：所有投资期限为五年，初始现金流出为 100 万元。

如表 10-8 所示，假设现金流流入的时间在每年的年底，项目 A 的回收期是 3 年，因为该项目正好需要 3 年的时间使现金流的累计价值等于初始投入的 100 万元现金流量。由表 10-7 描述的投资方案的回收期如表 10-9 所示。

表 10-8 投资 A 的预期和累计现金流　　　　　　　　　　　单位：元

年末	预期现金流	累计现金流
1	600 000	600 000
2	300 000	900 000
3	100 000	1 000 000
4	200 000	1 200 000
5	300 000	1 500 000

注：预期现金流来自表 10-7。

表 10-9 表 10-7 中 6 项投资的回收期

投资	A	B	C	D	E	F
回收期/年	3.00	3.00	4.00	4.00	3.08	3.08

有时，项目的回收期是一年中的某个时段。例如项目 E，初始现金流出为 100 万元，3 年后累计现金流为 97.5 万元，4 年后为 130 万元，项目回收期在 3～4 年，具体等于 3 年的累计现金流加上第 4 年现金流(32.5 万元)的一部分，恰好等于初始现金流出计算方式如下。

回收期(E)=3 +(初始现金流-3 年累计现金流)/第四年现金流

=3 +(1 000 000-975 000)/325 000

=3+0.08

=3.08(年)

10.7.2 回收期准则

根据回收期准则,若项目的回收期短于或等于一个特定期间则接受,该期间称为截止期(Cut Off Period)。如果是在几个相互排斥的项目之间选择,则应选择回收期最短的项目。

若公司审核 A~F 六个项目都能满足截止期为 4 年这一条件,那么 6 个项目都可接受,因为 6 个项目的回收期都没有超过公司要求的 4 年截止期。如果需要在项目 A 和项目 B,或项目 C 和项目 D,或项目 E 和项目 F 中各选择一个,那么选择任何一个项目都是可行的,因为它们的回收期一样;如果是在项目 A、项目 E 和项目 C 之间选择,那么应该选择项目 A,因为它的回收期最短。

1. 忽略调整现金流的时间性

考虑投资 A 和投资 B。两个投资要求有相同的初始现金流出、相同的经济寿命、承担同样的风险(它们的资本成本一样)并且回收期也一样。但是,这两项投资的现金流序列不一样。投资 A 最大的现金流(60 万元)产生在第一年年底,投资 B 产生在第三年年底。这样,回收期准则没有考虑现金流的时间性,只是简单地把每年的现金流累加而忽略了货币的时间价值。

2. 忽略调整风险

现在,考虑投资 C 和投资 D。这两项投资的经济寿命都是五年,有相同的初始现金流出和每年 25 万元的预期现金流。尽管投资 D 预期现金流序列的风险大于投资 C (因为投资 D 的资本成本高于投资 C),但它们的回收期相同(都是四年)。这样,回收期准则就忽略了风险因素。

3. 不可能使公司的权益价值最大化

忽略项目预期现金流的时间性和风险因素的投资决策,不可能系统地选择项目使公司权益的市场价值最大化。更进一步,当管理者使用回收期准则时必须确定"正确"的回收截止期。但是,没有一个客观的理由令人相信存在着一个合适的截止期限,使公司权益的市场价值最大化。因此,回收截止期的选择总是主观的。

这一缺陷带来的后果,可以通过比较投资 E 和投资 F 来说明。见表 10-7,因为投资 E 和投资 F 有相同的回收期,都是 3.08 年,所以利用回收期准则两项目没有区别。可是,公司的管理者一定更偏好投资 F,因为前几年都相等,而投资 F 第五年年底预期产生的现金流是投资 E 的三倍(见表 10-7)。很显然,回收期准则忽略了回收期后的现金流。就公司而言,回收期后的现金流与投资决策无关。或者说,该决策准则对长期投资存在偏见。

4．投资回收期对管理者的作用

回收期准则尽管存在着一些明显的缺陷，但许多公司仍然使用，而且通过调查发现，该准则的使用者占相当大的比例。回收期准则具有哪些可以弥补其缺点的特性可以解释它的普遍性呢？

回收期准则最大的优点是其简单和易使用性。大公司的管理者要对具有典型现金流模式的许多规模小而重复性的投资作出接受或否决决策，随着经验的增加，这些管理者对确定合适的回收截止期形成了良好的直觉，在此决策下选择的投资具有正的净现值。在这种情况下，用回收期准则作出错误决策的"成本"要低于使用那些更加详细且耗时的决策准则的"成本"。

使用回收期准则的另一个原因是其对"回收迅速"项目的偏好，这样有利于公司整体的流动性。这对主要依靠内生资金为经营活动提供资金的小公司是一个非常重要的考虑因素，因为它们不易通过银行或金融市场筹集到长期资金。有时，两个项目有相同的净现值，但回收期不同。在这种情况下，应选择有较短回收期的那个项目。为了说明这一点，我们比较投资 A 和投资 G，投资 G 要求与 A(100 万元)一样的初始现金流出，资本成本也一样(10%)，预期产生的现金流如表 10-10 所示。在 10%的资本成本下，两项投资有同样的净现值 191 399 元。但是，项目 A 的回收期是 3 年，而项目 G 的回收期要长 1 年。依据净现值准则，公司对两个项目的选择没有区别，但依据回收期准则显然更倾向于回收期较短的投资 A (主要因为该投资第一年的现金流入为 600 000 元)。

最后，因为回收期准则倾向于短期投资而非长期投资，且经常应用在一些未来事件很难量化的情况下，例如项目承受的政治风险。假设公司对两个国标投资进行选择，一个回收期是 3 年，另一个是 10 年。每 4 年外国可能有一次选举，存在很大的风险使得新政府的经济政策可能不再有利于公司已打算投资的项目。但是预计该事件对项目预期现金流和资本成本影响程度的大小是一项非常困难的工作。因此，即使期限长的项目的正净现值要高于期限短的项目，公司的管理者也会选择回收期三年的项目。许多厌恶风险的管理者相信这种选择是恰当的。

表 10-10　比较有相同的净现值但不同回收期的两项投资　　　　单位：元

年　末	投资 A 和 B	
	投资 A	投资 G
现在	−1 000 000	−1 000 000
1	600 000	200 000
2	300 000	200 000
3	100 000	300 000
4	200 000	300 000
5	300 000	666 740
净现值(k=10%)	191 399	191 399
回收期/年	3	4

10.7.3 内部回报率(IRR)

项目内部回报率(Internal Rate of Return，IRR)是指项目的净现值等于零时的折现率。例如计算投资 A 的回报率，即满足条件 NPV(A)等于零时的折现率。

$$NPV(A) = 0 = -1\,000\,000 + \frac{600\,000}{(1+IRR)^1} + \frac{3\,000\,000}{(1+IRR)^2} + \frac{1\,000\,000}{(1+IRR)^3} + \frac{2\,000\,000}{(1+IRR)^4} + \frac{3\,000\,000}{(1+IRR)^5}$$

但是，当项目是一期投资或投资是年金序列时，除试错法外尚没有更简单的方法来计算内部回报率。例如，一个项目要求的初始现金流出是 10 000 元，一年后产生的预期现金流量为 12 000 元，那么它的内部回报率很简单等于 20%。对于长期投资必须借助于试错法计算 IRR。即先假定一个折现率，用它计算出项目的 NPV，然后逐步调整该折现率，直至 NPV 等于零时为止。可以想象，这是一个非常冗长且耗时的运算过程，尤其是当我们想得到精确的数字时。幸运的是，任何财务计算器或计算机扩展表都有计算 IRR 的功能。试错法可以找出 IRR，但用上述方法能更快更精准地计算出 IRR。用财务计算器计算的表 10-7 所定义的投资方案的内部回报率见表 10-11。

表 10-11 表 10-7 中 6 项投资的内部报酬率(IRR)

投资	A	B	C	D	E	F
内部报酬率/%	19.05	13.92	7.93	7.93	18.72	28.52

总之，若初始现金流出 $CF_0, CF_1, CF_2, \cdots, CF_N$ 为 N 期投资项目的预期现金流量序列，那么投资的内部回报率可以由下述等式计算得出

$$0 = CF_0 + \frac{CF_1}{(1+IRR)^1} + \frac{CF_2}{(1+IRR)^2} + \cdots + \frac{CF_t}{(1+IRR)^t} + \cdots + \frac{CF_N}{(1+IRR)^N}$$

计算投资的内部回报率与投资预期产生的现金流相关联。实际上，它是用一个简单的回报率反映投资预期产生的现金流情况。这个回报率之所以称为内部的，是因为只考虑了与该项投资有关的预期现金流量，而不是取决于可选择项目获得的回报率。

10.7.4 内部回报率准则

考虑投资 A。内部回报率是 19.05%，资本的机会成本是 10%。投资 A 的资本机会成本是指公司在与 A 同样风险水平下从可选择项目中获得的最高回报率。公司是否应该接受投资 A？显然，项目 A 的 IRR(19.05%)要高于公司在同样风险水平下其他投资可获得的最高回报率(10%的资本机会成本)。

依据内部回报率准则(Internal Rate of Return Rule)，若一项投资的 IRR 高于其资本成本，则接受该投资；反之则放弃。若 IRR 等于资本成本，公司接受或放弃该项目没有区别。项目的内部回报率可以解释为在考虑项目的资本成本前衡量其预期现金流获利能力的测量指标。这样，若项目的 IRR 低于资本成本，即投资该项目不能收回资本成本，应放弃；若高于资本成本，项目的收益大于资本成本，应接受。

当用内部回报率进行选择时，通常将资本机会成本称为临界收益率(Hurdle Rate)、最低要求回报率(Minimum Required Rate of Return)或简单地说是投资要求的回报率。换言之，若项目的内部回报率低于要求的回报率时，放弃该项目；若高于要求回报率，接受该项目。

1．调整了现金流的时间性

考虑表 10-7 中的投资 A 和投资 B。如前面所指出的，投资 A 要优于投资 B，因为最大的现金流产生的时间要早。用内部回报率准则也可以得出同样的结论，因为投资 A 的内部回报率(19.05%)要高于投资 B 的内部回报率(13.92%)。这说明，内部回报率准则考虑了货币的时间价值。

2．调整了风险

比较表 10-7 中的投资 C 和投资 D。它们有相同的预期现金流量序列，但投资 D 的资本成本为 10%，比资本成本为 5% 的投资 C 的风险要大。两种投资有相同的内部回报率 7.93%，内部回报率准则是否考虑了两种投资的风险？无疑，间接地通过投资的内部回报率与资本成本的比较考虑了风险。投资 C 的内部回报率(7.93%)比这类投资所要求的最低 5% 的回报率要高，因此应接受投资 C；投资 D 应该放弃，因为其内部回报率(7.93%)低于公司在与投资 D 有相似风险项目所要求获得的临界收益率 10%。

虽然投资风险的大小没有直接反映在内部回报率的计算中，但内部回报率准则考虑了投资风险，因为它将投资的内部回报率与投资要求的最低回报率进行了比较，测量了投资的风险。

3．公司的权益价值最大化

项目的内部回报率通过 NPV 等于零得到，因此我们可以预测项目的净现值与内部回报率之间的关系。为了说明，我们计算投资 E 在不同折现率下的净现值，如表 10-12 所示。

表 10-12　不同折现率下投资 E 的净现值　　　　　　　　　　　　单位：元

折现率/%	0	5	10	15	20	25	30
NPV(E)	625 000	407 080	232 000	89 450	−28 051	−125 984	−208 440

内部回报率准则可能不可靠。内部回报率准则有时可能提供错误的投资参考：①公司在选择两个互斥的投资时(即两个投资不可能同时接受；若接受其中一个，必须放弃另一个)；②投资现金流特性的变化不止一次(即未来的现金流序列至少包括一次从正的现金流向负的现金流的变化)。

10.7.5　内部报酬率准则对管理者决策的作用

尽管内部回报率准则有它的缺陷，但管理者仍普遍喜欢使用。一个原因是计算项目的内部回报率只要求简单地输入项目预期产生的现金流量，没有必要估计项目的资本成本，而计算项目的净现值既要估计预期的现金流量序列又要估计资本成本。但是，应用内部回报率准则要求两个因素都必须考虑。

为了决定是否投资，管理者必须对项目的内部回报率和资本成本进行比较。这样，尽管计算内部回报率时没有必要知道项目的资本成本，当决定是否采纳项目时仍需要知道资本成本。既然两种方法都需要同样的输入变量，使用内部回报率准则的优点是什么？

优点可能是当项目的资本成本不确定时(内部回报率的计算不需要知道资本成本)，估算项目的内部回报率要比净现值容易。然后，在确定了一个合适的要求回报率后，决定是接受或放弃该项目。

我们怀疑管理者偏好内部回报率准则就为这一简单的理由。使用内部回报率比使用净现值更容易反映项目的潜在获利能力。在"出售"投资建议时，你一定认为用项目有潜在的35%的回报率比用项目有4 531 284元的净现值更让人信服。管理者通常对投资的"回报率"有一个比较直观的理解(主要原因是他们已习惯用销售回报率和资产回报率等指标来衡量经营绩效)，用项目的内部回报率来比较暗含的"回报"十分直观，而用净现值比较就没有那么明显。

因此，用内部回报率准则要求的同样信息可以估计项目的净现值，因而两个准则都应该计算。当两个准则得出同样的建议时，用项目的内部回报率代替净现值；当你的分析结果显示两种方法存在矛盾时，应该使用净现值准则。

评估练习

正确理解投资回收期的计算方法，回答以下问题。

根据下面的A、B方案的预计税后营业净现金流量分别计算两个方案的回收期，并比较两个方案的优劣。

单位：元

	第0年	第1年	第2年	第3年	第4年	第5年	第6年
A方案	-20 000	6500	6500	6500	6500	6500	6500
B方案	-30 000	7500	7500	7500	7500	500	7500

第 11 章

预算编制与控制

【本章概述】

本章主要介绍酒店的预算编制与控制。

11.1 主要讲解酒店的预算组织与程序。

11.2 主要讲解酒店的预算编制与控制。

11.3 主要讲解酒店的预算与预算管理。

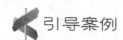 引导案例

某酒店项目市场调查报告及项目投资经营方向设想

目前,全国的酒店业发展方向被普遍认可的主要有两个,一是传统高星级酒店;二是连锁型经济型酒店。从2009年全国的酒店市场状况来看,也反映出这种趋势,一直以来,酒店面对的传统的中等消费群有萎缩的迹象,尤其是散客群体下降幅度很大。究其原因,主要是酒店现有的目标市场忠诚度比较低,对价格过于敏感,在市场上出现大量经济型酒店等较便宜产品后,"跳槽"频发。

因此,积极寻找新的、高成长性的目标市场,确定今后酒店投资的方向是我们现在必须开始考虑的战略问题。

在进入主题之前,我们应该对当前十分火爆的经济型酒店投资热潮保持清醒的认识。

那么,什么样的酒店才值得投资呢?换句话说,面对何种消费群体的酒店才是我们的"梦中情人"呢?如今是网络时代,是时尚达人的年代,打造一个时尚的精品酒店才能迎合主流,才能在未来的酒店市场中立于不败之地。时尚精品酒店的消费群体是哪些呢?如果按社会身份划分,他们应该包括但不只包括以下几种人:外企白领和部分中高层管理人员,IT、广告、咨询等新型行业从业人员,外贸公司营销人员,有高等教育背景的自主创业者和自由职业者以及有国外生活、工作经历的各类人员。如果说中国将来会出现"中产阶级",他们一定会成为最主要的组成部分,而国外的社会发展历史表明,这一群体不仅消费能力最强,而且能引领消费潮流,甚至树立社会上主流的消费意识。目前,国内的类似群体还在初步形成的过程中,数量还不够庞大,但可以预见,随着中国开放型经济的深入发展,全球化浪潮进一步升温,在不远的将来,所谓的"中产阶级"一定会出现在我们的周围。

所以,投资专门服务于他们的酒店绝对是值得尝试的投资目标,重要的是,至少在内蒙古自治区,这样的酒店还没有或者说特征完全匹配的还没有。因此,首先,投资这样的酒店须具备"掘第一桶金"的潜力;其次,这样的酒店不同于传统的高星级酒店,投资额不会过于巨大,投资者资金压力比较小;最后,由于面对的顾客群体喜欢简单的服务和自助式服务,对人员面对面服务要求不高,使酒店可以有效地控制人力成本。

表11-1至表11-7是某酒店项目的预算情况。

表11-1 某酒店项目投资预算(不含土建装修)一览表

项目类别	备 注	预算资金
空调	大楼总面积为30 000平方米,空调占总面积的70%,一平方米约200元	约420万元
电梯	载重一吨,标准配置,含电梯内装潢,酒店图纸显示共7部电梯	约210万元
家电类	客房电视约150台,每台(37寸)约5000元,电脑、小冰箱、保险柜等	约100万元
家具家私	客房为140间×10 000元/间;餐饮大厅为4000元/套×20套;各办公室、公共区、休闲区、健身房	约160万元
厨房设备	灶具、蒸箱、冰柜、操作台、排烟系统、冷库等	约50万元
消防系统	酒店面积约20 000平方米,消防系统均价按照建筑面积计算约200元/平方米	约400万元
弱电系统	电话、监控、网络、软件、有线电视(包括材料、线材、设备、工费)	约150万元

续表

项目类别	备 注	预算资金
锅炉	燃油、燃气两用1.5吨，加压力泵、水箱、工费	约30万元
杂项	餐具、垃圾桶、布草车、标牌类、清洁器具、低值易耗品	约50万元
布草类	客房床单、被罩、枕套一备三；床搭防滑垫、被芯、枕芯一备一；另各备100件；餐饮底台布一备二，面台布一备三；浴巾、面巾、地巾一备三；窗帘按实际尺寸丈量为准	约50万元
其他类	印刷品、服装、工艺绿植等	约30万元

注：项目总计投入预算为：1650万元。

表11-2 某酒店客房运营收支预算(不含折旧)

客房140间	经营一般	经营良好	经营优异
年入住率/%	50	60	70
年平均房价/元	200	240	280
人员工资(占营业收入)/%	8	8	8
水电燃气(占营业收入)/%	8	8	8
营业税(占营业收入)/%	5	5	5
低值易耗(占营业收入)/%	10	10	10
管理费(占营业收入)/%	4	4	4
营销广告费(占营业收入)/%	3	3	3
其他(占营业收入)/%	2	2	2
客房年营业额/万元	511	736	1002
客房利润率/%	60	60	60
客房年利润/万元	307	442	601

表11-3 某酒店餐饮运营收支预算表

项 目	经营一般	经营良好	经营优异
上座率/%	50	70	90
人均消费/元	60	80	100
人员工资(占营业收入)/%	8	8	8
水电燃气(占营业收入)/%	8	8	8
营 业 税(占营业收入)/%	5	5	5
低值易耗(占营业收入)/%	2	2	2
管理费(占营业收入)/%	2	2	2
其他(占营业收入)/%	2	2	2
年营业额/万元	438	818	1314
利润率/%	23	23	23
年利润/万元	101	188	302

表 11-4　某酒店宴会运营收支预算表

项目	经营一般	经营良好	经营优异
宴会每桌消费/元	800	900	1000
年宴会收入/万元	166	187	208
年宴会利润/万元	55	62	69

表 11-5　某酒店餐饮总收入预算表

项目	经营一般	经营良好	经营优异
年营业收入/万元	604	1005	1383
年利润/万元	156	250	371

表 11-6　某酒店夜总会运营收支预算表

10间KTV包房	经营一般	经营良好	经营优异
上座人数/人	50	60	70
人均消费(不含台费)/元	200	250	300
人员工资(占营业收入)/%	5	5	5
水电燃气(占营业收入)/%	5	5	5
营业税(占营业收入)/%	5	5	5
物料消耗(占营业收入)/%	30	30	30
管理费(占营业收入)/%	2	2	2
其他(占营业收入)/%	2	2	2
年营业额/万元	360	548	767
利润率/%	51	51	51
年利润/万元	184	279	391

表 11-7　某酒店运营收支总预算

项目	经营一般	经营良好	经营优异
酒店年总营业额/万元	1475	2289	3152
酒店年总利润/万元	647	971	1363

注：费用分析没有考虑折旧。

　　某酒店餐饮运营收支预算餐饮总餐位600个，其中宴会餐位400个，散台包房为200个，宴会毛利率为60%，零点(散台包房)毛利率为50%，根据不同营业情况作以下预算。

　　零点(散台、包房)。

　　宴会：按全年52次宴会、40桌/次。

　　餐饮总收入预算。

(资料来源：百度文库，http://wenku.baidu.com/view)

> **思考题**
> 从该酒店的市场分析及编制的投资预算中,你是否对此酒店的投资有信心?

11.1 酒店预算的组织与程序

预算是指酒店经营者为了实现未来一定时期的经营目标,以货币为计量单位,对酒店所拥有的各种资源事先进行科学合理的规划、测算和分配,以约束指导酒店的经营活动、保证经营目标顺利完成的一系列具体规划。

11.1.1 酒店预算组织

在酒店管理中,预算来自酒店的战略计划。在编制预算之前,酒店应首先对内部、外部环境进行科学的分析和预测,并制订战略计划。战略计划在实施之前必须以数量化的形式加以反映,以便为战略实施过程中对各种资源的有效配置和使用提供依据,也就是说,预算就是用货币形式反映企业在一定时期内生产经营活动的总目标和各项具体经营目标的数量说明。预算一般以年为时间单位,将战略计划具体分解为各种数量指标,即规定酒店一年内的各种经营目标。预算是落实酒店战略的工具,同时为经营控制提供了依据和标准。预算连接了战略计划与经营控制,因而是酒店管理中必不可少的环节。完整的预算过程包括预算编制、预算控制和预算分析三个环节。

预算编制是预算管理的首要职能,是实施预算控制的基础,它需要最高管理部门的支持和组织内部各部门通力协作。企业需要有确定的组织机构管理预算,一般包括以下机构。

1. 法定代表人

法定代表人应当对酒店财务预算的管理工作负总责。董事会或者经理办公会可以根据情况设立财务预算委员会或指定财务管理部门负责财务预算管理事宜。

2. 预算委员会

预算委员会由高级管理人员,如 CEO、主要经营者和财务主管组成,也可以由酒店财务管理部门执行该项职能。预算委员会拟订预算的目标、政策,制订预算管理的具体措施和办法,提出酒店一定期间的总体经营目标,指导各部门形成自己的工作目标,审查协调各部门编制的预算。

3. 财务管理部门

酒店财务管理部门具体负责组织酒店财务预算的编制、审查、汇总、上报、下达、报告等具体工作,跟踪监督财务预算的执行情况,分析财务预算与实际执行的差异及原因,提出改进管理的措施和建议。

4. 内部各职能部门

酒店内部的各职能部门配合财务预算委员会做好总预算的综合平衡、协调、分析、控制、考核等工作。

5．酒店基层单位

酒店所属的基层单位在财务管理部门的指导下，负责本单位现金流量、经营成果和各项费用预算的编制、控制、分析工作，接受上级的检查、考核。

11.1.2　预算编制程序

（1）酒店预算管理委员会依据预算年度工作要求，结合酒店发展战略及其要求，提出预算年度的预算总目标，并报告最高决策机构批准。

（2）预算管理委员会依据已批准的预算总目标和既定的目标分解方案，计算、确定各部门的分目标。

（3）各部门依据分目标的要求对预算及其年度相关业务进行预测，寻求实现目标的具体途径，形成预算草案报预算管理委员会。

（4）预算管理委员会综合各部门的预算初稿，每个人可以根据自己对预算和酒店经营的理解提出修改意见，以使预算更科学、更可行。

（5）最高决策机构审议、批准预算，并下发执行。

评估练习

正确理解酒店预算的组织形式及编制程序，回答以下问题。

请简述酒店预算的编制程序。

11.2　酒店预算编制与控制

11.2.1　酒店预算的编制

1．部门预算的编制

一个完整的酒店预算的编制过程是以部门利润表为起点的。比如，在没有参考部门利润表的情况下，一个酒店的预计资产负债表便无法编制；在不知道部门的营业收入和支出时，也无法编制酒店的现金预算；同样，在不知道部门经营利润预算之前，也无法编制酒店关于设备、家具更新、股利支付或未来财务安排等长期预算。

1）预测部门营业收入

虽然部门利润表可以按年编制，但是编制预算时更需要的是月度利润表。编制月度利润表是非常必要的，有了它每个月都可以将预算与实际结果进行对比。如果每年才进行一次预算与实际结果对比工作，那么有些必要的调整工作可能被拖延，也就达不到控制经济活动的目的。

在预测月营业收入时要考虑下列因素：以往的实际营业收入数及趋势、现在期望的趋势、经济因素、竞争因素、限制因素。

【例 11-1】 假定某餐厅过去三年中 1 月份的营业收入情况如表 11-8 所示。

表 11-8　某餐厅过去三年中 1 月份的营业收入情况　　　　　　　　　　　单位：元

年　份	营业收入
2006	600 000
2007	700 000
2008	750 000

现在是 2008 年的 12 月份，该餐厅要编制 2009 年的预算。2007 年的营业收入比 2006 年增加了 16.7%，2008 年比 2007 年增加了 7%。这些营业收入的增加完全是由于顾客人数的增加而产生的，三年中售价未发生变化，餐厅的规模也没有发生改变，在 2009 年其规模也不准备扩大。由于附近将新开一家酒店，所以餐厅不期望 2009 年 1 月顾客数量会增加，但也不希望失去已有顾客。由于经济趋势的影响，成本可能会上升，餐厅不得不从 2009 年 1 月开始将售价提高 5%，因此预测的 2009 年 1 月的营业收入为

2009 年营业收入预测数=750 000×(1+5%)=787 500(元)

同样的情况也存在于 2009 年其他月份和酒店的其他营业部门。在制订部门月营业收入预算时所必须考虑的另一个因素就是"延生需求"。也就是说，某部门所发生的对其他部门营业收入有影响的需求。例如，康乐部门的收入一部分来自直接来康乐部消费的客人，另一部分则来自在餐厅消费的客人，这样餐厅的营业情况就会影响康乐部的营业收入；同样，在一个酒店中客房的出租率可以影响食品、娱乐等部门的营业收入。编制预算时必须考虑这种部门间相互依赖的关系。

2) 减去预测的各部门的直接经营费用

由于大多数部门的直接经营费用都与销售水平密切相关，因此，营业收入一旦被预算出来，预算的主要部分也就完成了。财务的历史记录可以告诉我们，各项费用所占营业收入的百分比是在较小范围内变化的。因此，用合适的费用与营业收入的百分比乘以预算的营业收入便可以得出相应的费用数额。例如，若酒店客房部门的洗涤费在其占营业收入 4.5%～5%变动，并且某月客房部的营业收入预计为 2 000 000 元，则该月的洗涤费用将为 90 000～100 000 元。

其他所有的直接费用都可以用相类似的方法很容易地算出。但在某些情况下，营业收入和其费用之间的联系并不总是那么直接，比如人工费用，其大部分是固定的，并不随着销售量的增减而增减。在酒店中，有许多像人工费用这样的半固定、半变动费用。在这种情况下，酒店首先应把这些半固定、半变动费用找出来，然后采用适当的方法将其分解成为固定部分和变动部分，对固定部分的费用可根据历年情况进行预测；而对变动部分的费用则可采用上述占收入百分比法算出。

3) 根据预测的部门经营利润减去预测的未分摊费用得出利润

将第 1)步和第 2)步预算出的部门经营利润加在一起，然后计算出未分摊费用并减去它，才能算出酒店的净利润。未分摊费用是指由于分摊比较难以确定而尚未分摊到各部门的费

用。各部门无法控制这些费用，也无法对它们负责。这些费用主要是管理费用和财务费用，具体包括：各种行政管理费，市场营销费，财产管理及维护维修费，能源费，列入管理费用的各种税金、租金、保险费、利息、折旧等。

由于这些费用一般是固定的，所以不受销售量的影响。有时这些费用会由于总经理的决策而发生一些变化。如总经理决定下一年度额外增加广告和推销费用，在这种情况下，预算数的调整只由总经理一级的管理人员处理。一般来说，酒店中的这些未分摊费用是按年计算的，但是，如果酒店的预算利润表需要按月编制，那么最简单的办法是用每项未分摊的费用除以 12，从而得出每月应分摊的未分摊费用数额。未分摊费用也可以按季分配，如表 11-9 所示。

表 11-9 费用分摊按季分配情况表   单位：元

季度 项目	第一季度	第二季度	第三季度	第四季度	全年总额
营业收入	3 000 000	6 000 000	8 000 000	3 000 000	20 000 000
直接经营费用	(2 500 000)	(4 500 000)	(5 500 000)	(2 500 000)	(15 000 000)
经营利润	500 000	1 500 000	2 500 000	500 000	5 000 000
未分摊费用	(750 000)	(750 000)	(750 000)	(750 000)	(3 000 000)
净利润	(250 000)	750 000	1 750 000	(250 000)	2 000 000

表 11-9 所示情况说明了在编制季度预算时如何分配未分摊费用，表中还指出该年度中有两个季度亏损。持不同意见的人认为这种预算不合理，因为在这个低销售收入的季节，负担那么多的未分摊费用是不公平的。因此，分摊这种费用较公平的方法是根据预算各时期的收入比率来分摊，如表 11-10 所示。

表 11-10 按销售量划分的费用分摊估算明细表

季度	营业收入/元	占总营业收入的百分比/%	所承担的未分摊费用/元
第一季度	3 000 000	15	450 000
第二季度	6 000 000	30	900 000
第三季度	8 000 000	40	1 200 000
第四季度	3 000 000	15	450 000
总计	20 000 000	100	3 000 000

表 11-11 所示是用新的未分摊费用分摊法对上述季度预算表进行修正后列出的。该表所列举的方法可以保证该年没有预算亏损，而一年期间的总利润保持不变。

2．新开酒店预算的编制

新开业的酒店，由于没有内部历史资料可供参考，所以在开业后的最初几年中往往会觉得编制预算较困难。在这种情况下，可以以开业前做过的可行性研究资料作为编制预算的基础，也可以参考现实因素、行业因素或相似类型和规模的酒店所预测的平均值来编制预算。

表 11-11　按销售量划分的费用分摊分配表　　　　　　　　　　　　　　单位：元

季度＼项目	第一季度	第二季度	第三季度	第四季度	全年总额
营业收入	3 000 000	6 000 000	8 000 000	3 000 000	20 000 000
直接经营费用	(2 500 000)	(4 500 000)	(5 500 000)	(2 500 000)	(15 000 000)
经营利润	500 000	1 500 000	2 500 000	500 000	5 000 000
未分摊费用	(450 000)	(900 000)	(1 200 000)	(450 000)	(3 000 000)
净利润(亏损)	50 000	600 000	1 300 000	500 000	2 000 000

例如，一个餐厅可用下列公式来计算其某月某一餐的营业收入。

某餐厅月营业总收入=餐厅座位数×座位周转率×客人平均消费额×某月营业天数

因为，餐厅中早、中、晚各餐的座位周转率和客人平均消费额都有很大的不同，所以餐厅内各餐的营业收入应分别计算。在上面的公式中，座位数和月营业天数是已知的，座位周转率和客人平均消费数字可以通过参考同行业公开发行资料或对竞争企业的观察来获得。

每一餐的月营业收入被计算出来之后，把它们加在一起就可以得到月营业收入总额。然后减去同行业各项费用占营业收入的平均百分比，再与营业收入总额相乘，就可以得到部门经营利润。

适用于酒店客房的公式如下：

客房部月营业总收入=预算客房出租率×平均房价×可供出租的客房数×月营业天数

同样，直接经营费用可以用该行业同类酒店的平均比率来计算。

饮料的有关数值同比难以计算。对尚未拥有自己历史资料的新开业的酒店来说，唯一可以利用的数字，就是行业平均指标数。例如，某餐厅月食品总收入为 1 800 000 元，行业平均指标告诉我们，酒类饮料的销售收入约为食品总销售收入的 25%～35%，则我们可以预算，该餐厅 1 800 000 元食品总收入中共有 450 000～630 000 元来自酒类饮料收入。

同样，直接经营费用可以用行业平均比例指标来计算。

所列举公式的运用不一定局限在新开酒店内，已在运行中的酒店同样也可以运用。例如，在编制 2008 年的销售收入预算时，不用估计 2008 年比 2007 年的销售收入增长率，而是将 2007 年的销售收入数字分解为公式中所要求的不同部分，并且在必要的地方作个别的调整，由此得出新的预算数字。如 2007 年 5 月，客房收入为 1 900 000 元，2008 年期望增加 5%，因此，预算客房收入数为

1 900 000×(1+5%)=1 995 000(元)

用下面的方法分析 2007 年的数字更容易理解：

当月客房收入=实际客房出租率×平均房价×可供出租的客房数×当月营业天数

1 900 000≈60%×268.82×380×31

这样，就可以用预算年度趋势值代替公式中 2007 年的数值。在预算年度时，由于附近新开了一家酒店，预计客房出租率将降到 55%，其损失将由提高 15%平均房价来补偿，所以客房收入预算数为

当月预算客房收入=预算客房出租率×预算平均房价×可供出租的客房数×当月营业天数
即 1 998 500≈55%×308.46×380×31

这种编制预算的方法比较费时费力，但能提供准确的预算数字，有利于进行分析工作。

3．酒店预算的编制方法

1) 传统预算编制法

酒店传统预算编制方法往往采用固定预算加定期及调整预算。所谓固定预算，也叫静态预算，是指以预算期某一固定业务量水平为基础所编制的预算；增(减)量调整预算则是在上期预算的基础上，结合预算期的可能变化，增加或减少某些金额后调整编制而成的预算。显然，传统预算编制方法具有简便易行的优点，多数酒店均采用此法编制预算。但是，传统预算编制方法存在诸多不足，其主要表现在如下几个方面。

(1) 由于传统预算采用固定预算的方式，因而不能即时反映市场状况变化对预算执行的影响。当实际业务量偏离预算编制所依据的业务量时，预算便失去了其作为控制和评价标准的意义。按固定预算方法编制预算，会使预算变得呆板僵化，不能适应管理的需要。

(2) 采用传统预算编制方法，上下级之间往往处于对立面。所谓"上有政策，下有对策"，为了应付上级，下级往往在上报预算时就大大留有余地，高估预算，使预算的客观性、准确性越来越差。

(3) 由于传统预算的定期性特征，容易导致预算执行中的突击行为，即在临近预算期末时，将尚未消化的预算额度，无论需要与否，尽可能花光耗尽，以防下期预算被否决，同时也为下期留有余地做准备，其结果则可能是资源的浪费。

2) 弹性预算法

弹性预算是在固定预算模式的基础上发展起来的一种预算模式。它是根据计划或预算可预见的多种不同的业务量水平，分别计算其相应的预算额，以反映在不同业务量水平下所发生的费用和收入水平的财务预算编制模式。由于弹性预算可随业务量的变动而作相应调整，考虑了计划期内业务量可能发生的多种变化，故又称变动预算。

(1) 弹性预算的特性。弹性预算仅以某个"相关范围"为编制基础，而不是以某个单一业务水准为基础。

弹性预算的性质是"动态"的。弹性预算的编制可适应任何业务要求，甚至在期间结束后也可使用。也就是说，酒店可视该期间所达到的业务要求编制弹性预算，以确定在该业务要求下"应有"的成本是多少。

(2) 弹性预算的编制。编制原理：以成本性态分析为基础，将成本区分为固定成本和变动成本两部分，某一项目的预算数按下式确定：

$$弹性预算=单位变动成本×业务量水平+固定成本预算数$$

编制程序：

① 确定某一相关范围，预期在未来期间内业务活动水平将在这"相关范围内变动"。

② 选择经营活动水平的计量标准，如产量单位、直接人工小时、机器小时等。

③ 根据成本与计量标准之间的依存关系将酒店的成本分为固定成本、变动成本、混合成本三大类。

④ 按成本函数($y=a+bx$)将混合成本分解为固定成本和变动成本。

⑤ 确定预算期内各业务活动水平。

⑥ 可利用多栏式的表格分别编制对应于不同经营活动水平的预算。

预算控制的关键在于能反复向管理人员反馈信息，使他们能进行控制并有效地将组织的计划付诸实施。

理论上说，所有预算都可采用弹性预算的方法，但在实际工作中，从经济的角度出发，弹性预算多用于成本、费用、利润预算的编制。显然，弹性预算的适应性更强，但其工作量也较大。

弹性预算的主要优点是：可以反映一定范围内各业务量水平下的预算，为实际结果与预算的比较提供一个动态的基础，从而能更好地履行其在控制依据和评价标准两方面的职能。

3) 零基预算法

零基预算即以零为基础编制预算的方法，一切从零开始，对所有业务都重新开始进行详尽的审查、分析、考核，从而据以编制预算的方法。

(1) 零基预算编制方法的基本原理。在编制预算时，对任何一种费用项目的开支不是以现有的费用项目开支为依据，而是一切以零为起点，从根本上考虑每一项费用是否有开支的必要以及支出数额的大小，经过反复认真地权衡后再行确定。

零基预算法采用的是一种较典型的上下结合式预算编制方式，充分体现了群策群力的精神，便于预算的贯彻、实施。而且，这种方法打破了老框框的束缚，既能促使人们充分发挥其积极性、创造性，又能使人们精打细算，将有限的资源运用到最需要的地方，从而提高全部资源的使用效率。

(2) 零基预算的具体步骤。零基预算的具体步骤主要包括以下几步。

① 各部门根据酒店在计划期内的战略目标和本部门分担的具体任务，逐项提出需要列支费用的理由及其数额。

② 对提出的每一项进行成本与效益的分析，将其开销与所得进行对比分析并作出评价，然后对各项费用开支方案在权衡得失的基础上按轻重缓急排列。

③ 结合计划期内可运用的资源和可承受的能力分配资金，确定预算项目及其数额。

尽管零基预算优点明显，但不足之处是工作量较大，且对各费用项目的成本效益率的计算缺乏依据，比较粗略。零基预算的方案评级和资源分配具有较大的主观性，容易引起部门之间的矛盾；易于引起人们注重短期利益而忽视企业的长期利益；可能会引起业绩差的经理人对零基预算产生一种抵触心理。因此，酒店一般是每隔几年进行一次零基预算，其他年份只作一些调整。

4) 滚动预算法

滚动预算也称为连续预算或永续预算，是指将预算期始终保持一个固定期间、连续进行预算编制的方法。其预算期通常以一年为固定长度，每过去一个月或一个季度，便补充一个月或一个季度，永续向前滚动，因此而得名。

滚动预算的优点也就在于遵循了生产经营活动的变动规律，保证了预算的连续性和完整性，长计划、短安排的具体做法，使预算能适时反映实际经营状况，从而增强了预算的指导作用。当然，采用滚动预算法编制预算，也会加大预算的工作量。

为克服传统定期预算的缺陷，酒店应该改善预算编制方法，改原有年度固定预算为滚动预算。具体操作可根据需要分两种方法进行：按月或按季度滚动预算。按月滚动预算是指凡预算执行一个月后,即根据前一个月的经营成果分析比较产生差异的原因,结合执行中发生的新情况及时地调整以后的预算,对剩余 11 个月的预算加以修订,并自动后续一个月,重新编制一年的预算。这样连续滚动,用连续不断的预算形式规划未来的经营活动。按季滚动预算,其方法与按月滚动预算类似。在决策制订时,推行零基预算制度,使酒店实现科学管理,能摆脱灵感决策,有效地限制总经理权限。它要求每一位管理者(决策人)必须将全年预算分成若干较小的项目,称为"决策案",对每一决策案应开列其希望做什么、应该怎么做、是否还有其他替代做法、将耗用多少成本、对机构有什么利益以及如果不这样做将产生怎样的后果等。每一个"决策案",均应结合长期目标作出评估,最后依其可行性选择行动方案。传统预算方法的弊端在于决策者只知道编制汇总、预算和削减开支的情况,但是他们无法真正了解做什么、为什么做、是否还有其他更好的方法以及需要做出哪些方面的努力。

11.2.2　酒店预算的控制

酒店编制预算的目的,是为了对实际经营情况进行科学、有效的控制,这一预算的控制过程主要就是认识和分析在预算数据和实际经营结果之间存在的巨大差异、差异的原因并寻找解决办法。具体包括以下几个步骤:确定差异、确定巨大差异、分析巨大差异、确定问题原因并采取措施解决问题。

1. 确定差异

差异是实际和预算进行比较的结果。为了确定差异,酒店必须编制实际数值与预算数值的比较分析报告,即预算报告。预算报告既要揭示月度的差异,也要揭示年度的差异。但是,因为年度差异必定是月度差异的累计,所以在进行差异分析时主要应关心月度差异。

此外,预算报告中显示的差异同时应包括金额和百分数两种。金额差异是从预算数字中减去实际数字而得,而金额差异除以预算金额就可得到百分比差异。表明差异的方法有:对有利差异标上"+",不利差异则标上"-";或者将不利差异用圆括号括起来,对有利差异则简单地不加括号以示区别;有些酒店则简单地对不利差异加上星号。

月度预算报告的具体格式如表 11-12 所示。

表 11-12　月度预算报告

项 目								
当 月				本年度迄今为止				
实 际	预 算	差 异		实 际	预 算	差 异	
		金 额	百分比/%			金 额	百分比/%

2. 确定巨大差异

任何预算编制都不可能十全十美,所以预算报告上所有预算的收入和费用项目都很难和实际金额相同(固定费用可能除外)。因此，仅存在差异并不意味着管理部门必须分析差异产生的原因并随后采取适当的纠正措施，只有巨大的差异才需要管理部门分析其产生的原因并予以纠正。

确定巨大差异的标准，在各个酒店中是有所不同的。因此，酒店的总经理和财务总监必须制订一个适合本酒店的确认标准，以便管理人员据此确认哪些是巨大差异。

因为金额标准差异和百分数差额标准分开使用都有缺陷，所以，在确定巨大差异的标准时两者应当同时使用，即巨大差异应同时以金额和百分数表示。例如，某酒店实际客房收入和预算金额相差 5000 元，然而这 5000 元的差额按预算 1 000 000 元计，得到的百分数差额只有 0.5%，这时很少有人认为它是巨大的差异。但是，如果该时期客房收入预算 50 000 元，那么 5000 元的差额将导致 10%的百分数差额，这时绝大多数人将认为它是巨大的差异。

同样，某项费用预算假定为 50 元，而 10 元的差额会导致 20%的百分数差额，这一差额似乎是巨大的，但是一般来说，酒店很少会在管理上花费时间分析和调查研究 10 元的差额。

因此，金额差额和百分数差额应当连在一起确定哪项差异是巨大的。

例如，大型酒店可以制定巨大差异标准如下：

收入　　　　　　1000 元或 4%
可变费用　　　　1000 元或 2%
固定费用　　　　100 元或 1%

而规模较小的酒店可以制定如下的巨大差异标准：

收入　　　　　　1000 元或 4%
可变费用　　　　200 元或 2%
固定费用　　　　50 元或 1%

可见，因酒店规模而变化的标准是金额差额。

3．分析巨大差异

差异的分析是一个过程。在这一过程中主要是确定造成差异的全部原因。例如，收入差异的分析，它将揭示实际收入和预算收入产生差异的原因是单价和销售量发生了变化，但它却不能揭示单价和数量为何发生差异。又如，可变的人力费用分析，它将揭示这一费用实际和预算产生差异的原因是工资率、效率和数量发生了变化，但是不能揭示工资率、效率和数量为何发生变化。这后一步的工作则需要管理部门另行调查研究以确定差异产生的确切原因。例如，不利的人工效率差异可能是由于人事问题或超额的加班费用或这两者的结合所造成的。下面以收入差异分析为例，说明如何进行差异的分析。

由于实际收入的高低取决于实际销量和实际销售价格，预算收入的高低取决于预算的销售量和预算的价格，所以，收入差异可以归结为价格脱离预算造成的价格差异和销售量脱离预算造成的业务量差异两类。

收入差异=实际收入-预算收入
　　　　=实际销量×实际价格-预算销量×预算价格
　　　　=实际销量×实际价格-实际销量×预算价格+实际销量×预算价格
　　　　 -预算销量×预算价格
　　　　=实际销量×(实际价格-预算价格)+(实际销量-预算销量)×预算价格

=价格差异+业务量(销量)差异

如表 11-13 所示为某酒店客房收入的月度预算和实际完成情况。

表 11-13 客房收入月度预算和实际完成情况

项目\销售情况	销售间数	平均房价/元	合计/元
预算	5000	360	1 800 000
实际	5200	355	1 846 000
差额	200	-5	46 000

46 000 元的差异是有利差异。以下将通过差异分析法确定这一差异产生的全部原因，即价格与销售量发生了变化。价格差异确定如下：

价格差异=实际销量×(实际价格-预算价格)=5200×(355-360)=-26 000(元)

26 000 元的价格差异是不利差异，这是因为每一间的平均房价为 355 元，比预算 360 元的价格少了 5 元。

销售量差异可确定如下：

销售量差异=(实际销量-预算销量)×预算价格=(5200-5000)×360=72 000(元)

72 000 元的数量差异是有利的差异，这是因为售出的客房数比预算多了 200 间。

两项差异之和等于客房收入的差异 46 000(72 000-26 000)元，这说明价格和销量两个因素的变化共同影响了客房收入，使其实际比预算多了 46 000 元。

4．确定原因

分析确定巨大差异以后，下一步就是由管理部门进行调查研究以确定发生差异的确切原因。例如，对客房服务员的人工费用差异分析，可能揭示出一项不利差异的重大部分来自工资率，即实际人工费用高于预算人工费用的主要原因是实际工资率高于预算工资率。管理部门必须进一步进行调查研究，弄清为什么实际工资率高于预算工资率。这可能是由于安排了比原计划支薪更高的客房服务员、客房服务员超额加班工作，或是其他原因引起的。每一项重大差异都要求管理部门进行调查研究，以找出其原因。

11.3 预算与预算管理

现代化的管理方法非常重视全过程管理，重视企业内部协同管理。预算管理是一套行之有效的综合性企业管理方法，它将事前预测、事中控制和事后分析相结合，将企业的整体目标在部门之间有规划地进行分解，实现对企业业务全过程的管理，实现对企业各部门的协同管理，以提高企业的经济效益、实现企业的经营目标。

11.3.1 树立预算管理的新理念

预算管理是企业对未来整体经营规划的总体安排，以便对企业未来的内部生产经营活动进行规划、控制与协调，帮助管理者进行计划、协调、控制和业绩评价。预算本身属于计划的范畴，但预算管理不等于计划管理；预算管理不单纯是财务、会计或某个特定职能部门的管理，而是企业管理；是在市场背景下的企业内部管理，是计划与市场两种机制结合的体系。酒店财务管理也同样，必须树立预算管理的新理念。

1. 预算管理的理念

1) 确立"以企业战略为基础实施预算管理"的新理念

确立"以企业战略为基础实施预算管理"的新理念，使日常的预算管理成为企业实现长期发展战略的基石。预算管理是对计划的数字化反映，是落实企业发展战略的有效手段。因此，企业在实施预算管理之前，必须认真地进行市场调研和企业资源的分析、明确自己的长期发展目标，只有以此为基础编制各期的预算，才能使企业各期的预算前后衔接，避免预算工作的盲目性。

2) 确立"面向市场实施预算"的新理念

确立"面向市场实施预算"的新理念，使预算指标经得起市场的检验。酒店总预算的基础是营业收入预算，只有预计的营业额确定了，一定时期的营业成本、间接费用预算、期间费用预算、预算资产负债表、预算利润表和预算现金流量表等才能最终确定。营业收入预算又是由预计的销售额和销售单价决定的，可见整个酒店预算体系的基础是对市场情况的预测与分析。而且，为了应对市场的变化，酒店制订的预算指标值应该具有一定的弹性，为预算工作的顺利开展留有余地，减少过大的预算刚性给预算管理工作带来的风险。总之，酒店制订的预算指标要经得起市场的检验，否则，酒店的预算工作就会失败。

3) 确立"基于企业价值链分析实施预算"的新理念

确立"基于企业价值链分析实施预算"的新理念，使预算管理进一步成为协调酒店内部各部门之间经济活动和利益冲突的有效手段。价值链是能够创造和交付给顾客有价值的产品或劳务的一整套不可缺少的作业和资源。各部门应通力合作，努力为顾客提供更多的价值，部门之间发生利益冲突时，应以顾客利益为最高准绳来协调矛盾和安排活动，这样才能确保酒店在市场中的竞争力。制订预算的过程就是酒店各部门之间的利益调整和分享过程。

4) 确立"以人为本，关注预算道德"的新理念

确立"以人为本，关注预算道德"的新理念，全面提高预算工作的效率和效果。人是预算的制订者、预算资讯的利用者、预算的执行者，也是预算制度的被考核者。人是预算工作的主体，是预算工作效果好坏的决定性因素。因此，预算工作应该以人为本，离开了对人的关注，酒店的预算工作就无法做好。由于预算影响到很多人的经济利益，预算管理不可避免地涉及道德问题。比如，不少部门为了小团体的利益，在制订预算时经常表现出本位主义思想，作出较为宽松的预算，即有意低估收入、高估成本。然而，这违背了预算指标应该尽量客观、公正、可靠的要求，缺乏道德意识的预算管理必然影响预算工作的质量。

2. 预算管理在现代酒店管理中的作用

以目标利润为导向的酒店预算管理在现代酒店管理中的作用主要体现在以下几个

方面。

1) 促进酒店经营决策的科学化，提高酒店综合盈利能力

酒店只有获利才有生存与发展的可能。一个酒店所拥有的资源总是有限的，应该对有限的资源在各种不同用途方面的配置预先做出合理的规划，把涉及酒店目标利润的经济活动连接在一起，使影响目标利润实现的各因素都发挥出最大潜能。实施以目标利润为导向的酒店预算管理，从营业收入预算、成本预算等酒店的短期预算到资本预算、研究开发费用预算等酒店的中长期预算，都是以目标利润为导向进行编制的。

2) 明确工作目标，激发工作积极性

在以目标利润为导向的酒店预算管理体系中，目标利润通过预算分门别类、有层次地分解到各职能部门，并延伸细化到每一位员工，这些目标就成为他们在特定期间的具体工作目标。同时，预算的编制过程也需要自上而下、自下而上地循环，酒店高层领导者制定目标所提出的主要设想和意图以及达到目标应采取的方法和激励措施都明朗化，使全体员工(包括高层领导者)都明确自己在特定时间的工作、收入等各方面应达到的水平，了解把握本部门的经济活动与整个酒店期望获得的利润之间的关系，促使员工想方设法从各自的角度为完成酒店的目标利润而努力工作。酒店预算期间的目标利润具有一定的内激力，当遇到困难或阻碍时，它能够激发员工产生克服困难的勇气和信心；当一步步接近目标利润时，它给员工以鼓舞；当目标利润得以实现时，它又给员工一种满足感、荣誉感与归属感，推动员工向着新的目标迈进，可以全面调动员工为此而努力的积极性。

3) 使企业管理方式由直接管理转向间接管理

以目标利润为导向的酒店预算管理的出发点和归宿是利润，它是在继承企业传统预算管理基础上的一种创新。实施该模式，酒店高层管理者主要是通过科学、合理地预测制定酒店的目标利润，并对预算的实施情况进行严格的考评。目标利润通过预算编制得到具体的落实，预算目标的约束作用与酒店的激励机制相配合进一步激发预算执行者的工作主动性。一般情况下，预算一旦编制完成，是不能随意修改的，具有一定的刚性。在实施过程中，预算是限制和约束执行者行为的标准，推行该模式使高层管理者从事无巨细的管理事务中摆脱出来，拿出更多的精力来考虑酒店的发展战略，把握企业全局。预算是管理的载体，管理者通过对目标利润的控制实现了对酒店进行全面管理的间接控制，管理方式由直接管理变为间接管理，使管理者既能把握全局又不失控制，收到事半功倍的管理效果。

4) 使各部门的经济活动协调一致

随着酒店规模的扩大，酒店的组织机构也会变得庞大复杂，这些组织机构的业务内容都具有相对的独立性，但他们必须协调一致才能保证目标利润的实现。目标利润是管理过程中的一条主线，这条主线统率着酒店的全部经营活动。以目标利润为导向的酒店预算管理在对酒店各方面情况进行综合平衡的前提下，以目标利润代表酒店整体的最佳经营方案，使各级各部门都能了解到本部门在全局中所处的地位和作用，看到自身部门的活动与其他各部门之间的关系，并充分估计可能产生的障碍和阻力及薄弱环节等，以便区别轻重缓急，从而达到经济活动的协调一致。

实施以目标利润为导向的酒店预算管理，酒店把实现目标利润所涉及的各种资源的取得与运用都编制出详细的预算，并把预算作为控制各项业务和考核绩效的依据，以此协调各部门、各单位和各环节的业务活动，减少以致消除它们之间可能出现的各种矛盾和冲突，

使酒店的产、供、销和人、财、物始终保持最大限度的平衡关系，用较少的劳动力消耗和资金占用，取得尽可能大的经济效益。此外，预算编制过程中自上而下、自下而上地循环，有助于酒店高层管理者、各级主管和职工在更大程度上对酒店所面临的问题达成共识，为采取统一行动创造条件，形成一种为实现共同目标而团结合作的良好氛围，使酒店成为一个有纪律、高效率的整体。

5) 使酒店管理中的控制工作进一步强化

实施以目标利润为导向的酒店预算管理，控制贯穿于管理的全过程，是一种全员、全过程的控制。目标利润的预测、确定与预算的编制是管理者对酒店资源如何利用进行的事前控制，预算执行是管理者进行的事中控制，预算的差异分析、考评是一种事后控制。预算本身就是一种硬性约束。该控制过程主要包括预算编制、经济活动的状态计量、实际与预算的比较以及两者差异的确定和分析、制订和采取调整经济活动的措施等。预算一经确定，就必须付诸实施，各部门都必须对实际执行情况进行计量，并将计量结果与预算进行对比，及时揭示实际执行情况脱离预算的差异，分析其原因，以便采取必要措施，保证预定目标的实现。这样控制就有了标准，考评就有了依据。由此可见，以目标利润为导向的酒店预算管理可使酒店的控制工作得到进一步强化，认真制订并严格执行预算是酒店实现目标利润的根本保证。

6) 正确评价各级各部门的工作绩效

在以目标利润为导向的酒店预算管理执行过程中，目标利润及由此分解的各个分预算目标是考核各级各部门工作业绩的主要依据及准绳，通过实际与预算的比较，便于对各部门及每位员工的工作业绩进行考核评价，以此为依据进行奖惩和人事任免，有利于调动员工的积极性，使他们在今后的工作中更加努力。这种考核评价方法，在当今科技迅速发展、市场竞争激烈、酒店环境多变的情况下，比本期实际与上期实际对比的方法更为科学合理。因为超过上年或历史最好水平，只能说明有所进步，而不能说明这种进步已经达到了应有的程度。以目标利润为导向的酒店预算管理对工作业绩的考核是在对其差异进行认真分析基础上的综合反映，它既有对历史变化趋势因素的分析，又包含对客观环境因素及执行主体自身因素的分析，这种评价是比较客观公正的。同时，利润指标还可作为酒店经理经营业绩的评定标准，将预算与实际利润比较是很多跨国公司常用的经理业绩评价方法。

11.3.2 预算管理实施

1．预算编制宜采用自上而下、自下而上、上下结合的编制方法

预算编制整个过程为：先由高层管理者提出酒店总目标和部门分目标；各基层单位根据一级管理一级的原则据以制订本单位的预算方案，呈报分部门；分部门再根据各下属单位的预算方案，制订本部门的预算草案，呈报预算委员会；然后预算委员会审查各部门预算草案，进行沟通和综合平衡，拟订整个组织的预算方案；预算方案再反馈回各部门征求意见。经过自下而上、自上而下的多次反复，形成最终预算，经酒店最高决策层审批后成为正式预算，逐级下达各部门执行。

预算的编制一般采用零基预算(基本思想是不考虑以往会计期间所发生的费用项目或费

用额,一切从零开始)的方法,每月由各部门对其资金收支情况进行预算,总会计师和总经理确认预算合理以后,财务部门将全企业的预算进行汇总,形成全企业的月份资金使用总预算。

预算是建立在对企业业务情况的一定假设基础上的,而企业的实际业务情况不一定能在假设范围内,因此各部门有时需要根据业务发展态势调整本月预算。出现这种情况时,要求追加用款的部门填写"月度用款追加计划申请表",说明申请追加用款的理由及金额,总经理审批通过后方可加入预算范围。

2. 预算内容要以营业收入、成本费用、现金流量为重点

营业收入预算是全面预算管理的中枢环节,它上承市场调查与预测、下启企业在整个预算期的经营活动计划。营业收入预算是否得当,关系到整个预算的合理性和可行性。成本费用预算是预算支出的重点,在收入一定的情况下,成本费用是决定酒店经济效益的关键因素;营业成本和期间费用的控制也是酒店管理的基本功,可以反映出酒店管理的水平。现金流量预算则是酒店在预算期内全部经营活动和谐运行的保证,否则整个预算管理将是无米之炊。在酒店预算管理中,特别是对资本性支出项目的预算管理,要坚决贯彻"量入为出,量力而行"的原则。这里的"入"一方面要从过去自有资金的狭义范围拓宽到举债经营;另一方面又要考虑酒店的偿债能力,杜绝没有资金来源或负债风险过大的资本预算。

3. 预算管理工作要建立主要负责人责任制

开展预算管理,是酒店强化经营管理、增强竞争力、提高经济效益的一项长期任务。因此,要把预算管理作为加强内部基础管理的首要工作内容,成立预算管理组织机构,并确定预算管理的第一责任人为各单位、部门的行政主要负责人,切实加强领导、明确责任、落实措施。

4. 推行预算管理必须切实抓好"四个结合"

1) 要与实行现金收支两条线管理相结合

预算控制以成本控制为基础、现金流量控制为核心。只有通过控制现金流量才能确保收入项目资金的及时回笼及各项费用的合理支出;只有严格实行现金收支两条线管理,充分发挥酒店内部财务结算中心的功能,才能确保资金运用权力的高度集中,形成资金合力,降低财务风险,保证酒店经营、建设投资等资金的合理需求,提高资金使用效率。

2) 要同深化目标成本管理相结合

全面预算管理直接涉及酒店的中心目标——利润,因此,必须进一步深化目标成本管理,从实际情况出发,找准影响酒店经济效益的关键问题,制订降低成本、扭亏增效的规划、目标和措施,积极依靠全员降成本和科技降成本,加强成本、费用指标的控制,以确保酒店利润目标的实现。

3) 要同落实管理制度、提高预算的控制和约束力相结合

企业要实现预算管理,首先应根据企业现阶段的发展水平和管理需求选择预算管理模式。如果是一个传统的纺织企业,市场相对稳定,整个企业处于稳步发展阶段,那么在这一时期,采用扩大销售的方法来提高企业的利润不是非常有效。因此,提高企业利润的重心就应放在加强成本费用的管理上。为与企业的发展阶段相适应,在进行预算管理时就应

采用以成本费用为中心的预算管理模式，对企业的成本费用进行事前、事中和事后管理。

预算的执行和控制。对每一笔支出，需要财务人员填制凭证，在总账子系统中自动登记总账和明细账。同时，经手人都必须填写"申请领用支票及申请付款工作联系单"，并在"限额费用使用手册"上进行登记，控制成本费用的发生。限额费用使用手册类似于为预算管理所设计的责任会计账。

预算的考评。月末对限额费用使用手册进行汇总得到资金费用使用汇总表，随后将汇总表和预算进行比较，找出两者的差异，并进一步分析差异形成的原因。企业对各部门的费用支出在预算的基础上进行有效的控制，对整个企业的成本费用可起到非常好的监控作用。而且，事后的差异分析也可为各部门的业绩考核提供依据，使企业的奖惩制度建立在坚实的基础之上。

预算管理的本质要求是，一切经济活动都必须围绕酒店目标的实现而开展，在预算执行过程中落实经营策略、强化酒店管理。预算一经确定，在酒店内部即具有"法律效力"，可以保证各职能部门切实围绕预算开展经济活动。酒店的执行机构按照预算的具体要求，按"以月保季、以季保年"的原则，编制季、月滚动预算，并建立每周资金调度会、每月预算执行情况分析会等例会制度。按照预算方案跟踪实施预算控制管理，严格执行预算政策，及时反映和监督预算执行情况，适时实施必要的制约手段，把酒店管理的方法策略全部融会贯通于执行预算的过程中，最终形成全员和全方位的预算管理局面。

4）要同酒店经营者和职工的经济利益相结合

预算管理是一项全员参与、全面覆盖和全程跟踪、控制的系统工程，为了确保预算各项主要指标的全面完成，必须制订严格的预算考核办法，依据各责任部门对预算的执行结果，实施绩效考核。可实行月度预考核、季度兑现、年度清算的办法，并使清算结果奖惩坚决到位。将预算执行情况与经营者、职工的经济利益挂钩、奖惩分明，从而使经营者、职工与酒店形成责、权、利相统一的责任共同体，最大限度地调动经营者和职工的积极性和创造性。

评估练习

正确理解酒店预算管理的理念与作用，回答以下问题。

1. 简述酒店预算委员会的组成人员有哪些。
2. 新开业酒店应该如何编制其预算？
3. 简述酒店预算的编制过程。
4. 你认为酒店编制预算的作用有哪些？
5. 对酒店的预算编制情况进行调研分析。
6. 案例论述。

某酒店的财务副总经理主要负责在 2008 年年底编制该企业 2009 年的全面预算，由于他是第一次接手该项工作，所以许多问题不甚明确。2008 年年底已经临近，该副总经理只能先行进入工作状态，一方面进行全面预算的编制，另一方面对操作中的错误予以纠正。以下是他进行预算组织工作的详细记录。

12月15日，为全酒店各业务部门和职能部门下达编制预算的任务，预算的编制顺序为"两下两上"，即先由基层单位编制初稿，上交酒店统一汇总、协调，然后再返还基层单位修改，修改后再次上交以调整、确认。

12月16日，发专门文件说明预算的本质是财务计划，是预先的决策。

12月18日，设计预算编制程序：

(1) 成立预算委员会，由公司董事长任主任。
(2) 确定全面预算只包括短期预算。
(3) 由预算委员会提出具体任务。
(4) 由各部门负责人自拟分项预算。
(5) 上报分项预算给公司预算委员会，汇总形成全面预算。
(6) 由董事会对预算进行审定。
(7) 将预算下达给各部门实施。

要求：结合预算的编制程序，分析预算的范围与编制过程。

第 12 章

酒店报表分析

【本章概述】

本章主要运用报表分析酒店的资产流动性、盈利能力和运营情况。

12.1 主要讲解运用财务报表分析酒店的资产流动性。

12.2 主要讲解运用财务报表分析酒店的盈利能力。

12.3 主要讲解运用财务报表分析酒店的运营情况。

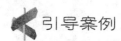

引导案例

金陵饭店集团的财务报表分析

根据金陵饭店集团的财务报表回答以下问题,如表12-1、表12-2所示。

表12-1 简化的金陵饭店集团资产负债表 单位:元

报表日期 项　目	2011.12.31	2010.12.31	2009.12.31
流动资产			
货币资金	580 088 000.00	546 770 000.00	439 480 000.00
结算备付金	0.00	0.00	0.00
拆出资金	0.00	0.00	0.00
交易性金融资产	8 163 890.00	89 882 500.00	86 399 100.00
衍生金融资产	0.00	0.00	0.00
应收票据	0.00	0.00	0.00
应收账款	54 531 700.00	39 748 200.00	25 926 300.00
预付款项	117 018 000.00	49 131 700.00	49 746 400.00
应收保费	0.00	0.00	0.00
应收分保账款	0.00	0.00	0.00
应收分保合同准备金	0.00	0.00	0.00
应收利息	1 464 110 00	1 321 000.00	3 586 490.00
应收股利	0.00	0.00	0.00
其他应收款	8 331 940.00	7 946 840.00	3 046 720.00
应收出口退税	0.00	0.00	0.00
应收补贴款	0.00	0.00	0.00
应收保证金	0.00	0.00	0.00
内部应收款	0.00	0.00	0.00
买入返售金融资产	0.00	0.00	0.00
存货	182 583 000.00	139 909 000.00	92 385 200.00
待摊费用	0.00	0.00	0.00
待处理流动资产损益	0.00	0.00	0.00
一年内到期的非流动资产	0.00	0.00	0.00
其他流动资产	234 000 000.00	0.00	0.00
流动资产合计	1 186 180 000.00	874 710 000.00	700 570 000.00

续表

报表日期 项　目	2011.12.31	2010.12.31	2009.12.31
非流动资产			
发放贷款及垫款	0.00	0.00	0.00
可供出售金融资产	0.00	0.00	0.00
持有至到期投资	0.00	0.00	0.00
长期应收款	0.00	0.00	0.00
长期股权投资	97 783 700.00	96 491 100.00	86 187 800.00
其他长期投资	0.00	0.00	0.00
投资性房地产	0.00	0.00	0.00
固定资产原值	623 824 000.00	622 611 000.00	626 515 000.00
累计折旧	415 640 000.00	396 496 000.00	388 636 000.00
固定资产净值	208 184 000.00	226 115 000.00	237 878 000.00
固定资产减值准备	0.00	0.00	0.00
固定资产净额	208 184 000.00	226 115 000.00	237 878 000.00
在建工程	872 919 000.00	614 273 000.00	485 155 000.00
工程物资	0.00	0.00	0.00
固定资产清理	0.00	0.00	0.00
生产性生物资产	0.00	0.00	0.00
公益性生物资产	0.00	0.00	0.00
油气资产	0.00	0.00	0.00
无形资产	17 613 800.00	17 712 600.00	0.00
开发支出	0.00	0.00	0.00
商誉	0.00	0.00	0.00
长期待摊费用	0.00	0.00	0.00
股权分置流通权	0.00	0.00	0.00
递延所得税资产	9 535 840.00	549 446.00	345 249.00
其他非流动资产	0.00	0.00	0.00
非流动资产合计	1 206 040 000.00	955 141 000.00	809 567 000.00
资产总计	2 392 220 000.00	1 829 850 000.00	1 510 140 000.00
流动负债			
短期借款	37 932 900.00	20 000 000.00	0.00
向中央银行借款	0.00	0.00	0.00
吸收存款及同业存放	0.00	0.00	0.00
拆入资金	0.00	0.00	0.00
交易性金融负债	0.00	0.00	0.00

续表

报表日期 项　目	2011.12.31	2010.12.31	2009.12.31
衍生金融负债	0.00	0.00	0.00
应付票据	0.00	0.00	0.00
应付账款	129 359 000.00	80 615 800.00	50 341 300.00
预收款项	85 197 200.00	63 220 400.00	59 005 600.00
卖出回购金融资产款	0.00	0.00	0.00
应付手续费及佣金	0.00	0.00	0.00
应付职工薪酬	25 278 600.00	19 942 400.00	16 615 200.00
应交税费	25 593 300.00	18 022 500.00	16 062 700.00
应付利息	1 619 170.00	0.00	0.00
应付股利	0.00	0.00	0.00
其他应交款	0.00	0.00	0.00
应付保证金	0.00	0.00	0.00
内部应付款	0.00	0.00	0.00
其他应付款	79 619 100.00	87 489 000.00	62 188 300.00
预提费用	0.00	0.00	0.00
预计流动负债	0.00	0.00	0.00
应付分保账款	0.00	0.00	0.00
保险合同准备金	0.00	0.00	0.00
代理买卖证券款	0.00	0.00	0.00
代理承销证券款	0.00	0.00	0.00
国际票证结算	0.00	0.00	0.00
国内票证结算	0.00	0.00	0.00
递延收益	0.00	0.00	0.00
应付短期债券	0.00	0.00	0.00
一年内到期的非流动负债	0.00	0.00	0.00
其他流动负债	200 000 000.00	0.00	0.00
流动负债合计	584 599 000.00	289 290 000.00	204 213 000.00
非流动负债			
长期借款	0.00	0.00	0.00
应付债券	0.00	0.00	0.00
长期应付款	0.00	0.00	0.00
专项应付款	25 398 200.00	22 180 900.00	0.00
预计非流动负债	0.00	0.00	0.00

续表

报表日期 项目	2011.12.31	2010.12.31	2009.12.31
递延所得税负债	0.00	819 462.00	240 715.00
其他非流动负债	26 950 600.00	20 956 700.00	20 956 700.00
非流动负债合计	52 348 800.00	43 957 100.00	21 197 400.00
负债合计	636 948 000.00	333 247 000.00	225 410 000.00
所有者权益			
实收资本(或股本)	300 000 000.00	300 000 000.00	300 000 000.00
资本公积	437 262 000.00	437 262 000.00	437 262 000.00
库存股	0.00	0.00	0.00
专项储备	0.00	0.00	0.00
盈余公积	58 145 100.00	48 686 700.00	38 788 500.00
一般风险准备	0.00	0.00	0.00
未确定的投资损失	0.00	0.00	0.00
未分配利润	403 212 000.00	325 547 000.00	222 977 000.00
拟分配现金股利	0.00	0.00	0.00
外币报表折算差额	0.00	0.00	0.00
归属于母公司股东权益合计	1 198 620 000.00	1 111 500 000.00	999 027 000.00
少数股东权益	556 651 000.00	385 108 000.00	285 699 000.00
所有者权益(或股东权益)合计	1 755 270 000.00	1 496 600 000.00	1 284 730 000.00
负债和所有者权益(或股东权益)总计	2 392 220 000.00	1 829 850 000.00	1 510 140 000.00

表 12-2 金陵饭店集团利润表   单位：元

报表日期 项目	2011.12.31	2010.12.31	2009.12.31
一、营业总收入	700 371 000.00	514 504 000.00	442 181 000.00
营业收入	700 371 000.00	514 504 000.00	442 181 000.00
利息收入	0.00	0.00	0.00
已赚保费	0.00	0.00	0.00
手续费及佣金收入	0.00	0.00	0.00
房地产销售收入	0.00	0.00	0.00
其他业务收入	0.00	0.00	0.00

续表

项目＼报表日期	2011.12.31	2010.12.31	2009.12.31
二、营业总成本	551 608 000.00	417 191 000.00	344 885 000.00
营业成本	317 949 000.00	253 887 000.00	218 457 000.00
利息支出	0.00	0.00	0.00
手续费及佣金支出	0.00	0.00	0.00
房地产销售成本	0.00	0.00	0.00
研发费用	0.00	0.00	0.00
退保金	0.00	0.00	0.00
赔付支出净额	0.00	0.00	0.00
提取保险合同准备金净额	0.00	0.00	0.00
保单红利支出	0.00	0.00	0.00
分保费用	0.00	0.00	0.00
其他业务成本	0.00	0.00	0.00
税金及附加	20 996 700.00	14 973 300.00	13 092 000.00
销售费用	129 104 000.00	70 741 200.00	58 576 300.00
管理费用	86 849 800.00	79 255 700.00	59 935 500.00
财务费用	(10 750 700.00)	(2 088,790.00)	(5 957 940.00)
资产减值损失	7 458 760.00	422 913.00	782 001.00
公允价值变动收益	(5 320 370.00)	3 396 330.00	1 196 100.00
投资收益	32 663 000.00	45 765 900.00	15 598 000.00
其中:对联营企业和合营企业的投资收益	27 290 200.00	41 750 300.00	13 197 800.00
汇兑收益	0.00	0.00	0.00
期货损益	0.00	0.00	0.00
托管收益	0.00	0.00	0.00
补贴收入	0.00	0.00	0.00
其他业务利润	0.00	0.00	0.00
三、营业利润	176 106 000.00	146 475 000.00	114 090 000.00
营业外收入	3 454 330.00	1 173 800.00	4 621 400.00
营业外支出	25 065.30	11 527.70	99 607.90
非流动资产处置损失	14 040.80	0.00	90 974.80
利润总额	179 535 000.00	147 637 000.00	118 612 000.00
所得税费用	38 846 600.00	26 065 500.00	26 531 600.00
未确认投资损失	0.00	0.00	0.00

续表

报表日期 项　目	2011.12.31	2010.12.31	2009.12.31
四、净利润	140 689 000.00	121 572 000.00	92 080 400.00
归属于母公司所有者的净利润	117 123 000.00	112 468 000.00	85 377 400.00
少数股东损益	23 565 200.00	9 103 700.00	6 702 950.00
五、每股收益			
基本每股收益	0.39	0.38	0.29
稀释每股收益	0.39	0.38	0.29
六、其他综合收益	0.00	0.00	0.00
七、综合收益总额	140 689 000.00	121 572 000.00	92 080 400.00
归属于母公司所有者的综合收益总额	117 123 000.00	112 468 000.00	85 377 400.00
归属于少数股东的综合收益总额	23 565 200.00	9 103 700.00	6 702 950.00

思考题

根据以上金陵饭店集团的财务报表，找出金陵饭店集团2011年的基本数据：资产总额、负债总额、营业收入总额以及所有成本费用中数量最大的一项。

12.1　流动性分析

12.1.1　简述管理效率对营运资本需求的影响

流动性由什么决定？怎样提高流动性？

流动性由长期融资净值(分子)和营运资本需求(分母)所决定。如果这个比率提高，公司的流动性状况就会改善。

有以下几种情况可改善流动性状况。

(1) 长期融资增加。

(2) 固定资产净值减少。

(3) 营运资本需求减少。

有关长期融资和固定资产净值的管理决策属于战略决策。在下列情况下，长期融资会增加：①申请长期贷款；②提高权益资本(发行新股)；③增加留存收益(减少股利)。如果公司售出固定资产，则固定资产净值就会减少。这两种决策都是非经常性的，而且数额巨大，事先都需做周密的准备，参加决策的财务经理可以据此预测公司流动性所受的影响。

影响公司营运资本需求的决策是营业管理决策，这些决策决定着应收账款、存货、预付账款、应付账款和预提费用等在资产负债表中的数额。与战略决策相反，经营决策是经常性的(例如，公司每天要向顾客收款许多次)，涉及现金数量少而频繁，与财务主管几乎没有直接的联系。经营决策对流动性的影响是连续性的，不易整体把握。公司对经营活动的投资越少，营运资本需求就越少，流动性就越高。另外，经营中意外变化越少，流动性的起伏就越小，就越容易管理。可见，控制好营运资本需求的数量与波动，对提高流动性至关重要。

要控制好营运资本需求，就必须弄清楚影响其规模的因素：应收账款、存货、预付费用、应付账款和预提费用。这五项的多少又取决于以下三点。

(1) 公司所在行业的特点。
(2) 公司管理营业循环的效率。
(3) 销售增长水平。

12.1.2 管理效率对营运资本需求的影响

同一行业中，不同企业的营运资本需求与销售额之比可能不同，尽管它们可能面对相同的约束条件，但有些经营较好，有些经营较差。例如，某企业的存货管理水平和应收账款管理水平较差，其营运资本需求与销售额之比就会高于同行业平均水平。

可以用一些比率来评价公司对营运资本需求的各组成项目的管理水平。这种方法简便易行、数据易得，可以作为不同时期纵向比较和同行业横向比较的依据。

1. 存货周转率

对于一个批发商，如果存货周转率(Inventory Turnover)等于 6，意味着存货每年周转 6 次，或者说存货平均在公司存储 2 个月。存货周转率越高，公司对存货的投资就越少，存货管理效率就越高。

$$存货周转率(次数)=销售成本/期末存货 \qquad (12-1)$$

计算存货周转率时，如果没有销售成本，就用销售额代替。有时用期间平均值代替期末存货量。严格地讲，公式(12-1)只适用于产成品，如果要计算原材料的周转率，应把销售成本换成采购金额。

2. 平均收款期

平均收款期(Average Collection Period) 也叫应收账款平均账龄(Average Age of Accounts Receivable)或叫日平均应收销售额(Days of Sales Outstonding, DSO)，等于期末应收账款余额除以日平均销售额：

$$平均收款期=应收账款(期末)/日平均销售额 \qquad (12-2)$$

平均收款期反映了在编制财务报表时尚未收回的那部分销售额的货币时间价值，它是从发货到收款这段时间的平均值。回收越快，应收账款越少，管理水平越高，营运资本需求占用越少。

这一比率只是平均值，不能代表每笔交易从达成到收款之间的真实天数。并不是所有的顾客都能在相等时间内付款，有些顾客付款比平均收款期早，有些顾客晚。如果一些顾客经常拖延付款，公司必须对其特别监督。

3．平均付款期

与平均收款期针对销售的道理一样，平均付款期针对采购。等于期末应付账款余额除以日平均采购金额：

$$平均付款期=应付账款(期末)/日平均采购额 \quad (12-3)$$

平均付款期是在编制财务报表时尚未支付的那部分采购金额的货币时间价值。平均付款期越长，应付账款越多，营运资金占用越少。

要计算日平均采购金额，必须知道会计期间内总的采购金额。这在财务报表中没直接给出，但可以间接计算出来。

首先，针对酒店的生产加工部分，产品的成本等于原材料的采购成本加上生产成本。把采购成本和生产成本加到期初存货账户上(含原材料、半成品、产成品)。当产成品卖出时，存货减去销售成本，结果得期末存货：

$$期初存货+采购成本-生产成本-销售成本=期末存货 \quad (12-4)$$

把上述公式变形，就得到采购成本计算公式：

$$采购成本=销售成本+存货流量+生产成本 \quad (12-5)$$

其中

$$存货流量=期末存货-期初存货$$

4．销售增长对营运资本需求的影响

假设某酒店明年销售额将增长 10%，如果管理效率不变(相同的存货周转率，相同的收款和付款期)，营运资本需求将怎样变化呢？即使管理效率不变，销售增长也会引起营运资本需求的增长。因为需要更多的存货、应收账款、应付账款以支持增加的销售额。初步估计，可以认为营运资本需求增长幅度与销售额一样，也是 10%。

以某酒店为例。2010 年年末，营运资本需求是 7700 万元。如果预计 2011 年销售将增长 10%，而营运资本需求与销售额比例保持不变，那么营运资本需求也将增长 10%，即增加 770 万元。如果不能筹集到 770 万元资金，就会出现流动性问题。

这个例子同时也说明，意想不到的销售增长会导致流动性问题。但是如果管理者严格控制，节省营运资本需求，这个问题可以得到缓解。

此处，通货膨胀也会给企业带来营运资本需求的压力。价格上涨、销售额增加，尽管销售量可能不变，应收账款也会增多。除非公司加强管理，提高效率，否则，就必须增加营运投资。

12.1.3 流动性传统的测算方法

1．净营运资本需求

净营运资本(Net Working Capital, NWC)的定义是流动资产减流动负债的差额。可推知，如果净营运资本需求很高，那么公司在流动负债有拖欠时，就可以卖掉流动资产来补偿。但是我们要评价的是公司持续的现金偿还能力，而不是在拖欠时能否补偿。所以净营运资

本需求的定义有局限性。

有一种更好的方法，可以进一步解释净营运资本。先请看基本会计等式：

$$流动资产+固定资产净值=流动负债+长期融资$$

移项，得：

$$流动资产-流动负债=长期融资-固定资产净值$$

即

$$净营运资本需求=长期融资-固定资产净值 \qquad (12-6)$$

比较公式(12-6)与式长期融资净值=长期融资-固定资产净，后者用于计算长期融资用于营运资本需求的部分。净营运资本与长期融资净值相等。净营运资本需求等于长期融资减固定资产净值的定义有更清楚的经济意义。它表明，净营运资本需求是长期融资决策的一个结果，而传统的定义不含这一层管理意义。而且传统的定义有一种误导，认为净营运资本是由短期决策决定的。但是，这是错误的。

2．流动比率

流动比率(Current Ratio)等于流动资产与流动负债之比：

$$流动比率=流动资产/流动负债 \qquad (12-7)$$

通常，流动比率越高，流动性越强，该比率至少应大于1，最理想值是2。这是由营运资本需求的传统定义决定的。必要时，公司可以卖掉流动资产抵补流动负债。出于这种考虑，流动资产必须大于流动负债。

但是，如果流动比率提高，流动性就提高，为什么不鼓励顾客尽可能晚地付款以增加应收账款？为什么不尽可能多地持有存货？为什么不尽可能早地付款给供应商？前两种决策会增加公司的流动资产，后一种决策会减少流动负债。这种做法理论上可以使公司的流动比率会无限提高。但是，流动性提高了吗？当然没有。这说明流动比率不是一个可靠的方法。

3．速动比率

流动比率加以修正后可得到速动比率。从流动资产中减去流动性不太强的存货和预付费用，剩下的现金和应收账款叫速动资产。修正后的比率叫速动比率(Quick Ratio)：

$$速动比率=流动资产/流动负债 \qquad (12-8)$$

速动比率相对流动比率是个进步，但它对流动性的分析仍停留在短期经营决策的观点上，而不是从战略决策角度考虑。

一个酒店的流动性由其资产负债表的结构决定，也就是由资产的性质和资金来源的结构决定。为了更好地分析流动性，可以将标准资产负债表改造成管理资产负债表。管理资产负债表分为左、右两部分，左方反映一定时点上企业的投资结构，右方反映一定时点上企业的融资结构。左边列的是投入资本，包括：现金、营运资本需求、固定资产净值；右边列的是：短期负债、长期负债、权益资本。营运资本需求是公司在营业循环中的投资，等于营运资产(应收账款、存货、预付费用)减营运负债(应付账款、预提费用)。

流动性是指现金的循环和短期偿债能力，它可以用长期融资净值与营运资本需求的比值来衡量。其中，长期融资净值等于长期负债和权益资本的总和减去固定资产净值。这个比率越高，来自长期融资的营运资本比例就越高，流动性也就越强。

营运资本需求中另外一少部分来自短期负债。短期负债多于现金的那部分叫作短期融资净值。为了把利率风险(始料未及的短期利率变化)和偿债风险(短期负债的来源意外地被切断)降到最低限度，大多数公司都用短期融资支持季节性资金需求，用长期资本来源支持长期性营运资本需求，这就是匹配战略。

确保公司流动性的关键是管理好营运资本的循环。如果公司的营运资本需求增长失控、资金来源不能保证，流动性就会出现问题。广义地讲，有效管理营运资本需求有以下两点含义。一是对于一定的销售额，应收账款和存货应限制在最低水平，以减少资金占用；二是因为营运资本需求本质上属于长期投资，所以保证长期持久的资金来源，可以提高流动性。

长期融资净值占营运资本需求的比率与净营运资本的传统定义——流动比率和速动比率相比，能更好地反映公司的流动性。后两个比率可以很准确地表示用流动资产抵偿流动负债的能力，但不能表示通过及时的现金回流来偿债的能力。

评估练习

正确理解酒店运营资本流动性，将下列问题中正确的答案选出来。

以下情况可以改善酒店流动性状况的是(　　)。

A．长期融资增加　　　　　　　B．固定资产净值减少

C．营运资本需求减少　　　　　D．业主增加投资

12.2　获利能力分析

每位经理人员都有他习惯的方法来衡量获利能力。这些方法通常是用以税后收益(净利润)为分子的比率为指标。例如①用销售收入除净利润得到销售回报率(Return On Sales，ROS)；②用资产总额除净利润得到资产回报率(Return On Assets，ROA)；③用所有者权益除净利润得到权益回报率(Return On Equity，ROE)。销售回报率，或称销售利润率，通常用于评价管理者在销售环节的获利能力；资产回报率，或称资产利润率，用于衡量他们利用资产获利的能力；权益回报率或叫权益利润率，是一种衡量企业的权益资本(即所有者资金)获利能力的指标。

管理者应依据不同职权范围采取不同的衡量指标来评价企业获利能力。销售经理应注意销售回报率；而部门经理，因为他负责该部门的资产，所以应选择资产回报率衡量其获利能力；对于总经理来说，他关心的问题是公司为股东获利的能力如何，因此管理者最关注的是权益回报率。

这三种获利能力的衡量方法带来许多问题：它们之间存在什么关系？哪种方法能够最为全面地反映获利能力？管理决策怎样影响着获利能力？经营风险对获利能力有哪些影响？

权益回报率(ROE)是评价获利能力最全面的指标,因为它是企业一年全部活动和决策的最终结果。它不仅包括营业和投资决策,也同样包含了筹资和与税收相关的种种决策。下面我们将会介绍如何计算 ROE,并解释把 ROE 作为最全面指标的原因。

1. 计算权益回报率

权益回报率是站在所有者的角度评价企业获利能力的指标。企业所有者进行投资的回报是企业的净利润。其投资的回报率是税后利润(EAT)与所有者权益的比率:

$$\text{权益回报率} = \text{税后利润}/\text{所有者权益} \tag{12-9}$$

公式中的分母——所有者权益,可用期初值或期末值。一般情况下,最好选用期初和期末的平均值。

用表 12-1 和表 12-2 的收益和权益值,可计算出,金陵饭店的权益回报率从 2009 年的 7%(EAT92 080 400 元/权益 1 284 730 000 元)上升至 2011 年的 8%(EAT 140 689 000 元/权益 1 755 270 000 元)。是金陵饭店的哪些活动和决策造成 ROE 的增加呢?要回答这个问题,首先应明确营业和筹资决策对权益回报率的影响作用。

2. 营业决策对权益回报率的影响

一般而言,营业决策包括购置或处置固定资产,管理公司的营业资产(如存货、应收账款)和营业负债(多指应付账款)。销售回报率(ROS)和资产回报率(ROA)不能恰当地表示企业营业活动的获利能力,因为它们是由净利润(税后收益)计算得到的。净利润是减除了利息费用(由筹资决策产生的支出)之后计算而得。因此 ROS 和 ROA 受到筹资决策的影响,所反映的不仅仅是营业决策的结果。下面我们给出 3 种比率,企业在需要特别衡量营业活动对整体获利能力的贡献时,常常应用这 3 种比率指标替代 ROS 和 ROA。

1) 投入资本回报率

现在介绍一种衡量营业获利能力的方法,它是一个比率,其分子为息税前收益(EBIT),分母为用于创造 EBIT 的投资。从酒店损益表中(见表 12-2)可找到净利润,用净利润加上财务费用就可得到息税前利润 EBIT 确切的投资额。一个公司的资本通常会投入到三个项目上:一是现金和现金等价物;二是营运资本需求(WCR),即流动资产减流动负债;三是固定资产,如土地、厂房、设备。有下列公式:

$$\text{投入资本} = \text{资产净值} = \text{现金} + \text{营运资本需求} + \text{固定资产净值} \tag{12-10}$$

整理式(12-10)可以得到

$$\text{投入资本} = \text{现金} + (\text{流动资产} - \text{流动负债}) + \text{固定资产净值}$$

根据表 12-1 金陵饭店的资产负债表可以得到金陵饭店 2011 年的投入资本:

投入资本=580 088 000+(1 186 180 000−584 599 000)+208 184 000=1 389 853 000(元)

因此可用 EBIT 和投入资本的比值衡量企业的营业获利能力,称这个比率为投入资本回报率(Return on Invested Capital,ROIC):

$$\text{投入资本回报率(ROIC)} = \text{息税前利润(EBIT)}/\text{投入资本} \tag{12-11}$$

因此金陵饭店 2011 年的 ROIC=186 856 700/1 389 853 000=0.13

理解这种营业获利能力的定义须注意以下几点。

(1) 投入资本回报率可在税前衡量——如上所示,也可在税后衡量。要得到税后的

ROIC，则式(12-11)中的分子 EBIT 必须减除税金。因此，式(12-11)的分子变成 EBIT－EBIT×税率，即 EBIT(1-税率)。

(2) 可对式(12-11)做多种解释。投入资本与资产净值相等，所以营业获利能力也可定义为资产净值回报率(Return on Net Assets，RONA)。另外，依据资产负债表(见表 12-1)，投入资本总额等于占用资本总额，即用于筹集资产净值的所有资本来源之和(包括负债和权益资本)。从而 ROIC 和 RONA 也可称为占用资本收益率(Return on Capital Employed，ROCE)。

(3) 现金包括在投入资本中。所以，计算 EBIT 应包括现金结算产生的利息收入。

(4) 如果一个经营部门对现金没有控制权，而要评价它的营业获利能力可用 ROIC 的另一种变化形式，即在投入资本中减去现金，在 EBIT 中减去利息收入。称这种指标为经营资产息税前回报率(Return on Business Assets，ROBA)。

还有一种衡量营业获利能力的指标是总资产回报率(Return on Total Assets，ROTA)，它是 EBIT 与资产负债表中列示的资产总值的比率。注意 ROTA 和 ROA(资产回报率，Return on Assets)的区别。前者是 EBIT 与总资产的比率，而后者是 EAT 与总资产的比率。

但应牢记，依据投入资本的定义，ROIC 和资产净值回报率(RONA)以及占用资本收益率(ROCE)是相同的。最后应注意一点，ROBA 和 ROTA 仍适用于以后的分析过程而不失一般性。

2) 营业获利能力的驱动因素

投入资本回报率是税前营业利润和投入资本的比率，所以要提高其值必经过以下两种途径或其中一种途径：①对于一定的投入资本，增加 EBIT，即提高息税前营业利润率(Operating Profit Margin)；②对于等量的 EBIT 而言，降低占用的投入资本，即提高资本周转率(Capital Turnover)或资产净值周转率(Net Asset Turnover)上升。资本周转率是衡量用于营业投入资本或资产净值作业效率的指标。

要理解这两种驱动因素对投入资本回报率的作用形式，可以把式(12-11)写成如下形式：

投入资本回报率(ROIC)=EBIT/投入资本=(EBIT/销售收入)×(销售收入/投入资本)　　(12-12)

式(12-12)右边的第 1 个比率是公司的营业利润率(EBIT/销售收入)，第 2 个比率是资本周转率。可见，

企业的 ROIC 就是营业利润率和资本周转率的简单乘积：

$$\text{投入资本回报率}=\text{营业利润率}\times\text{资本周转率} \qquad (12\text{-}13)$$

可创税前利润 4.4 美元。其资本周转率为 3.2，含义是公司每创造 320 美元销售额平均需要投入资本 100 美元。

显然，营业利润率和资本周转率越高，公司的获利能力也就越强。获得较高的营业利润率可通过以下两种途径或其中一种途径：①提高价格或以快于营业支出增加的速度来提高销售量，从而使销售额上升；②以快于销售额减少的速度来压缩营业开支。另外，可通过提高资本周转率来有效地管理用于营业的资产净值，例如，提高存货周转速度\缩短应收账款回收期以及减少销售占用的固定资产数都是对资产的有效管理。

研究结果表明，较高的市场份额和高质量的产品一般会促进营业获利能力提高，而大量的投资和过高的固定成本就会降低营业获利能力。

3) 权益回报率和营业获利能力的联系

为便于理解权益回报率(ROE)和用投入资本回报率(ROIC)计量的营业获利能力的联系，

我们假定一种情况：一家企业没有借款，它的资产净值全部由所有者权益筹集。那这家企业的税前权益回报率和税前投入资本回报率的关系如何呢？既然企业没有借款，那就不存在利息费用，因此税前利润或叫税前收益(EBT)必然等于其息税前收益(EBIT)。另外，企业资产净值全部由权益筹集，因此投入资本等于所有者权益。换言之，如果一家公司没有借款，那它的税前投入资本回报率等于其税前权益回报率。

3．获利能力结构的综合分析

以下是影响权益回报率的五种比率：①营业利润率(EBIT/销售收入)；②投入资本或资产净值周转率(销售收入/投入资本)；③财务成本比率(EBT/EBIT)；④财务结构比率(投入资本/权益)；⑤税收效应比率(EAT/EBT)。以上比率与权益回报率之间的关系很容易理解。ROE就是这5种比率的简单乘积：

$$ROE = \frac{EBIT}{销售收入} \times \frac{销售收入}{投入资本} \times \frac{EBT}{BEIT} \times \frac{投入资本}{权重} \times \frac{EAT}{EBT} = \frac{EAT}{所有者权益} \quad (12\text{-}14)$$

式(12-14)右边5个比值的乘积等于EAT除以所有者权益。因为EBIT、销售收入、投入资本和EBT几项既在分子又在分母，可消去。则余下部分仅为分子EAT和分母所有者权益。前两个比率综合反映了公司投资和营业决策对总体获利能力的影响。它们的乘积就是投入资本回报率(ROIC)，表示公司税前营业获利能力。第三、第四两个比率表示了公司筹资政策对总体获利能力的影响，我们把这个乘积定义为财务杠杆乘数(financial leverage multiplier)：

$$财务杠杆乘数 = 财务成本比率 \times 财务结构比率 \quad (12\text{-}15)$$

最后一个比率即税收对权益回报率的作用，如前所示等于(1-实际税率)。因此式(12-14)可写成如下形式：

$$ROE = ROIC \times 财务杠杆乘数 \times (1\text{-}实际税率) \quad (12\text{-}16)$$

如果忽略税收的作用，而集中考察税前ROE，则式(12-16)又可写成：

$$税前 ROE = ROIC \times 财务杠杆乘数 \quad (12\text{-}17)$$

显然，如果财务杠杆乘数大于1，则税前ROE大于ROIC；如果财务杠杆乘数小于1，则税前ROE小于ROIC。公式(12-14)表示了这5种比率及其关系。

评估练习

正确理解酒店企业应收账款的影响，回答以下问题。
请阐述酒店经理人员用来衡量获利能力的三种方法。

12.3　酒店运营状况分析

虽然酒店可以借助一般的财务分析方法对其运营资金的流动性、获利能力进行分析，但是由于其有自身的特点，酒店还需要借助其他手段对其经营情况进行详尽的分析。

12.3.1 某酒店基本运营情况

2009年10月酒店完成客房销售收入59.9万元，完成月度目标任务64万元的93.6%；完成餐饮销售收入37.1万元，完成月度目标任务39万元的95.1%；计提租赁收入15万元。合计完成销售收入112万元(见表12-3)。

10月客房经营成本0.94万元，餐饮经营成本19.25万元，税金6.1万元，经营费用96.1万元，财务手续费0.46万元，收多开发票税金和处理废旧等营业外收入0.26万元，不含装修摊销的经营利润3万元(见表12-4)。

表12-3 某酒店10月销售任务完成情况

项 目	本月任务数/万元	实际完成数	完成比例/%	年度任务数/万元	实际 完成数/万元	完成比例/%
客房收入	64	59.9	93.59	592	540.1	91.23
餐饮收入	39	37.1	95.13	237	212.7	89.75
租赁收入	15.8	15	94.94	158	179	113.29
预算外收入				15.1		
合计	118.8	112	94.28	1002.1	931.8	95.93

表12-4 某酒店10月份经营成本

项 目	金额/万元
客房经营成本	0.94
餐饮成本	19.25
税金	6.1
经营费用	96.1
财务手续费	0.46
营业外收入	0.26
经营利润(不含装修摊销)	3

与上月相比盈利增加11.8万元。主要是因为收入增加了3.4万元(其中客房增加7.1万元，餐饮增加8.2万元，减少KTV免租2万元，减少月饼收入9.9万元)。成本减少了3万元(其中客房成本减少0.1万元，餐饮成本增加4.1万元，减少了月饼成本7万元)，费用减少了6.2万元(详细分析见费用月度对比表)，以上因素综合起来减少了亏损11.8万元。

与去年10月份相比盈利减少15.2万元。主要是因为收入增加了4.3万元(其中客房减少20.1万元，租赁减少12.7万元，餐饮增加37.1万元)。成本增加了18.2万元(其中餐饮增加19.3万元，主要是餐饮的新开业导致了巨大的差额，客房减少1.1万元)，不含装修摊销的费用增加1.8万元(详细分析见费用月度对比表)，以上因素综合起来盈利减少15.2万元。

12.3.2 客房收入情况分析

客房收入与上月相比，比较明显的特点是各种类型的客户收入都有上升，详见表12-5～表12-7，与上月份(含早客房)收入比较表。

表12-5 某酒店10月客房销售情况

客 源	客房数量	入住率/%	平均房价/元	收入/元
散客	260.5	5.8	240.85	62 742
协议散客	478.5	37.1	223.17	106 788
会议客户	1146	25.53	145.89	167 192
团队客户	1311.5	29.22	134.78	176 768
中介客户	194.5	4.33	226.01	43 958
其他客户	337.5	7.52	126.24	42 605
小计	3728.5	83.06	160.94	6 000 053

表12-6 某酒店9月客房销售情况

客 源	客房数量	入住率/%	平均房价/元	收入/元
散客	266.5	6.18	221.49	59 028
协议散客	465.5	10.80	201.47	93 782
会议客户	1061.50	24.62	144.38	153 260
团队客户	1057.00	24.52	131.52	139 020
中介客户	62.50	1.45	210.69	13 168
其他客户	414	9.60	137.19	56 798
小计	3327.00	77.17	154.81	515 056

表12-7 某酒店9月与10月客房销售情况差额

客 源	客房数量	入住率/%	平均房价/元	收入/元
散客	-6	-0.38	19.36	3714
协议散客	13	-0.14	21.70	13 006
会议客户	84.5	0.91	1.51	13 932
团队客户	254.5	4.7	3.26	37 748
中介客户	132	2.88	15.32	30 790
其他客户	-76.5	-2.08	-10.95	-14 193
小计	401.5	5.89	6.13	84 997

从表12-7中可以看到中散客房减少6间，但是收入增长了3714元，明显是受房价提升的影响，本月散客房价提升了19.36元。协议散客房增加13间，房价提升21.7元，收入增

加 13 006 元。由此可见，黄金周对收入的拉动还是有很大影响的。本月收入最大亮点是中介增幅较大，开房量增加 132 间，增幅 211%，收入增长 30 790 元。会议、团队的开房量分别增长 84.5 间和 254.5 间，增幅分别是 8%、24%，收入分别增加 13 932 元和 37 748 元。本月客房收入与上月相比共增加了 84 997 元。

与去年 10 月相比，客房收入减少了 18.1 万元。最明显的特征是去年同期糖酒会在长沙召开，散客的开房率和房价都比今年要高很多。可见，地区开展的大型活动对酒店收入的拉动有很大影响。

12.3.3　餐饮收支情况分析

餐饮收入与上月相比增加 8 万元，其中，自营出品餐费增加 6.1 万元，增幅 38%，是本月餐饮经营突出的亮点。自营出品实现毛利 106 768 元，毛利率为 48%。与上月自营出品毛利率 41% 相比，增加了 7 个百分点，效益有较大的提高。烟酒收入增加 3520 元，烟酒收入增幅为 14.5%，烟酒成本增幅 58.4%。本月烟酒实际毛利 6530 元，毛利率 23.5%。早餐收入增加 8800 元，毛利 32 436.10 元，毛利率 66.27%，增幅 21.9%，主要是会团客人增加较多。

餐饮成本与上月相比增加了 3.2 万元。主要是随着收入增加而增加的成本，成本增幅小于收入的增幅，说明本月成本控制水平比以前有所提高。

餐饮部本月费用列支 21 万元，与上月相比基本持平。主要是为天元会议自助餐购置了碗碟增加了一些费用，但以后还能用上。

餐饮部本月亏损 4.2 万元(含租金分摊和中央空调费用分摊)，比上月亏损 8 万元，减亏 3.8 万元，是餐饮自营以来经营效益最好的一个月。

12.3.4　费用与上月比较分析

10 月酒店产生经营成本 20.2 万元，与上月成本 23.2 万元相比，客房成本减少 0.1 万元，餐饮成本增加 4.1 万元，减少了月饼成本 7 万元，综合起来成本减少了 3 万元；产生经营费用(不含装修摊销)82.6 万元，与上月经营费用 88.8 万元相比减少了 6.2 万元(见表 12-8)。

表 12-8　某酒店 9 月与 10 月收入成本费用对比表

项　目	9 月	10 月	差异额
	金额/万元	金额/万元	金额/万元
收入			
客房收入	67	59.9	7.1
餐饮	45.3	37.1	8.2
租赁收入	17	15	2
收入总额	129.3	112	17.3
经营成本	−3		−3

续表

项　目	9月 金额/万元	10月 金额/万元	差异额 金额/万元
客房成本	0.84	0.94	-0.1
餐饮成本	15.15	19.25	-4.1
成本总额	15.99	20.19	-4.2
经营费用	76.4	82.6	-6.2
其中：人力资源	24.8	23.6	-1.2
工资及福利	19.3	20.5	1.2
社保	0.6	0.6	0
员工餐	1.9	1.9	0
宿舍	0.5	0.5	0
工会费	0.1	0.1	0
税金及其他	7.12	6.21	-0.09
盈利	10.18	3	-7.18
变动费用	29.1	24.1	-5
能耗	23.69	21.69	-2
电脑款	1.17	0.72	-0.45
办公费	1.56	0.96	-0.6
其他	2.77	0.72	-2.05

　　10月酒店在人力资源方面的开支为23.6万元，其中，工资20.5万元，社保0.6万元，员工餐费1.9万元，宿舍0.5万元，工会费0.1万元。与9月份人力成本24.8万元相比较减少了1.2万元。除了减少中秋福利费1.2万元外，其他人力成本基本持平，说明酒店人员结构处于稳定状态。可见在目前情况下，人力成本每月要达到24万元左右才能维持酒店正常运转。

　　本月固定费用与上月相比几乎无差别。固定费用在不增加设备设施投入的情况下，一般不会产生大的变动。此项费用不受日常经营活动的影响，只有投资活动才会使固定费用产生变化。

　　10月酒店变动费用列支24.1万元，与上月变动费用29.2万元相比减少5.1万元。主要是能耗降低了2万元，电脑款4500元未付，办公费降低了6000元，修车费、卫生费、检测费、行政收费和外事费都比上月减少。本月在客房入住率上升的情况下，变动成本降低了5万元，说明本月成本控制还是比较成功的。

　　总的来看，本月和上月相比，在收入增加的情况下，成本费用均有所减少，说明本月的各项经营工作很有成效，经营形势在向好的方面发展。这里有客观有利条件使成本减低，但更主要的是发挥了人的主观能动性，反映在促进收入方面有很大进步。

12.3.5 费用与去年同期比较分析

以表12-9为例,简单分析一下其收入费用对比。10月酒店产生经营成本20.19万元,与去年同期成本2.04万元相比,餐饮成本增加了19.3万元,客房成本减少了1.07万元,综合增加18.23万元;产生经营费用(不含装修摊销)82.6万元,与去年同期经营费用80.8万元相比,增加了1.8万元。

本月人力费用开支23.6万元,去年同期开支人力费用18.2万元,同比增加了5.4万元。其中工资方面餐饮部增加了76 582元,客房前台增加了5770元,营销部增加了4739元,其他部门增加了2009元,这主要是因为餐饮部新进了很多员工导致的。

本月固定费用列支48.3万元,去年同期固定费用列支33.2万元,同比增加了15.1万元。与去年相比增加了装修摊销,加大了酒店经营压力。

本月酒店变动费用列支24.1万元,与去年同期变动费用29.3万元相比减少5.2万元。主要是客人早餐、招待费、糖酒会返佣、电话费等几项费用的减少引起变动费用总体减少。

本月客房收入近60万元,收入与费用基本持平。而去年同期费用总额为80.8万元,客房收入为80万元,收入与费用也是基本持平。可见客房部分的经营难度要高于餐饮部分。特别是两期都未摊销装修投入,如果计算该摊销额,则客房收入很难保本。虽然现在没有以现金交租之时,可以保证现金流畅通,但是不能不看到经营中所存在的危险,摊销是已经投入的本钱,在经营期间是必须要收回来的,必须在成本中考虑到摊销对利润的冲减——不是赚钱,而是收回本钱。一旦需要缴纳租金,在回款较快的情况下,以目前收支两抵的形势,继续维持运转还是可以的,但是装修投入就很难收回了。

表12-9 某酒店10月份连续两年的收入费用对比表

报表日期 项目	10月/万元	去年10月/万元	差异额/万元
收入			
客房收入	59.9	80	-20.1
餐饮收入	37.1	49.8	-12.7
租赁收入	15	-22.1	37.1
收入总额	112	107.7	4.3
经营成本			
客房成本	0.94	2.01	-1.07
餐饮成本	19.25	-0.05	19.3
其他	0.01	0.01	0
成本总额	20.2	1.97	18.23
经营费用	82.6	80.8	1.8
人力资源	23.6	18.2	5.4
盈利	3	24.93	-21.93

续表

报表日期 项目	10月/万元	去年10月/万元	差异额/万元
变动费用	24.1	29.3	−5.2
能耗	21.69	26.37	−4.68
电脑款	0.72	0.88	−0.16
办公费	0.96	1.17	−0.21
其他	0.72	0.88	−0.16
固定费用	48.3	33.2	15.1

评估练习

正确理解酒店运营状况的分析方法，回答以下问题。

请阐述酒店运营状况的分析方法。

第 13 章

本-量-利分析

【本章概述】

本章主要介绍酒店管理者在决策时所使用的本-量-利分析方法。

13.1 主要讲解边际贡献的概念。

13.2 主要讲解本-量-利分析的方法及其运用。

13.3 主要讲解运用本-量-利分析时所遵循的假设条件。

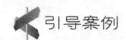 引导案例

思科神话及其破灭

思科成立于1984年，1990年上市以来，思科公司的年收益已从6900万美元上升到2001财年的222.9亿美元。公司在全球现有36 000多名员工。目前已经成为引领当今世界网络互联产品的巨头，互联网上80%以上的骨干路由器均来自思科。在美国《财富》杂志推出2001年全美"最受推崇的公司"排行榜中，思科系统公司以其稳健的财务状况和经营管理方面的卓越表现排至第2位。此外，还拥有信息产业"最吸引员工的公司""20世纪90年代最有效公司"以及"全球最有价值的公司"等响亮的称号。

思科公司之所以获得如此大的成就是因为它的两种发展模式：第一，滚动式的收购。通过收购，思科把众多具有技术或者产品特色的公司招至麾下，从而有效地带动股价攀升，同时，思科又利用股价膨胀带来的资金，收购更多的公司。自1993年以来，思科用这种滚雪球的方式收购了70余家公司，为自己和股东带来了滚滚财源。第二，CEM生产方式。和许多人熟悉的OEM(贴牌外包生产)不同，所谓CEM即品牌商将相关技术和工艺标准化之后，交付给CEM伙伴生产，而最终的检测以及二次开发工作则由品牌商来完成。这样做的好处是思科可以有效地控制采购成本、减少库存、增强竞争力。在过去几年的高速发展中，思科一直以"所有库存都在路上"的生产优势所向披靡。

但是，在思科公布的2001财年报告中，其上市11年来首次出现了亏损。其市值自1998年11月以来首次跌破1000亿美元，并由2000年3月排名全球公司市值第一的5554亿美元，骤降为996亿美元，缩水80%以上。这使许多思科员工的股票期权失去价值，并且大大限制了公司进行新的并购的能力。

思科之所以会出现亏损，主要是以下两个原因：①网络及电讯业近年陷入严重衰退，环球电信、世界通信两大巨头的相继破产；泡沫破裂和大企业暂缓投资，其主打产品路由器的需求非常疲软。②思科的收购行动达到顶点，23家企业被尽收囊中，这使以兼容并包著称的思科也不得不面临"消化不良"的问题。一位思科的前任高级管理人员说，表面看思科的集成工作相当不错，但从内部来看，情况却恰恰相反，很多产品根本无法一起工作。例如今年早些时候，思科旗下就有好几个部门为了相同的客户开发非常类似的路由器产品。

思考：

1. 市场机制被替代是由于市场交易有成本，企业没有无限扩张成世界上只有一家的巨大企业则是因为企业组织也有成本。

2. 运用盈亏平衡点分析法对思科公司数据进行分析，希望从大家理解钱伯斯总裁做出的管理决策方面提供一些帮助。

13.1 边际贡献

本-量-利分析主要关注未来的盈利水平,主要关注随着销售量的变动,成本和利润如何变动。如表 13-1 所示,传统的损益表对这两个关注点没有太多意义,对本-量-利分析也没有太多帮助。

表 13-1 Dapper Drake Resort 酒店 2001 年 6 月 30 日的利润表

	RMB/元	百分比/%
销售收入	2 000 000	100
变动成本		
销售成本	300 000	15.0
毛利润	1 700 000	85
运营费用		
管理费用	400 000	20
市场费用	380 000	19
人力成本	120 000	6
工程	260 000	13
财务费用	220 000	11
其他	100 000	5
	1 480 000	74
净利润	220 000	11

当损益表以传统的方式表现的时候,成本费用是根据商业活动来分类的,比如管理费用、市场费用,而对于成本费用也可以根据是否随着销售量的变动而变动来分成变动或者固定成本。总收入减去总的变动成本的差额构成了边际贡献。因此,可以将传统的损益表变换成区分了固定成本和变动成本格式的损益表,表 13-2 就是将 Dapper Drake 的传统利润表进行变换后得到的。

表 13-1 和 13-2 最大的不同就在于成本的分类方法的不同,收入和净利润都没有任何变化。边际贡献的百分比展示出了多少销售收入用来补偿变动成本。表 13-2 中,Dapper Drake 酒店销售收入的 25%要被用来支付为了销售这些产品所必须支付的成本,其中 15%是销售成本,10%是运营中的变动费用。剩下 75%的销售收入能够补偿酒店的固定成本,补偿之后的差额就是酒店利润。边际贡献的含义表明:当酒店收入的 75%是"贡献"、固定成本不变的情况下,每当酒店获得 1 元的收入,就会给酒店带来 0.75 元利润增加。计算方式如下:

边际贡献率=(边际贡献÷销售收入)×100%

Dapper Drake 酒店的边际贡献率:1 500 000÷2 000 000×100 =75%

边际贡献的公式被用来迅速地回答以下问题时是非常有用的,"如果 Dapper Drake 酒店的收入增加 200 000 元时,它的利润会增加多少",Dapper Drake 酒店的边际贡献率是 75%,

因此我们能够知道它的利润会增加 150 000 元(0.75×200 000)。因为收入的增加会导致变动成本的相应增加,当收入增加 10%时,变动成本也会增加 10%,因此边际贡献也会增加 10%。管理者可以使用这种方法快速地对酒店的利润和损失进行判断。

表 13-2　Dapper Drake Resort 酒店 2001 年 6 月 30 日的损益表

项　目	RMB	百分比
销售收入	2 000 000	100
变动成本		
销售成本	300 000	15.0
可变费用	200 000	10.0
边际贡献	1 500 000	75.0
固定成本		
管理费用	380 000	19.0
市场费用	350 000	17.5
人力成本	70 000	3.5
工程	210 000	10.5
财务费用	220 000	11.0
其他	50 000	2.5
	1 280 000	64.0
净利润	220 000	11.0

评估练习

请回答,在什么情况下管理者会使用本-量-利分析。

13.2　本-量-利分析

本-量-利分析又可以称为盈亏平衡点分析,可以在很多不同的场合被应用。我们先以酒店只提供一种产品或服务为例,来了解盈亏平衡点的计算及应用,然后再慢慢展开。

13.2.1　一种产品或服务的盈亏平衡点的计算

通过区分固定成本和变动成本,我们能够计算出实现盈利亏损临界点的销售量,此时的利润为零。为了完成临界点销售量的计算,我们需要考虑每单位产品或服务的贡献。在酒店行业,每单位意味着每间客房或者每位顾客。因为边际贡献指的是总收入减去总变动成本,所以每单位的贡献可以用以下公式来计算:

单位贡献=单位销售价格-单位变动成本

我们考虑一下 Glasgow's Budget Stay 酒店客房部的情况。客房部经理 Jason 将要和酒店的营销总监来共同讨论下一年的促销活动。客房部经理关注的是酒店最近入住率在不断降低，在见营销总监之前，Jason 要确定一下酒店客房部的盈亏平衡点在哪里。Jason 手中的数据显示：分摊到客房部的固定成本每年是 2 190 000 元，酒店有 200 间客房，去年的平均房价是 67 元。由于变动成本与出租客房的数量有关，平均每间出租客房的变动成本是 7 元，因此平均每晚每间客房的贡献是 60 元。在新一年的开始，Glasgow's Budget Stay 酒店可以将 2 190 000 元描述成一个"大坑"，无论酒店有多少间/夜的客房卖出去，固定成本 2 190 000 依旧在那里。随着每间客房销售出去，"大坑"的深度会减少 60 元，因为 60 元被用来贡献到弥补 2 190 000 元的固定成本上。现在，如果每个间/夜的贡献都是 60 元，酒店需要卖掉多少间/夜的客房才能将其 2 190 000 元的固定成本全部弥补呢？因为 36 500 间/夜的客房数量能够产生 2 190 000 元的贡献 36 500 元(2 190 000÷60)，因此我们可以得到结论：一旦 Glasgow's Budget Stay 酒店能够卖掉 36500 间/夜的客房，它就可以完成盈亏平衡。我们可以将这个案例进行概括得出以下具有普遍意义的盈亏平衡点的计算公式：

盈亏平衡点时的销售量=固定成本÷每单位的贡献

Glasgow's Budget Stay 盈亏平衡点的销售是 36 500 间/夜，每年也可以表述成为完成盈亏平衡酒店需要完成多少出租率。如果酒店一年 365 天都开业的话，它将会有 73000(365×200)个间/夜可以卖出去，36500 代表着酒店一年 50%的出租率的情况下卖出的客房间夜数。因此我们可以得出结论酒店为了达到盈亏平衡必须完成 50%的出租率。如果 Jason 掌握了客房部的盈亏平衡点，他会意识到当他改变酒店的几个要素时，盈亏平衡时的客房销售量会得到降低。这几个要素分别为提高房价，降低每间客房的变动成本和降低分配到客房部门的固定成本。

13.2.2　两种产品或服务时盈亏平衡点的计算

我们以酒店的两种房间类型为案例来讨论超过一种产品的情况下盈亏平衡点的计算问题。假定 Budget Stay 的姊妹酒店 Budget Rest，其拥有 110 间单床房和 90 间双床房。往年的经验表明单床房和双床房的销售比例是 4∶3，即如果有 3 间双床房卖出的话就会有 4 间单床房卖出。Budget Rest 酒店的单床房卖每间/夜 67 元，7 元的变动成本；双床房平均房价是 86 元，每间/夜的变动成本是 9 元。酒店每年的固定成本是 2 072 400 元。在开始计算盈亏平衡点之前，我们先计算每间夜客房的贡献。Budget Rest 销售的单床房每夜间的贡献 60 元(67-7)，Budget Rest 销售的双床房每间夜的贡献 77 元(86-9)。

处理 Budget Rest 酒店销售两种类型客房从而产生不同贡献水平的方法是将这种销售进行打包。根据历史的客房混合销售情况，可以将四间单床房和三间双床房作为一个整体进行打包，进而计算出每一个整体的贡献水平。

一个整体的贡献=4 间单床房的贡献+3 间双床房的贡献=(4×60)+(3×77)=471(元)

现在，用基本的盈亏平衡点的计算公式我们可以决定需要销售多少个整体才能使酒店达到盈亏平衡。

盈亏平衡时整体销量=固定成本÷一个整体的贡献=2072400÷471=4400(间)

Budget Rest 酒店需要卖掉 4400 个整体才能实现盈亏平衡，而每个整体包括四个单床房和三间双床房，因此我们可以得出以下结论：为了实现盈亏平衡酒店必须每年卖掉 17 600 间单床房(4400×4)和 13 200 双床房(4400×3)。盈亏平衡方法的准确性可以通过计算这种水平的销售量是否可以导致利润为零来证实。

单床房销售的贡献度：17 600×(67–7)=1 056 000
双床房销售的贡献度：13 200×(86–9)=1 016 400
总的贡献度：   2 072 400
减固定成本：   2 072 400
利润：   0

当 17 600 间单床房和 13 200 间双床房被销售之后，酒店的利润为零，这表示盈亏平衡。

13.2.3 两种类型的客房和有餐饮服务时盈亏平衡点的计算

本章一步一步地将条件放宽，从酒店只有一种产品时开始，然后假设酒店具有两种类型的客房，但是实际情况比我们所讲的更加复杂，酒店往往同时销售几十种产品。比如，作为五星级酒店，仅仅单床房的类型就会有普通、高级、行政、海景等客房，如果加上套房(行政套房、家庭套房、复式套房)酒店的房间类型可以有 10 种以上，同时酒店还有各种各样的主题餐厅和酒吧。因此，在这一节里我们将酒店的产品从单纯的两种类型扩展到三种类型。这一节的分析将更加复杂，但是请读者记住上一节的分析方法，因为将所有产品按比例进行打包将是一个有效的方法。

我们将继续沿用上一小节的案例数据来分析当 Budget Rest 酒店拥有两种类型的客房和餐饮时的盈亏平衡点问题。假设 Budget Rest 管理者想将酒店一楼的休息区域改造成能够提供早餐的餐厅。假设一般像 Budget Rest 这样的酒店的早餐卖 8 元/人，变动成本是 3 元，而且如果增加这样一个餐厅会使酒店每年的固定成本从 416 170 元增加到 2 488 570 元。两种类型客房的销售比例依旧不变。所有的双床房会有两位客人入住，而且估计 20%的客人会购买酒店的早餐。单床房的客人估计会有 50%来购买酒店的早餐。

因此酒店所赚取的每间单床房的总贡献包括客房所带来的 60 元和餐饮所带来的 2.5 元((8-3)×50%)，共计 62.5 元，计算如下：

$$(67-7)+(50\% \times 5)=60+2.5=62.5(元)$$

双床房给酒店带来的贡献包括客房所带来的 77 元和餐饮所带来的 1 元(5×20%)，共计 78 元，计算如下：

$$(86-9)+(20\% \times 5)=77+1=78(元)$$

因为客房的销售比例是 4 间单床房和 3 间双床房，因此我们能够再一次将这个比例用来作为一个整体。每一个整体就像上一小节里的一样包括 4 间单床房和 3 间双床房。

每个整体的贡献度：

$$(4 \times 62.5)+(3 \times 79)=250+237=487(间)$$

盈亏平衡点时销售的整体数量=固定成本÷每个整体的贡献度=2 488 570÷487=5 110(元)

因为每个销售的整体包括 4 间单间房和 3 间双床房，因此 5 110 个整体将包括 20 440

(5 110×4)间单间房和 15 330(5 110×3)间双床房。

下面我们来检查一下这个结果是否正确。

单床房的贡献度：	20 440×(67-7)=1 226 440(元)
双床房的贡献度：	15 330×(86-9)=1 180 410(元)
单床房销售所带来的早餐的贡献度：	20 440×0.5=551 100(元)
双床房销售所带来的早餐的贡献度：	15 330×2×0.2×5=30 660(元)
总贡献度：	2 488 570(元)
减固定成本：	2 488 570(元)
利润：	0(元)

13.2.4 目标利润时销售额的计算

一些管理者对于存在目标利润时的销售额水平充满了兴趣。目标利润可以是目标税前利润、目标税后利润。为了说明如何计算目标税前利润，根据 13.2.1 的案例所提供的数据进行说明。Budget Stay 酒店的固定成本是 2 190 000 元，而且只提供一种类型的客房产品。平均房价是 67 元每晚每间，变动成本是 7 元每间/夜。现在假设 Budget Stay 酒店的管理者想达到 328 500 元的利润水平，该酒店应该销售多少客房呢。如果能掌握盈亏平衡点的方法，就能够理解为了达到目标利润必要的销售水平如何被决定。在盈亏平衡点的计算公式中，可以发现在 60 元的每间/夜的客房贡献度的情况下，36 500 间客房的销售量会弥补掉全部的固定成本 2 190 000 元。现在我们关心的不仅仅是弥补掉 2 190 000 元的固定成本，还要销售更多的产品以产生 328 500 元的利润。通过计算可以得出还需要销售 5 475 间(328 500÷60)客房，同时，还可以得到一种更简单的方法就可以得到目标利润条件下的必要的销售量，就是将目标利润 328 500 元加入到盈亏平衡点公式的固定成本中。

因此，目标利润条件下盈亏平衡点时销售水平的计算公式可以被描述成：

=(固定成本+目标利润)÷每单位的贡献度

应用这个公式，我们可以得到 Budget Stay 酒店的目标利润条件下的销售水平

=(2 190 000+328 500)÷60=41 975(间)

现在假设 Budget Stay 酒店修订税前目标利润 328 500 元变成税后目标利润 328 500，酒店适用于 25%的企业所得税率。最简单的处理税后利润的办法是将其转换成税前利润。如果所得税率是 25%，那么 100 元的税前利润相当于 75 元的税后利润(100×(1-0.25))，那么 75 元的税后利润就可以用 75 除以(1-0.25)得到税前利润 100 元。

因此，我们可以调整目标利润条件下盈亏平衡点时销售水平的计算公式为：

盈亏平衡点=[固定成本+(税后目标利润÷(1-所得税率))]÷每单位的贡献度

将这个公式应用于 Budget Stay 酒店的案例中，我们可以计算出目标税后利润为 328 500 元时的必要的客房销售量。

[2 190 000+(328 500÷(1-0.25))]÷60=(2 190 000+438 000)÷60=43 800(间)

评估练习

Paul Hulse，Hulsey 餐厅的拥有者最近参加管理者培训年会，他展示了自己餐厅的损益表。2011 年 12 月 31 日，他的餐厅共以 25 元的平均价格销售了 20 000 个餐位。每个餐位的食品和饮料成本是 5 元，行政总厨的工资包括一部分是和餐位的销售量有关，每销售一个餐位他会获得 0.8 元的奖励。餐厅剩下的成本都可以看作固定的。餐厅损益表以传统的格式反映了 2011 年 12 月 31 日的利润状况。

损益表

The Hulsey Restaurant	日期：2011 年 12 月 31 日
项目	金额/元
销售收入	500 000
成本	100 000
销售毛利	400 000
运营费用	
工资及相关	160 000
市场费用	10 000
租金	48 000
维修费用	5 000
其他	1 000
总额	233 000
运营利润	167 000

要求：

(1) 该餐厅现在的盈亏平衡点时的销售收入是多少？

(2) 如果销售量增加 10%，餐厅的运营利润会增加多少？

(3) 如果餐厅 20×2 年的销售收入达到 600 000 元，餐厅的运营利润是多少？

(4) 如果餐厅将菜单的销售价格增加 10%，但是能够保证现在的销售量水平，会对餐厅的运营利润有什么影响？

13.3 本-量-利分析的假设

当计算盈亏平衡点时存在几个假设必须得到说明。

(1) 销售价格是固定的。在现实中，酒店的销售价格会随着淡、旺、平季而不断变化，甚至在一周的不同时间内都会有所变化。

(2) 固定成本是固定的。当销售的数量能够得到现有水平的固定成本支持时，这个假设是合理的。这个假设说明盈亏平衡点分析应该被用在短期的情况下，也就是说被应用在固定成本不会改变的情况下。

(3) 总变动成本的变动直接和销售数量成比例关系。这种关系将在酒店的某些销售政策下失效。比如，酒店会采取"8 赠半，16 赠 1"的销售策略，即如果客人购买了 16 间客房，客人就会获的酒店赠送的 1 间客房。

评估练习

请运用实例说明本-量-利分析中的假设条件"总变动成本的变动直接和销售数量成比例关系"在现实中不存在这种比例的情况。

参 考 文 献

[1] 方伟群. 酒店财务管理操作实务[M]. 北京：中国旅游出版社，2010.
[2] 马桂顺. 酒店财务管理[M]. 3版. 北京：清华大学出版社，2015.
[3] 翁玉良. 酒店财务管理[M]. 2版. 杭州：浙江大学出版社，2013.
[4] 蔡万坤. 新编酒店财务管理[M]. 广州：广东旅游出版社，2009.
[5] 中国酒店员工素质研究组. 星级酒店财务部经理案头手册[M]. 北京：中国经济出版社，2008.
[6] 王秀荣. 酒店财务管理[M]. 郑州：郑州大学出版社，2010.
[7] 张蓉. 酒店及餐饮企业财务管理的8堂必修课[M]. 北京：中国纺织出版社，2009.
[8] 周倩，王富云. 酒店财务管理实务[M]. 北京：清华大学出版社，2011.
[9] 蔡凤乔. 酒店会计实务[M]. 2版. 上海：立信会计出版社，2013.
[10] 李亚利. 旅游会计基础[M]. 2版. 北京：清华大学出版社，2011.
[11] [澳]盖尔丁，徐虹，等，译. 饭店决策者的财务管理[M]. 北京：旅游教育出版社，2006.
[12] 方燕平. 现代酒店财务管理[M]. 2版. 北京：首都经济贸易大学出版社，2015.
[13] 赵金爱. 旅游企业会计基础教程[M]. 北京：中国旅游出版社，2007.
[14] 谈艳. 应收账款的内部控制及收账管理[J]. 管理纵横，2007，(30).
[15] 蒲冬梅. 试论应收账款内部控制[J]. 经济研究导刊，2011，(30).
[16] 李惠敏. 中小城市旅游饭店应收账款的内部控制[J]. 浙江财税与会计，2002，(8).
[17] 贺志东. 服务企业财务管理[M]. 广州：广东省出版集团图书发行有限公司，2011.
[18] 李洁琼. 旅游饭店财务管理[M]. 北京：对外经济贸易大学出版社，2009.
[19] 陈静. 酒店应收账款管理浅析[J]. 黑龙江科技信息，2009(31).
[20] 张佩雅. 关于餐饮酒店的应收账款管理的探讨[J]. 中国外资，2011(10).
[21] 李锐，胡爱荣. 餐饮企业应收账款管理存在的问题及对策[J]. 商场现代化，2009(02).
[22] 肖文锋. 餐饮企业内部财务控制建设探析[J]. 企业经济，2011(02).
[23] 张健，薛博. 中国旅游饭店财务管理研究[J]. 科学大众，2009(02).
[24] 陈安萍. 酒店财务管理实务[M]. 北京：中国旅游出版社，2017.
[25] 标准修订小组. 饭店运营质量评价表的主要特点[N]. 中国旅游报，2011-03-09(005).
[26] 高栋. 饭店核心能力研究[D]. 重庆：西南大学，2011.
[27] 李晓光. 对旅游饭店财务管理的一点认识[J]. 中国农业会计，2008(08).
[28] 杨萍. 中美饭店业会计体系比较研究[D]. 大连：东北财经大学，2007.
[29] 沈俊. 中外会计要素体系比较研究[J]. 科技创业月刊，2006(07).